DICCIONARIO BUDISTA

DICCIONARIO BUDISTA

Manual de términos
y doctrinas budistas

Nyanatiloka Thera

Editado por Nyanaponika Thera

Traducido al español por
Miguel A. Romero

Revisado por el
venerable U Nandisena y Ricardo Szwarcer

BPE

BPS Pariyatti Editions

BPS Pariyatti Editions
una imprenta de
Pariyatti Publishing
www.pariyatti.org

Publicado por la Buddhist Publication Society, Kandy, Sri Lanka, 2004.

Primera edición de BPS Pariyatti, 2019
Primera edición en español de BPS Pariyatti, 2024

ISBN: 978-1-68172-789-9 (tapa blanda)
ISBN: 978-1-68172-790-5 (tapa dura)
ISBN: 978-1-68172-791-2 (PDF)
ISBN: 978-1-68172-792-9 (ePub)
ISBN: 978-1-68172-793-6 (Mobi)

Traducido por Miguel A. Romero
y revisado por el venerable U Nandisena y Ricardo Szwarcer

Agradecimentos

El traductor agradece profundamente la ayuda brindada por el venerable U Nandisena, abad del monasterio Dhammavihara en México, y por Ricardo Szwarcer. Ambos contribuyeron sustancialmente a la presentación final de la obra al ofrecer innumerables correcciones y sugerencias. El venerable Nandisena—una de las autoridades contemporáneas en el pāli y el Abhidhamma—amablemente corrigió buena parte de la edición (BPS 1980) con la que se trabajó en un inicio. Posteriormente, y después de un intervalo de más de una década, en que la obra quedó inconclusa, mi buen amigo Ricardo Szwarcer tomó la difícil labor de revisar la versión final completa basada en la última edición de la obra (BPS Pariyatti Edición, 2019).

He de mencionar también la gran ayuda y asistencia de Steve Hanlon (editor de Pariyatti) a lo largo del proceso de edición y revisión, así como a Miguel Ángel Guzmán (editor de Centro Editorial Versal, S.C.), cuya revisión final permitió afinar detalles en la obra.

Finalmente agradezco al venerable Bhikkhu Bodhi, residente del monasterio Chuang Yen, en Carmel, Nueva York, y también un experto en el pāli, traductor y uno de los maestros contemporáneos más conocidos y queridos, por sus sugerencias y correcciones a las notas del traductor.

Notas del traductor

La presente traducción del *Buddhist Dictionary / Manual of Buddhist Terms and Doctrines*, de Nyanatiloka Thera, es un intento de hacer accesible al público lector de habla española no sólo un diccionario de términos del pāli, ya que la obra va más allá de meramente ofrecer la traducción de términos. La obra del venerable Nyanatiloka Thera es de un calado más amplio y profundo, ya que junto con muchos de los vocablos del pāli se incluyen explicaciones y definiciones amplias de términos y doctrinas canónicas y poscanónicas que se encuentran en los *suttas*, el Abhidhamma y los Comentarios.

El *Diccionario* traducido aquí es el que corresponde al editado por BPS Pariyatti (BPE) en 2019. La obra ha sido modificada a lo largo de los años, desde su aparición, en 1952 (Ed. BPS). En la presente edición aparecen notablemente las notas de la fuente y párrafos precedidos por la palabra 'Publicaciones', las cuales proveen en muchos casos referencias adicionales a las encontradas en el texto original; en otros casos proveen explicaciones adicionales basadas en la doctrina o en el análisis de términos pāli que requieren mayor elaboración explicativa. Este material adicional ha enriquecido sustancialmente la obra original.

Por lo que respecta a la traducción al español, el traductor ha acudido al recurso de expandir en algunos casos las opciones de traducción para algunos términos pāli, lo cual se encuentra escrito entre corchetes (paréntesis angulares y, en algunos casos, anotados con las siglas NT). Por otra parte, en el caso de algunos términos traducidos del inglés al español que en sí mismos son sujetos de traducción al pāli, se ha ampliado la traducción al incluir términos del pāli adicionales no encontrados en la obra original; estos términos –en ocasiones con sus referencias– se han apartado también entre corchetes.

Muchas de las traducciones de ciertos términos en pāli al inglés o al español varían de un autor a otro en las diversas obras relacionadas con el budismo y la meditación. Desafortunadamente no existe una estandarización universal al respecto. Parte de la razón por la cual es difícil normalizar las traducciones es que las lenguas no son entidades estáticas, sino que son dinámicas, cambian y se enriquecen constantemente con nuevos vocablos y definiciones. Así, es entendible que ciertos autores favorecerán cierta traducción de términos, en discrepancia con otros autores. Esto es algo muy común en las obras budistas escritas tanto en inglés como en español. Con respecto a esta situación, como traductor he intentado ofrecer las variantes más comunes para la traducción de ciertos términos, incluyendo entre corchetes aquellas que no aparecen en la obra original o que serían sinónimos del término inicialmente escogido para algún término pāli en particular. Un ejemplo de esto es el conocido término pāli *mettā*, cuya traducción en este diccionario es 'amor-bondad', seguida de traducciones que se usan en diversas obras, tales como 'benevolencia', 'amor benevolente', 'amistad amorosa', etcétera.

No existe un término particular –tanto en inglés como en español– que realmente haga justicia al sentido de muchos términos del pāli. Otro ejemplo bien conocido de esta disyuntiva es el del término *dukkha*, algunas veces traducido –dependiendo del contexto– como dolor, sensación dolorosa (que puede ser corporal o mental), sufrimiento, malestar, insatisfacción, estrés, oposición, etcétera. Otro término muy común en la doctrina budista es *anicca*, el cual es traducido muy a menudo y por diversos autores como 'impermanencia', no obstante que el término aún no es parte del vocabulario de la lengua española. El término es considerado un anglicismo del inglés '*impermanence*', que en español denota transitoriedad, no permanencia, temporalidad, etcétera. Adicionalmente, dicho término pāli incluso en ocasiones es expandido en su traducción con términos tales como incertidumbre, fragilidad, susceptibilidad al cambio, erosión, lo cual en ocasiones puede ser desconcertante. El traductor considera que es necesario que la Real Academia de la Lengua Española incluya el término 'impermanencia' al acervo de vocablos del español, con objeto de utilizarlo como primera opción para traducir *anicca*, un término cardinal de la doctrina budista.

El lector debe considerar con cautela las traducciones encontradas en esta obra; el traductor está muy consciente del conocido *dictum*: "*Traduttore, traditore*" (el traductor es un traidor). En efecto, al traducir, el traductor inevitablemente traiciona el texto original, ya que no es posible capturar completamente todos los matices, significados y connotaciones del texto en el idioma original al trasladarlo a otro idioma. Por ende, el traductor de la presente obra pide una disculpa a los lectores por razón de sus propias limitaciones y errores en este intento de ofrecer una traducción al español de esta obra, considerada de suma importancia como una herramienta útil para entender las obras budistas canónicas y sus correspondientes Comentarios y sub-comentarios, los cuales constituyen el legado por parte del Buda de nuestra era y sus discípulos.

Del prefacio a la primera edición

Como primer intento de un auténtico diccionario de términos doctrinales budistas, utilizados en el canon pāli y sus Comentarios, este manual llenará un vacío real sentido por muchos estudiantes del budismo. Proporciona al lector no una mera enumeración superficial de términos pāli importantes y sus equivalentes en inglés, sino que le ofrece definiciones y explicaciones precisas y auténticas de términos y doctrinas canónicas y poscanónicas, basadas en Sutta, Abhidhamma y los Comentarios, e ilustradas por numerosas citas tomadas de estas fuentes, de modo que, si alguien lo desea, reuniendo inteligentemente los diferentes textos, podría producir sin dificultad una exposición completa de todas las enseñanzas del budismo.

Como ya señaló el autor, en el prefacio de su *Guía a través del Abhidhamma Piṭaka* (Colombo, 1938) se encuentran, en el canon del Abhidhamma, numerosos términos técnicos que no lo están en el canon de los *suttas;* y, nuevamente, otros términos se hallan sólo en los Comentarios y no en el Sutta y el Abhidhamma. Por lo tanto, el autor ha hecho un primer intento, sin pretender una fiabilidad absoluta o integridad en esta tarea nada fácil, de indicar en el apéndice todos los términos que en los textos *suttas* más antiguos no se encuentran en absoluto, o al menos no en la misma forma o significado, y establecer hasta qué punto éstas son desviaciones de los textos más antiguos o desarrollos posteriores.

A este respecto el autor desea afirmar que el Paṭisambhidāmagga, que se cita con frecuencia, así como el Niddesa, el Buddhavaṃsa y el Cariyapitaka, aunque están incluidos en el Khuddaka Nikāya del Sutta Piṭaka, tienen el carácter de comentarios, y, aunque aparentemente son más antiguos que los *suttas,* los comentarios que nos han llegado en la versión de Buddhaghosa sin duda deben pertenecer a un periodo de origen posterior al canon del Abhidhamma.

Al traducir los términos al inglés, a menudo tuve que diferir considerablemente de la interpretación de los eruditos occidentales e introducir palabras bastante nuevas. Un gran número de tales traducciones anteriores deben considerarse en parte totalmente incorrectas, en parte engañosas o, al menos, ambiguas. Por ejemplo, las interpretaciones inglesas de *nāma-rūpa* por 'nombre y forma'; *javana* (impulsión, es decir, los momentos impulsivos kármicos) por 'apercepción', etcétera, son incorrectas.

Las exposiciones relativas a la verdadera naturaleza del Óctuple Sendero, las Cuatro Nobles Verdades, el *paṭiccasamuppāda* y los cinco agregados (o grupos de existencia), doctrinas que, con respecto a su verdadera naturaleza, a menudo han sido malinterpretadas por los autores occidentales, seguramente llegarán a muchos como una revelación.

Sobre la doctrina de *anattā* o 'ausencia de ego', es decir, la impersonalidad y la vacuidad de todos los fenómenos de la existencia, el autor sintió repetidamente la necesidad de arrojar luz desde todos los puntos de vista posibles, pues es precisamente esta doctrina la que, junto con la doctrina de la condicionalidad de todos los fenómenos de la existencia, constituye la esencia misma de toda la enseñanza del Buda, sin la cual de ninguna manera será posible entenderla en su verdadera luz. Así, la doctrina de la impersonalidad corre como un hilo rojo a lo largo de todo el libro.

Que este pequeño manual sea un compañero siempre útil y vademécum para todos los estudiantes serios en su estudio de las escrituras budistas originales, y también brinde a los autores y disertantes budistas la oportunidad de complementar y ahondar en su conocimiento de las profundas enseñanzas del Buda.

Si para una mejor comprensión resultara necesario dar a determinados temas un tratamiento más detallado, la realización de esta tarea podrá reservarse para una edición posterior de la presente obra.

Nyanatiloka
Campo de Internamiento Central
Dehra-Dun, India 28 de agosto de 1946

Prefacio del editor

Esta tercera edición, revisada y ampliada, estaba prevista para ser publicada en conmemoración del décimo aniversario del fallecimiento del venerable autor, el 28 de mayo de 1957. Pero debido a circunstancias inevitables la publicación tuvo que retrasarse.

Fue deseo del venerable autor ampliar la primera edición de esta obra, pero, cuando se hizo necesaria una segunda edición, la enfermedad a la que luego sucumbió le impidió realizarla. Correspondió por lo tanto a su alumno –el editor actual– hacer, dentro del alcance y el carácter originales de la obra, las adiciones y revisiones que parecieron útiles.

Se han ampliado y reescrito parcialmente más de setenta entradas, otras fueron ligeramente revisadas, se incluyeron más referencias de fuentes y se agregó a algunos de los artículos información sobre las referencias para un estudio más profundo de los temas respectivos. Pero sólo se han agregado muy pocas palabras nuevas (por ejemplo, *anupassanā*, *ānupubbi-kathā*, etcétera). Esta restricción se observó porque el venerable autor pensó sólo en "un tratamiento más detallado" de las entradas existentes (ver "Prefacio a la primera edición"), ya que obviamente deseaba preservar la forma y el carácter originales del libro. También se consideró que sería superfluo agregar más palabras, como las que se acuñaron en los Comentarios posteriores y en las referencias del Abhidhamma, ya que en el idioma inglés tales términos generalmente se encuentran sólo en unos pocos libros académicos y traducciones que brindan las explicaciones necesarias.

Este libro está destinado principalmente a aquellos que estudian las enseñanzas budistas a través del idioma inglés, pero que desean familiarizarse con algunos de los términos pāli originales de importancia doctrinal. Están en la misma posición que un estudiante de filosofía o ciencia que tiene que conocer la terminología de su campo, que para el lenguaje común en su mayoría no es menos *desconocido* que las palabras del idioma pāli que se encuentran en el diccionario.

Esta familiaridad con los términos pāli de los textos originales también será útil para el estudiante, con el fin de identificar las diversas interpretaciones preferidas por diferentes traductores. Es deplorable que haya una multiplicación considerable de nuevas acuñaciones en inglés para el mismo término doctrinal. Esta gran variedad de representaciones ha resultado ser confusa para aquellos estudiantes de budismo que no están familiarizados con el idioma pāli. Incluso en esta etapa tardía, cuando muchas traducciones de textos pāli están impresas, sería deseable que, en aras de la uniformidad, los traductores renunciaran a la preferencia por su propia acuñación, incluso si la consideran mejor que otras. En todo caso, los términos doctrinales tienen que ser conocidos por definición, como en el caso de los términos filosóficos y técnicos en una lengua occidental.

Como una pequeña ayuda en la situación descrita, se han incluido en algunos textos de esta edición una serie de versiones de alternativa utilizadas por otros traductores.

En muy pocos casos se han puesto entre paréntesis versiones inaceptables, aunque familiares. Las propias preferencias del venerable Nyanatiloka se han colocado entre comillas. En general se puede decir que sus interpretaciones, basadas en su amplio conocimiento de los textos y la doctrina, son muy sólidas y adecuadas. Sólo en muy pocos casos el editor ha cambiado la interpretación preferida del autor; por ejemplo, 'chancro' para *āsava* (en lugar de 'sesgo'); y 'noción correcta' para *sammā-diṭṭhi* (en lugar de 'comprensión correcta'). Este último cambio se hizo con el fin de economizar con los pocos equivalentes en inglés de los numerosos sinónimos en pāli para 'saber', etcétera; y también para evitar tener que traducir el término opuesto, *micchā-diṭṭhi*, por 'entendimiento erróneo'.

Este diccionario apareció también en la versión alemana del autor (publicada por Verlag Christiani, Konstanz, Alemania) y en una traducción al francés realizada por la difunta Suzanne Karpeles (publicada por Adyar, París, 1961).

Nyanaponika
Kandy, Sri Lanka
febrero de 1970

Solamente se han hecho unas pocas y menores revisiones al texto de la cuarta edición, que ahora publica la Sociedad de Publicaciones Budista.

Nyanaponika
Kandy, Sri Lanka
marzo de 1980

En la quinta edición revisada la información fuente del "Apéndice" se ha incluido en el cuerpo del diccionario. El "Apéndice" todavía contiene la lista de términos poscanónicos, pero las citas en el cuerpo del texto se enumeran como "Notas de la fuente". Las citas prácticamente no han recibido edición, pero el diccionario en su conjunto ha sido editado extensamente para lograr uniformidad en el estilo y el uso.

BPS
Kandy, Sri Lanka
marzo de 1988

Esta sexta edición revisada es un esfuerzo cooperativo de BPS y Pariyatti. En esta edición se ha modernizado el esquema de abreviaturas y los sistemas de referencia. Además, algunas de las "Notas de la fuente", redactadas en una época en que las herramientas de búsqueda digital no estaban disponibles y originalmente ubicadas en un apéndice, han sido revisadas por mí para reflejar con precisión las primeras apariciones de términos y evitar la duplicación de declaraciones. Y ya se encuentran en las entradas. Se ha conservado la ortografía británica de las palabras.

Bhikkhu Nyanatusita
Kandy, Sri Lanka
septiembre de 2017

Abreviaturas

√	La raíz verbal de la palabra.
AN	Aṅguttara Nikāya (las cifras se refieren al número de libro, *nipāta*, y *sutta*).
Abh	Abhidhamma Pitaka (canon).
Abhidh-s	*Abhidhammattha-saṅgaha.*
Abhidh-s-Tr	*Abhidhammattha-saṅgaha.* Traducción, *Compendium of Philosophy*, traducido por Shwe Zan Aung. Serie de traducción de PTS.
AbhSt	*Abhidhamma Studies*, Nyanaponika Thera (BPS).
As	*Atthasālinī* (comentario al Dhammasaṅgaṇī).
AsTr	Traducción del *Atthasālinī*, *The Expositor*, traducido por Maung Tin. Serie de traducción de PTS.
Böhtl	Otto Böhtlingk, *Sanskrit-Wörterbuch.*
BPS	Sociedad de Publicaciones Budistas, Kandy.
Nidd II	Cūla Niddesa.
Cf.	Comparar con o referirse a.
Com.	Comentario.
DN	Dīgha Nikāya (cifras: número de *sutta*).
Dhp	Dhammapada.
Dhs	Dhammasaṅgaṇī.
Fund	*Fundamentals of Buddhism*, Nyanatiloka (BPS).
Gr.	[Proveniente] del griego.
Guía	*Guide through the Abhidhamma Piṭaka*, Nyanatiloka, 3ª ed., 1971 (BPS).
It	Itivuttaka.
Kath	Kathāvatthu.
Khp	Khuddakapāṭha.
KhpTr	*Minor Readings & Illustrator*, Ñāṇamoli Thera, traducción de Khp & Com. Serie de traducción de PTS.
lit.	Literalmente.
MN	Majjhima Nikāya (cifras: número de *sutta*).
Nidd I	Mahā Niddesa.
NT	Nota del traductor.
Paṭis	Paṭisambhidāmagga.
Paṭṭh	Paṭṭhāna.
PED	*Diccionario pali-inglés* (PTS).
PtoD	*El camino a la liberación*, Nyanatiloka (BPS). p. ejem. por ejemplo.

PTS	Pali Text Society, Ediciones.
Pug	Puggalapaññatti (cifras: párrafos).
q.v.	*quod vide*, "que ver", "véase"; se refiere a otro artículo.
SN	Saṃyutta Nikāya (cifras: números de *saṃyutta* y sutta).
Skr	Sánscrito.
Sn	Suttanipāta (cifras: número de versos).
tab.	Tablas al final del libro.
Th	Theragāthā.
tr.	Traducción, traducido.
Ud	Udāna.
Vhib	Vibhaṅga.
Vism	Visuddhimagga. (Las cifras se refieren a números de capítulos y párrafos, como en *El camino de la purificación*, traducción de Ñāṇamoli Thera, 3ª ed., BPS.)
Wheel	Publicación de la BPS; "La Rueda".
WB	*The Word of the Buddha*, Nyanatiloka (BPS).
Yam	Yamaka.

Índice

Notas del traductor vi

Del prefacio a la primera edición viii

Prefacio del editor x

Abreviaturas xiii

Diccionario Budista 1

- A ... 3
- B ... 37
- C ... 46
- D ... 57
- E ... 70
- F ... 73
- G ... 75
- H ... 77
- I ... 79
- J ... 85
- K ... 90
- L ... 110
- M ... 113
- N ... 126
- Ñ ... 137
- O ... 138
- P ... 140
- R ... 183
- S ... 186
- T ... 216
- U ... 223
- V ... 229
- Y ... 253

Apéndice 254

Obras del autor 263

Diccionario Budista

A

abandono, contemplación del: *paṭinissaggānupassanā*, es uno de los dieciocho tipos principales de introspección [conocimiento introspectivo (NT)]; ver: *vipassanā*; ver también: *ānāpāna-sati* (16).

abbhokāsik'aṅga: 'Vida al aire libre', es uno de los medios ascéticos de purificación (ver: *dhutaṅga*).

aberración (en moral y entendimiento): ver: *vipatti*.

abhabbāgamana: 'Incapaz de progresar'. "Aquellos seres que se encuentran obstruidos por sus acciones malas (*kamma*, ver: *karma*), por sus impurezas [mentales (NT)] (*kilesa*, q.v.), por el resultado de sus acciones malas (ver: *vipāka*) o que carecen de fe, energía y conocimiento, y por tanto incapaces de entrar en la vía correcta y lograr la perfección en aquellas cosas sanas; se dice que todas estas personas son incapaces de progresar (Pug. 13). De acuerdo con el Comentario, las 'acciones malas' denotan las cinco acciones atroces con resultado inmediato (*ānantarika-kamma*, q.v.), mientras que las 'impurezas' se refieren a las 'nociones malsanas con destino fijo' (*niyata-micchā-diṭṭhi*; ver: *diṭṭhi*). -

Ābhassara: Los 'Radiantes'; son una clase de seres celestiales del mundo de la materialidad sutil (*rūpa-loka*); *deva*.

abhibhāyatana: Las ocho 'etapas de dominio'; son poderes que se pueden obtener por medio de ejercicios con *kasiṇas* (ver: *kasiṇa*). En el comentario a MN 77, en donde se explica el término *āyatana* como 'medio' [o 'base'. Cf. *āyatana* (NT)] (*kāraṇa*), se dice: "Los *abhibhāyatana*, mediante su efecto opositor, pueden dominar (suprimir) los estados adversos, y por medio del conocimiento superior pueden dominar los objetos de la mente". Son un medio para trascender la esfera sensorial.

El texto encontrado a menudo en los *suttas* (p. ejem., DN 11, 33; MN 77; AN 8:65; 10: 29) es como sigue:

(1) "Percibiendo formas (azules..., rojas..., amarillas..., blancas) en el propio cuerpo, uno ve formas externamente: pequeñas, hermosas o feas; y al dominarlas uno entiende: 'Yo sé, yo entiendo.' Ésta es la primera etapa de dominio.

(2) "Percibiendo formas en el propio cuerpo, uno ve formas externamente, grandes... Ésta es la segunda etapa de dominio.

A

(3) "Sin percibir formas en el propio cuerpo, uno ve formas externamente, pequeñas… Ésta es la tercera etapa de dominio.

(4) "Sin percibir formas en el propio cuerpo, uno ve formas externamente, grandes… Ésta es la cuarta etapa de dominio.

(5) "Sin percibir formas en el propio cuerpo, uno ve formas externamente, formas azules, formas de color azul, apariencias azules, de lustre azul, y dominándolas uno entiende: 'Yo sé, yo entiendo'; ésta es la quinta etapa de dominio."

(6-8) Se repite lo mismo con las formas amarillas, rojas y blancas.

Como objeto preparatorio de la *kasiṇa* para el primero y segundo ejercicios, uno debe escoger en el propio cuerpo un punto pequeño o grande, hermoso o feo, y en eso uno debe concentrar su atención indivisible, de manera que este objeto aparezca después de un tiempo como un reflejo mental o imagen (*nimitta*, q.v.), tal como si fuera algo externo. Ese ejercicio, no obstante que parece ser bastante mecánico, si es llevado a cabo adecuadamente, producirá un alto grado de concentración mental y la entrada a las cuatro absorciones (*jhāna*, q.v.). En el tercer y cuarto ejercicios el monje, mediante un objeto *kasiṇa* externo, logra los reflejos mentales y absorciones. Para los ejercicios restantes, colores radiantes y perfectamente claros deben ser escogidos, tales como flores, tela, etcétera.

Un objeto *kasiṇa* de pequeño tamaño se dice que es adecuado para una persona mentalmente inestable; uno de gran tamaño, para una de naturaleza torpe; un objeto hermoso, para una de naturaleza enojona; y uno feo, para una persona de naturaleza lujuriosa.

En Vism V se dice: "Por medio de la *kasiṇa* de la tierra uno triunfa en alcanzar la etapa de dominio respecto a los objetos pequeños y grandes… Por medio de la *kasiṇa* azul uno triunfa en hacer que se muestren azules las diversas formas, en producir oscuridad, en alcanzar la etapa de dominio con respecto a los colores hermosos y feos, en alcanzar la 'liberación por medio de lo hermoso', etcétera" (ver: *vimokkha* II, 3). Lo mismo se dice de las *kasiṇas* coloridas restantes.

abhijjā: 'codicia', es un sinónimo de *lobha* (ver: *mūla*) y *taṇhā* (q.v.), y es el octavo eslabón de los cursos de acción malsana (ver: *kamma-patha*, I).

abhinibbatti: Un término de los *suttas* para designar el renacimiento; ver: *punabbhava*.

abhiññā: Los seis 'poderes superiores' o conocimientos supernormales; consisten en los cinco poderes mundanos (*lokiya*, q.v.) obtenibles mediante la máxima perfección en concentración mental (*samādhi*, q.v.) y un poder supramundano (*lokuttara*, q.v.), que se logra mediante la introspección penetrante (*vipassanā*, q.v.), por ejemplo, la extinción de todas las corrupciones (*āsavakkhaya*; ver: *āsava*); en otras palabras, el logro del estado de arahant o santidad. Éstos son: (1) poderes mágicos (*iddhi-vidhā*), (2) el oído divino (*dibba-sota*), (3) la penetración de las mentes de los demás (*ceto-pariya-ñāṇa*), (4) remembranza de vidas anteriores (*pubbe-nivāsānuddati*), (5) el ojo divino (*dibba-cakkhu*) y (6) la extinción de todas las corrupciones (*āsavakkhaya*).

El texto estereotípico encontrado en todas las cuatro colecciones de los *suttas* (p. ejem. DN 34; MN 4, 6, 77; AN 3:99; 5:23; SN 15:9; y Pug 271, 239) es como sigue:

(1) "Ahora, oh *bhikkhus,* el monje goza de diversos poderes mágicos (*iddhi-vidhā*), tales como en el que siendo uno se torna múltiple, y habiéndose tornado múltiple nuevamente se torna en uno. Aparece y desaparece. Sin ser obstruido pasa a través de paredes y montañas, como si pasara a través del aire. Se zambulle en la tierra y nuevamente emerge, como si lo hiciera en agua. Camina sobre el agua sin sumergirse, como si lo hiciera sobre la tierra. Cruzado de piernas flota a través del aire, como un ave alada. Con su mano toca la luna y el sol, siendo éstos tan grandiosos y poderosos.

Inclusive manifiesta poder sobre su cuerpo hasta el mundo de Brahma.

(2) "Con el ojo divino (*dibba-sota*) escucha sonidos tanto celestiales como humanos, ya sea lejanos o cercanos.

(3) "Conoce las mentes de otros seres (*parassa ceto-pariya-ñāṇa*), de otras personas, mediante la penetración de ellas con su propia mente. Conoce la mente deseosa como mente deseosa y la mente sin deseo como sin deseo; conoce la mente con odio como imbuida de odio y la mente libre de odio como libre de odio; conoce la mente ofuscada como mente ofuscada y la mente libre de ofuscación como libre de ofuscación; conoce la mente limitada y la mente distraída, la mente desarrollada y la subdesarrollada, la mente superable y la insuperable, la mente concentrada y la mente sin concentración, la mente liberada y la mente no liberada.

(4) "Recuerda sus numerosas vidas anteriores (*pubbe-nivāsānussati*), tales como un nacimiento anterior, dos, tres, cuatro y cinco nacimientos… cien mil nacimientos, recuerda muchas formaciones y disoluciones mundiales: 'Allí estuve, tuve tal nombre… y desapareciendo de allí entré en otra existencia en algún otro lugar… y desapareciendo de allí nuevamente reaparecí aquí'. Así es como recuerda, siempre junto con las marcas y peculiaridades, por muchas existencias anteriores.

(5) "Con el ojo divino (*dibba-cakkhu* = *yathākammūpaga-ñāṇa* o *cutūpapāta-ñāṇa*) el que es puro ve a los seres desapareciendo y reapareciendo, inferiores

y nobles, hermosos y feos, ve cómo los seres reaparecen de acuerdo con sus acciones (ver: *karma*): 'Estos seres realmente siguieron cursos malsanos en acciones corporales, verbales y mentales; insultaron a los nobles, se aferraron a nociones malsanas y actuaron de acuerdo con sus nociones malsanas. Al disolverse el cuerpo, después de la muerte, han aparecido en los mundos inferiores, en estados de existencia dolorosos, en un mundo de sufrimiento, en el infierno. Pero esos otros seres que manifestaron acciones sanas... han aparecido en un estado de existencia feliz, en un mundo celestial'.

(6) "Mediante la extinción de todas las corrupciones (*āsavakkhaya*) inclusive en esta vida entra en posesión de la liberación de la mente, y la liberación mediante la sabiduría, una vez que la ha entendido y realizado".

4-6 aparecen frecuentemente bajo el nombre de 'conocimiento (superior) triple' (*te-vijjā*, q.v.). Sin embargo, no son una condición necesaria para el logro de la santidad (*arahatta*), es decir, de la sexta *abhiññā*. El Vism XI-XIII da una explicación detallada de los cinco poderes superiores mundanos, junto con los métodos para obtenerlos.

En conexión con los cuatro tipos de progreso (ver: *paṭipadā*), *abhiññā* significa la 'comprensión' lograda tras la consecución de las vías y los frutos.

abhisamācārika-sīla: 'la moral consistente en buen comportamiento', se refiere a las obligaciones externas de un monje, tales como aquellas hacia su superior, etcétera; "*abhisamācārika-sīla* es un término para aquellas reglas morales diferentes de las ocho que terminan con el modo de subsistencia correcto (es decir, las cuatro modalidades de lenguaje correcto, las tres correspondientes a la acción correcta y el modo de subsistencia correcto, tal como se presenta en el Noble Óctuple Sendero)" (Vism I; ver: *sacca* IV, 3-5). "Es imposible, oh monjes, que, sin haber cumplido la ley del buen comportamiento, un monje pueda cumplir la ley de la conducta pura genuina" (AN 5:21). Ver: *ādibrahmacariyakasīla*.

abhisamaya: 'realización de la verdad', es el asir completa y directamente las Cuatro Nobles Verdades por aquel que entra en la corriente (*sotāpanna*; ver: *ariya-puggala*). En el comentario el término es representado por 'penetración' (*paṭivedha*, q.v.). Frecuentemente ocurriendo como *dhammābhisamaya*, 'la realización de la doctrina'. Ver: SN 13 (*Abhisamaya Saṃyutta*) y Paṭis: Abhisamayakathā.

abhisaṅkhāra: Idéntico al segundo eslabón de *paṭicca-samuppāda* (q.v.), *saṅkhāra* (q.v.; bajo I, 1) o formaciones kármicas.

absorción: ver: *jhāna*.

absorciones de la esfera (o mundo) de la materia fina o de materialidad sutil: *rūpajjhāna*; ver: *jhāna*.

absorciones formadoras de cimientos: *pādakajjhāna* (q.v.).

abstenciones, las tres: *virati* (q.v.).

acceso, concentración de: ver: *samādhi*.

acción: karma (q.v.), [pāli: *kamma*]. Acción corporal correcta (*sammā-kammanta*; ver: *sacca* (IV. 4).

acción corporal (saludable o nociva): ver: *karma, formaciones kármicas*.

acción corporal correcta: *sammā-kammanta*; ver: *magga*.

acción mental: *mano-kamma*; ver: *karma*.

acción meritoria: ver: *puñña, puñña-kiriya-vatthu*.

acción verbal: *vacī-kamma*; ver: *karma*.

āciṇṇaka-kamma: karma habitual; ver: *karma*.

acinteyya: lit. 'aquello que no debe ser pensado, lo impensable, lo incomprensible, lo impenetrable, aquello que trasciende los límites del pensamiento y sobre los cuales uno no debe ponderar. Los cuatro impensables son: la esfera de un Buda (*buddhavisaya*), las absorciones meditativas (*jhāna-visaya*), acerca de los resultados del karma (*kamma-vipāka*) y la especulación acerca del mundo (*loka-cintā*), especialmente acerca de su primer inicio absoluto' (ver: AN 4:77).

"Por lo tanto, oh monjes, no cavilen acerca de si el mundo es eterno o temporal, limitado o ilimitado… Tales cavilaciones, oh monjes, no tienen sentido, no tienen que ver con la conducta pura genuina (ver: *ādibrahmacariyaka-sīla*), no son conducentes al rechazo [hacia lo mundano (NT)], al desapego, al cese, a la paz, a la comprensión completa, a la iluminación y al Nibbāna, etcétera" (SN 56:41).

acumulación (de karma): *āyūhana* (q.v.).

adaptabilidad (de cuerpo, factores mentales y conciencia): *kammaññatā* (q.v); ver: *khandha* (corporeidad) y la tabla II.

adaptación, conocimiento de: *anuloma-ñāṇa* (q.v.).

adepto: *upāsaka* (q.v.) [seguidor laico, partidario (NT)].

adherencia: *parāmāsa* (q.v.).

A

adhicitta-sikkhā: 'entrenamiento en mentalidad superior'; ver: *sikkhā*.

adhimokkha: 'determinación', decisión, resolución: es uno de los concomitantes mentales (*cetasika*) y pertenece al grupo de formaciones mentales (*saṅkhāra-kkhandha*). En MN 111 se menciona, junto con otros concomitantes mentales. Ver: tablas II y III. [En Abhidh-s se encuentra clasificado como el tercero de los seis factores mentales ocasionales (*pakiṇṇaka*) (NT).]

adhipaññā-dhamma-vipassanā: 'introspección acerca de las cosas basadas en sabiduría superior', es uno de los 18 tipos principales de introspección (ver: *vipassanā*).

adhipati-paccaya: 'condición de predominancia', es una de las 24 condiciones (*paccaya*, q.v.); si se desarrolla, se considera una de las cuatro vías hacia el poder (*iddhi-pāda*, q.v.).

adhisīla-sikkhā: 'entrenamiento en moral superior'; ver: *sikkhā*.

adhiṭṭhāna: como término doctrinal, ocurre principalmente con dos significados:

(1) 'Fundamento': cuatro 'fundamentos' de la mentalidad de un *arahant*, mencionados y explicados en MN 140: el fundamento de la sabiduría (*paññā*), de la veracidad (*sacca*), de la liberalidad (*cāga*) y de la paz (*upasama*). Ver también DN 33 y su comentario.

(2) 'Determinación', resolución, en: *adhiṭṭhāna-iddhi*, 'el poder mágico de la determinación' (ver: *iddhi*); *adhiṭṭhānapāramī*, la perfección de la resolución (ver: *pāramī*).

ādibrahmacariyaka-sīla: 'la moral de la conducta pura genuina', consiste en lenguaje correcto, acción corporal correcta y modo de subsistencia correcto, formando el tercero, cuarto y quinto eslabón del Noble Óctuple Sendero (ver: *sacca*, IV.3, 4, 5); ver: Vism I. En AN 2:86 se dice:

"En relación con esos estados morales conectados con y correspondientes a la conducta pura genuina, es moralmente fuerte, moralmente firme y se entrena en las reglas morales que ha adoptado. Después de superar los tres encadenamientos [inferiores (NT)] (creencia en el ego, duda escéptica y apego a meros rituales y reglas; ver: *saṃyojana*), se torna uno que 'renacerá a lo más siete veces' (ver: *sotāpanna*) y después de sólo siete ocasiones más de vagar a través del ciclo de renacimientos entre los hombres y los seres celestiales pondrá fin al sufrimiento".

ādīnavānupassanā-ñāṇa: 'conocimiento consistente en la contemplación de la miseria', es uno de los ocho tipos de introspección (*vipassanā*) que forman la 'purificación del conocimiento y visión del progreso en la vía' (ver: *visuddhi*, VI.4). Es más adelante uno de los 18 tipos principales de introspección (ver: *vipassanā*).

adosa: 'ausencia de odio', es una de las tres raíces sanas (*mūla*, q.v.).

adukkha-m-asukhā-vedanā: 'sensación que es ni dolorosa, ni placentera', es decir, sensación indiferente; ver: *khandha*, *vedanā*.

adquirida, imagen (durante la concentración): ver: *nimitta*, *samādhi*, *kasiṇa*.

advertencia (de la mente hacia el objeto): *āvajjana*, es una de las funciones de la conciencia (*viññāṇa-kicca*, q.v.). Ver: *manasikāra*.

advertencia mental: *mano-dvārāvajjana*; ver: *āvajjana*.

agati: los cuatro 'caminos equivocados' son: el camino del deseo (*chanda*), de la aversión (*dosa*), de la ofuscación (*moha*), de la cobardía (*bhaya*). "Uno que se encuentra libre de impulsos malsanos ya no está sujeto a tomar la vía equivocada del deseo, etcétera" (AN 4:17; 9:7.).

agilidad: [ligereza, destreza-factor mental] *lahutā* (q.v.).

agrado: *somanassa* (q.v.).

alegría apreciativa [alegría empática]: *muditā* (ver: *brahma-vihāra*).

agregado de corporeidad: *rūpakkhandha*; ver: *khandha*.

agregados: *khandha* (q.v.).

agua, kasiṇa del: ver: *kasiṇa*.

āhāra: 'nutrimento', 'comida'; se usa en el sentido concreto como alimento material y como tal pertenece a la categoría de corporalidad derivada (ver: *khandha*, resumen I). En sentido figurado, como 'fundamento' o condición, es una de las 24 condiciones (*paccaya*, q.v.) y es utilizada para denotar los cuatro tipos de nutrimento, los cuales son materiales y mentales:

(1). Alimento material (*kabaliṅkārāhāra*) [ver: *āhāra*, *samuṭṭhāna*, *āhāre paṭikkūla-saññā* (NT)], que alimenta la corporalidad óctuple; tiene la esencia nutritiva como su octavo factor (p. ejem., el sólido, líquido, calor, moción, color, olor, sabor y esencia nutritiva; ver: *rūpa-kalāpa*).

(2). Contacto sensorial y mental (*phassa*); es una condición para los tres tipos de sensación (agradable, desagradable y neutro); ver: *paṭiccasamuppāda* (6).

(3). Volición mental (*manosañcetanā*) (= *kamma*, q.v.); alimenta el renacimiento; ver: *paṭiccasamuppāda* (2).

A

(4). Conciencia (*viññāṇa*); alimenta la mente y la corporalidad (*nāma-rūpa*; *ibid.*, 2) en el momento de la concepción (Vism XI).

Publicaciones (acerca de los cuatro nutrimentos): MN 9 y Comentario (tr. en *The Discourse on Right View*, Bhikkhu Ñāṇamoli, Wheel 377-379); MN 38; SN 12:11, 63, 64; *The Four Nutriments of Life*, Nyanaponika Thera (Wheel 105-106).

āhāra-ja (o **samuṭṭhāna**) **rūpa**: 'corporalidad producida mediante alimento'; ver: *samuṭṭhāna*.

āhāre paṭikkūla-saññā: 'reflexión en la repugnancia de la comida', descrita por completo en Vism XI, 1.

ahetu-paṭisandhika: ver: *paṭisandhi*.

ahetuka-citta: ver: *hetu*.

ahetuka-diṭṭhi: 'noción no causal' (de la existencia); ver: *diṭṭhi*.

ahiṃsā: ver: *avihiṃsā*.

ahirika-anottappa: 'carencia de vergüenza y temor moral', son dos de los cuatro factores malsanos asociados con todos los estados de conciencia kármicamente malsanos; los otros dos son la agitación (*uddhacca*) y la ofuscación (*moha*). Ver: tabla II.

"Hay dos cosas siniestras, propiamente, carencia de vergüenza y de temor moral, etcétera." (AN 2:6.) "No avergonzarse de lo que debe uno avergonzarse; no avergonzarse de cosas malas y malsanas: a esto se llama carencia de vergüenza moral." (Pug. 59.) "El no temer lo que uno debe temer… a esto se llama carencia de temor moral." (Pug. 60.)

ahosi-kamma: '*kamma* no efectivo'; ver: *kamma*.

aire libre, práctica de vivir al: ver: *dhutaṅga*.

ājīva: 'modo de subsistencia'. Acerca de los modos de subsistencia correctos e incorrectos, ver: *sacca* (IV. 5) y *micchā-magga* (5).

ājīva-pārisuddhi-sīla: 'moral consistente en la purificación del modo de subsistencia'; es uno de los cuatro tipos de moral perfecta; ver: *sīla*.

Akaniṭṭha: los 'Grandiosos' o las 'Deidades más Elevadas'; son los habitantes del quinto y más elevado cielo de las Moradas Puras (*suddhāvāsa*, q.v.); ver: *avacara*, *deva* (II), *anāgāmī*.

ākāsa: 'espacio', es de dos tipos, de acuerdo con los Comentarios: 1. Espacio limitado (*paricchinnākāsa* o *paricchedākāsa*); 2. Espacio ilimitado (*anantākāsa*), es decir, espacio cósmico.

(1) Espacio limitado, con el nombre de *ākāsa-dhātu* (elemento espacio), pertenece a la corporalidad derivada (ver: *khandha*, resumen I; Dhs § 638) y a la séxtuple clasificación de los elementos (ver: *dhātu*; MN 112, 115, 140). Es también un objeto de la meditación *kasiṇa* (q.v.). Se define, a saber: "El elemento espacio tiene la característica de delimitar la materia. Su función es la de indicar los límites de la materia. Se manifiesta como los confines de la materia; o su manifestación consiste en no ser tocado (por los cuatro grandes elementos), y en los hoyos y aperturas. Su causa próxima es la materia delimitada. Es por razón del elemento espacio que uno puede decir de las cosas materiales delimitadas que 'esto está por encima, por debajo o alrededor de eso'" (Vism XIV, 63).

(2) En el *Aṭṭhasālinī* el espacio ilimitado es llamado *ajaṭākasa*, 'no enredado', es decir, espacio no obstruido o vacío. Es el objeto de la primera absorción inmaterial (ver: *jhāna*), la esfera del espacio ilimitado (*ākāsānañcāyatana*). De acuerdo con la filosofía del Abhidhamma, el espacio ilimitado no tiene una realidad objetiva (siendo puramente conceptual), lo cual se indica por el hecho de que no se incluye en la tríada de lo sano (*kusalatika*), la cual comprende la totalidad de la realidad. Escuelas budistas posteriores la han considerado como una de varios estados incondicionados o no creados (*asaṅkhata dharma*), una noción que es rechazada en el Kathāvatthu (ver: Guía, cap. V § 57-59). El budismo Theravāda reconoce solamente Nibbāna como un elemento incondicionado (*asaṅkhatadhātu*; ver: Dhs § 1084).

ākāsa dhātu: 'elemento espacio'; ver: arriba y *dhātu*.

ākāsa-kasiṇa: 'ejercicio de la *kasiṇa* del espacio'; ver: *kasiṇa*.

ākāsānañcāyatana: 'esfera de espacio ilimitado'; es idéntica a la primera absorción de la esfera inmaterial; ver: *jhāna* (6).

ākiñcañña-ceto-vimutti: ver: *ceto-vimutti*.

ākiñcaññāyatana: ver: *jhāna* (7).

akiriya-diṭṭhi: 'noción de la ineficacia de la acción'; ver: *diṭṭhi*.

akuppā-ceto-vimutti: ver: *ceto-vimutti*.

akuppa-dhamma: 'inquebrantable', es uno que ha logrado el dominio completo de las absorciones (*jhāna*, q.v.). En Pug. 4 se dice:

"¿Qué persona es inquebrantable? Si una persona obtiene los logros meditativos de las esferas de materialidad sutil y las inmateriales (*rūpāvacara-arūpāvacara*), y las logra según su deseo, sin penurias ni esfuerzo, y de acuerdo con su deseo, en relación con lugar, objeto y duración, entra en ellas o emerge de ellas, entonces es imposible que en tal persona los logros lleguen a sacudirse debido a la negligencia. Esta persona es inquebrantable".

akusala: 'malsano', son todas esas voliciones kármicas (*kamma-cetanā*; ver: *cetanā*) y las conciencias y concomitantes mentales asociados, los cuales van acompañados ya sea por avidez (*lobha*) o aversión (*dosa*), o meramente ofuscación (*moha*); y todos estos fenómenos son causas de resultantes kármicas desfavorables y contienen las semillas de un destino o renacimiento infeliz. Ver: *kamma*, *paṭiccasamuppāda* (1), tab. II.

akusala-sādhāraṇa-cetasika: 'factores malsanos generales asociados con todas las acciones malsanas' (voliciones); son cuatro: (1) carencia de vergüenza moral (*ahirika*), (2) carencia de temor moral (*anottappa*), (3) agitación (*uddhacca*), (4) ofuscación (*moha*). Para (1) y (2) ver: *ahirika-anottappa*; para (3) ver: *nīvaraṇa*; para (4) ver: *mūla*.

El término correspondiente en el campo de las conciencias sanas es *sobhana-sādhāraṇa-cetasika* (ver: *sobhana*).

> Nota de la fuente: Este término es usado por primera ocasión en Abhidh-s; no obstante, estando ya en Vism XIV, los cuatro *cetasika* son mencionados entre los factores mentales asociados con cada uno de los doce *akusala-cittas* (apéndice: tabla I (22–33)), mientras que en el Abhidhamma Piṭaka (Dhs §§ 365-429) *uddhacca* se encuentra sólo en el último de los doce *cittas*, y no aparece en todos los once *cittas* remanentes.

akusala-vitakka: 'pensamientos malsanos', definidos como *akusala* (q.v.). En MN 20 se mencionan cinco métodos para superarlos: 1) mediante cambiar el objeto [de atención], 2) considerando los [correspondientes] resultados indeseables, 3) no prestarles atención, 4) analizándolos y 5) suprimiéndolos.

Tr., en *The Removal of Distracting Thoughts* (Wheel 21).

alegría (en el *arahant*): ver: *hasituppāda-citta*.

alegría: *somanassa* (q.v.). Dejándose llevar por la alegría, ver: *manopavicāra*.

alegría apreciativa: *muditā*, ver: *gozo altruista*.

alejarse, contemplación de, [apartarse, ...]: *vivaṭṭanupassanā*; ver: *vipassanā*.

algo: *kiñcana* (q.v.).

alimento material: *kabaliṇkārāhāra* (q.v.) [ver: *āhāra*, *samuṭṭhāna*, *āhāre paṭikkūla-saññā* (NT)].

alobha: 'carencia de avidez', es una de las raíces kármicamente sanas (*mūla*, q.v.).

āloka-kasiṇa: 'ejercicio de la *kasiṇa* de la luz'; ver: *kasiṇa*.

āloka-saññā: 'percepción de luz'. En el pasaje canónico recurrente se lee: "Aquí el monje contempla la percepción de la luz. Fija su mente en la percepción del día; así como de día, de noche, y de noche, tal como en el día. De esta manera, con una mente clara y libre de nubosidad, desarrolla una etapa mental que se encuentra llena de brillantez". Es uno de los métodos para superar el letargo, recomendado por el Buda a Mahā-Moggallāna (AN 7:58). De acuerdo con D. 33, es conducente al desarrollo de 'conocimiento y visión' (ver: *visuddhi*) y se menciona como de ayuda para el logro del 'ojo divino' (ver: *abhiññā*).

altruista, goce; [apreciativo, goce; apreciativa, alegría]: *muditā*, es una de las cuatro moradas sublimes (*brahma-vihāra*, q.v.).

amata: (Skr., *amṛta*; √*mṛ*, morir; = Gr. ambrosía): 'lo-sin-muerte'; de acuerdo con la creencia popular, también los dioses la beben, confiriéndoles inmortalidad; es un nombre para Nibbāna (ver: *Nibbāna*), la liberación final del ciclo de renacimientos, y por lo tanto también de las siempre recurrentes muertes.

amigo, noble: *kalyāṇa-mitta* (q.v.).

amoha: 'no ofuscación', sabiduría, es una de las raíces kármicamente sanas (*mūla*, q.v.).

amor benevolente: *mettā*; ver: *brahmā-vihāra* [amor bondadoso, amor-bondad, benevolencia (NT)].

anabhijjhā: 'libertad respecto a la codicia', no egoísmo; ver: *kamma-patha* (II.8).

anabhirati-saññā: ver: *sabba-loke anabhirati-saññā*.

anāgāmī: 'El que No Retorna'; es un discípulo noble (*ariya-puggala*, q.v.) en la tercera etapa de santidad. Existen cinco clases de Los que No Retornan, tal como se describe (p. ejem., Pug. 42-46):

"Un ser, mediante la desaparición de los cinco encadenamientos inferiores (*saṃyojana*, q.v.), reaparece en un mundo superior (entre los *devas* de las Moradas Puras, *suddhāvāsa*, q.v.), y sin retornar de ese mundo (a la Esfera Sensorial) allí alcanza el Nibbāna.

(1) "Puede, inmediatamente después de aparecer allí (en las Moradas Puras) o sin haber ido más allá de la mitad del tiempo de vida, lograr la vía santa que supera los encadenamientos superiores. A tal ser se le llama 'uno que alcanza Nibbāna dentro de la primera mitad de vida' (*antarā-parinibbāyī*).

(2) "O mientras vive más allá de la mitad del tiempo de vida, o en el momento de la muerte, logra la vía santa que supera los encadenamientos superiores. A tal ser se le llama 'uno que alcanza Nibbāna después de haber cruzado la mitad del tiempo de vida' (*upahacca-parinibbāyī*).

(3) "O con esfuerzo logra la vía santa para superar los encadenamientos superiores. A tal ser se le llama 'uno que alcanza Nibbāna con esfuerzo' (*sasaṅkhāra-parinibbāyī*).

(4) "O sin esfuerzo logra la vía santa para superar los encadenamientos superiores. A tal ser se le llama 'uno que alcanza Nibbāna sin esfuerzo' (*asaṅkhāra-parinibbāyī*).

(5) "O después de desaparecer del cielo de las deidades *Aviha* (ver: *Suddhāvāsa*) aparece en el cielo de los dioses sin preocupación (*Atappa*). Y desapareciendo de allí aparece en el cielo de los dioses claramente visibles (*Sudassa*), y de allí al cielo de los dioses de visión clara (*Sudassī*), y de allí al cielo de los dioses más elevados (*Akaniṭṭha*). Allí logra la vía santa para superar los encadenamientos superiores. A tal ser se le llama 'uno que va corriente arriba a donde los dioses más elevados' (*uddhamsota-akaniṭṭha-gāmi*)".

análisis de los cuatro elementos: *dhātu-vavatthāna* (q.v.).

analítica, doctrina: *vibhajja-vāda* (q.v.).

analítico, los cuatro tipos de conocimiento: *paṭisambhidā* (q.v.).

anantara-paccaya: 'proximidad', es una de las 24 condiciones (*paccaya*, q.v.).

ānantarika-kamma: las cinco 'acciones abyectas con destino inmediato' son: parricidio, matricidio, matar a un *arahant* (santo), herir a un Buda, crear un cisma en la orden de monjes. En AN 5:129 se dice: "Hay cinco hombres irascibles e incurables destinados al mundo inferior y al infierno, propiamente: el parricida, etcétera". Acerca de la quinta ver: AN 10:35, 38. En relación con el primer crimen se dice en DN 2 que, si el rey Ajātasattu no hubiese privado a su padre de la vida, habría alcanzado la entrada a la vía de la Entrada en la Corriente.

> Nota de la fuente: Esto es primero usado como *kammāni ānantarikāni* en el Abhidhamma Piṭaka, en Dhs § 1035 y Vibh § 941. Los cinco crímenes, sin embargo, son ya enumerados y explicados en los viejos textos de los *suttas*, tal como se lee arriba.

ānantariya: la 'inmediatez', es un nombre para aquella concentración mental que está asociada con la introspección (*vipassanā*, q.v.) presente en cualquiera de los cuatro tipos de conciencia supramundana (ver: *ariya-puggala*) y que por tanto es la causa de la conciencia que sigue inmediatamente como su resultado o 'fruición' (*phala*, q.v.). De acuerdo con el Abhidhamma, la vía (del sotāpanna, etcétera) es generada por la introspección en la transitoriedad, miseria e impersonalidad de la existencia, destellando en ese mismo momento y transformando y ennobleciendo la propia naturaleza para siempre. Es mencionado con el nombre *ānantarika-samādhi* en el Ratana Sutta (Sn. v. 22) y en Paṭis 1, Ñāṇakathā.

anaññātañ-ñassāmīt'indriya: es uno de los tres sentidos o facultades supramundanas; ver: *indriya*.

ānāpāna-sati: 'atención plena en la inhalación y la exhalación', es uno de los ejercicios más importantes para alcanzar la concentración mental y las cuatro absorciones (*jhāna*, q.v.).

En el Satipaṭṭhāna Sutta (MN 10, DN 22) y en otras fuentes se mencionan cuatro métodos de práctica, que también pueden servir como base para la meditación de introspección. El 'Discurso sobre la Atención Plena en la Respiración' (Ānāpānasati Sutta, MN 118) y otros textos tienen 16 métodos de práctica, que se dividen en cuatro grupos de cuatro. Los tres primeros se aplican tanto a la tranquilidad (*samatha*, q.v.) como a la meditación de introspección, mientras que el cuarto se refiere únicamente a la práctica de introspección pura. El segundo y el tercer grupos requieren el logro de las absorciones.

"Con mente atenta inhala, con mente atenta exhala.

(I)

(1) "Al hacer una inhalación larga sabe: 'hago una inhalación larga'; al hacer una exhalación larga sabe: 'hago una exhalación larga'.

(2) "Al hacer una inhalación corta sabe: 'hago una inhalación corta'; al hacer una exhalación corta sabe: 'hago una exhalación corta'.

(3) "'Percibiendo claramente todo el cuerpo (de la respiración) inhalaré', así se entrena; 'percibiendo claramente todo el cuerpo (de la respiración) exhalaré', así se entrena.

(4) "'Calmando esta función corporal inhalaré', así se entrena; 'calmando esta función corporal, exhalaré', así se entrena.

(II)

(5) "'Sintiendo gozo (*pīti*) inhalaré', así se entrena; 'sintiendo gozo exhalaré', así se entrena.

(6) "'Sintiendo felicidad [*sukha*] inhalaré', así se entrena; 'sintiendo felicidad exhalaré', así se entrena.

(7) "'Sintiendo la formación mental (*citta-saṅkhāra*) inhalaré', así se entrena, 'sintiendo la formación mental exhalaré', así se entrena.

(8) "'Calmando la formación mental inhalaré', así se entrena; 'calmando la formación mental exhalaré', así se entrena.

(III)

(9) "'Percibiendo claramente la mente (*citta*) inhalaré', así se entrena; 'percibiendo claramente la mente exhalaré', así se entrena.

(10) "'Regocijando la mente inhalaré', así se entrena; 'regocijando la mente exhalaré', así se entrena.

(11) "'Concentrando la mente inspiraré, así se entrena; 'concentrando la mente exhalaré', así se entrena.

(12) "'Liberando la mente inhalaré', así se entrena; 'liberando la mente exhalaré', así se entrena.

(IV)

(13) "'Reflexionando sobre la transitoriedad (*anicca*) inhalaré', así se entrena; 'reflexionando sobre la transitoriedad exhalaré', así se entrena.

(14) "'Reflexionando sobre el desapego (*virāga*) inhalaré', así se entrena; 'reflexionando sobre el desapego exhalaré', así se entrena.

(15) "'Reflexionando sobre el cese (*nirodha*) inhalaré', así se entrena; 'reflexionando sobre el cese, exhalaré', así se entrena.

(16) "'Reflexionando sobre el abandono (*paṭinissaggā*) inhalaré, así se entrena; 'reflexionando sobre el abandono, exhalaré', así se entrena".

En MN 118 se muestra además cómo estos 16 ejercicios generan los cuatro fundamentos de la atención plena (*Satipaṭṭhāna*, q.v.), a saber: 1-4, contemplación del cuerpo; 5-8, contemplación de las sensaciones; 9-12, contemplación de la mente (conciencia); 13-16, contemplación de objetos mentales. Luego se muestra cómo estos cuatro fundamentos de la atención plena generan los siete factores de la iluminación (*bojjhaṅga*, q.v.); luego éstos nuevamente generan liberación de la mente (*ceto-vimutti*, q.v.) y liberación a través de la sabiduría (*paññā-vimutti*, q.v.).

Publicaciones: Ānāpānasati Saṃyutta (SN 54). Patis: Ānāpānakathā. Explicación completa de la práctica en Vism VIII, 145 ff. Para una antología completa de textos canónicos y de Comentarios, ver: *Mindfulness of Breathing*, Ñāṇamoli Thera (BPS, 1964).

anattā: 'no yo', no ego, carencia de ego, impersonalidad; es la última de las tres características de la existencia (*ti-lakkhaṇa*, q.v.). La doctrina de *anattā* enseña que ni dentro de los fenómenos corporales y mentales de la existencia, ni fuera de ellos, se puede encontrar cualquier cosa que, en el último sentido, podría considerarse como una entidad del ego real auto existente, alma o cualquier otra sustancia permanente. Ésta es la doctrina central del budismo, sin la comprensión de la cual es completamente imposible un conocimiento real del budismo. Es la única doctrina budista realmente específica, con la que toda la estructura de la enseñanza budista se sostiene o se derrumba. Todas las doctrinas budistas restantes pueden, más o menos, encontrarse en otros sistemas filosóficos y religiones, pero la doctrina *anattā* ha sido enseñada clara y sin reservas sólo por el Buda, por lo que el Buda es conocido como el *anattā-vādī* o 'Maestro de la impersonalidad'. Quien no haya penetrado esta impersonalidad de toda la existencia, y no comprenda que en realidad sólo existe este proceso de continuo autoconsumo de fenómenos corporales y mentales que surgen y cesan, y que no hay una entidad del ego separada dentro o fuera de este proceso, no podrá entender el budismo, es decir, la enseñanza de las Cuatro Nobles Verdades (*sacca*, q.v.) bajo la luz correcta. Pensará que es su ego, su personalidad, la que experimenta el sufrimiento, su personalidad la que realiza acciones buenas y malas, y renacerá de acuerdo con estas acciones; su personalidad la que entrará en Nibbāna, su personalidad la que camina en el Sendero Óctuple. Así se dice en Vism XVI:

> "El mero sufrimiento existe, no se encuentra ningún sufridor.
> Las obras están, pero no hay allí quien las haga.
> Nibbāna es, pero no la persona que entra en él.
> El camino es, pero no se ve a ningún viajero en él".

"Quien no tenga claridad con respecto a los fenómenos surgidos condicionalmente y no comprende que todas las acciones están condicionadas por la ignorancia, etcétera, piensa que es un ego que comprende o no comprende, que actúa o hace actuar, que llega a la existencia al renacer, que tiene la impresión sensorial, que siente, desea, se apega, continúa y al renacer nuevamente entra en una nueva existencia." (Vism XVII, 117.)

Mientras que en el caso de las dos primeras características se afirma que todas las formaciones (*sabbe saṅkhāra*) son temporales y están sujetas al sufrimiento, el texto correspondiente a la tercera característica establece que "todas las cosas son no yo" (*sabbe dhamma anattā*; M. 35, Dhp.279). Esto es para enfatizar que la visión falsa de un yo o sustancia permanente no es aplicable a ninguna 'formación' o fenómeno condicionado, ni a Nibbāna, el Elemento Incondicionado (*asaṅkhatā dhātu*).

A

El Anattā-lakkhaṇa Sutta, el 'Discurso sobre la Característica del No Yo', fue el segundo discurso, después de la Iluminación, predicado por el Buda a sus primeros cinco discípulos, quienes después de escucharlo alcanzaron la perfecta santidad (*arahatta*).

La contemplación del no yo (*anattānupassanā*) conduce a la liberación de la vacuidad (*suññatā-vimokkha*, ver: *vimokkha*). Aquí destaca la facultad de la sabiduría (*paññindriya*), y aquel que alcanza de esa manera el sendero de Entrada en la Corriente se llama un devoto del Dhamma (*dhammānusārī*; ver: *ariya-puggala*); en las siguientes dos etapas de la santidad se convierte en un poseedor de visión (*diṭṭhippatta*); y en la etapa más alta, es decir, la santidad, se le llama 'liberado por la sabiduría' (*paññā-vimutta*).

Para más detalles, ver: *paramattha-sacca*, *paṭiccasamuppāda*, *khandha*, *ti-lakkhaṇa*, *nāma-rūpa*, y *paṭisandhi*.

Publicaciones: Anattā-lakkhaṇa Sutta, Vinaya I, 13-14; SN 22:59; tr., en los *Three Cardinal Discourses of the Buddha* (Wheel 17). Otro texto importante sobre *anattā* es el *Discourse on the Snake Simile* (Alagaddūpama Sutta, MN 22; tr. en Wheel 48-49). Otros textos en PtoD. Además: *Anattā and Nibbāna*, Nyanaponika Thera (Wheel 11); *The Truth of Anattā*, doctor G. P. Malalasekera (Wheel 94); *The Three Basic Facts of Existence* 'Part III: Egolessness' (Wheel 202-204).

anattānupassanā: 'la contemplación del no yo', es uno de los 18 principales tipos de percepción (ver: *vipassanā*). Ver también: *anattā*.

anattā-saññā: 'percepción del no yo'; ver: AN 6:104; AN 7:48; AN 10:60; Ud. 4.1.

anattā-vāda: la 'doctrina de la impersonalidad'; ver: *anattā*.

ancianos, la enseñanza de los: *Theravāda* (q.v.) [La vía de los ancianos (NT)].

āneñja: 'imperturbabilidad', denota la esfera inmaterial (*arūpāvacara*; ver: *avacara*); ver: *saṅkhāra*. Ver: MN 106.

anexos, Los tres: *kiñcana* (q.v.).

anicca: 'transitorio' (o, como sustantivo abstracto, *aniccatā*, 'no permanencia'), es la primera de las tres características de la existencia (*tilakkhaṇa*, q.v.). Es del hecho de la transitoriedad que, en la mayoría de los textos, se derivan las otras dos características: el sufrimiento (*dukkha*) y el no yo (*anattā*) (SN 22:15; Ud. 4.1).

"La transitoriedad de las cosas es el surgir, pasar y cambiar de las cosas, o la desaparición de las cosas que se han convertido o que han surgido. El significado es que estas cosas nunca persisten de la misma manera, sino que se van disolviendo momento a momento." (Vism VII, 3.)

La transitoriedad es una característica básica de todos los fenómenos condicionados, ya sean materiales o mentales, burdos o sutiles, propios o externos: "Todas las formaciones son transitorias" (*sabbe saṅkhāra anicca*; MN 35, Dhp. 277). El que la totalidad de la existencia sea transitoria también se afirma a menudo en términos de los cinco agregados (*khandha*, q.v.), las 12 bases sensoriales internas y externas (*āyatana* q.v.), etcétera. Sólo Nibbāna (q.v.), que es incondicionado y no una formación (*asaṅkhata*), es permanente (*nicca, dhuva*).

La introspección que conduce a la primera etapa de la liberación, la Entrada en la Corriente (*sotāpatti*; ver: *ariya-puggala*), a menudo se expresa en términos de transitoriedad: "Todo lo que está sujeto al origen está sujeto al cese" (ver: Dhammacakkappavattana Sutta, SN 46:11). En su última exhortación, antes de su *parinibbāna*, el Buda recordó a sus monjes la transitoriedad de la existencia como estímulo para el esfuerzo ferviente: "Mirad ahora, monjes, os exhorto: las formaciones están destinadas a desaparecer. ¡Esfuércense fervientemente!" (*vayadhammā saṅkhāra, appamādena sampādetha*; DN 16).

Sin una visión profunda de la transitoriedad y la insustancialidad de todos los fenómenos de la existencia no se puede alcanzar la liberación. Por lo tanto, la comprensión de la transitoriedad obtenida mediante la experiencia meditativa directa encabeza dos listas de conocimiento intuitivo: (a) la contemplación de la transitoriedad (*aniccānupassanā*) es el primero de los 18 tipos principales de comprensión (q.v.); (b) la contemplación del surgimiento y la desaparición (*udayabbayānupassanā-ñāṇa*) es el primero de los nueve tipos de conocimiento que conducen a la 'purificación por el conocimiento y la visión del progreso de la vía' (ver: *visuddhi*, VI). La contemplación de la transitoriedad conduce a la liberación sin signo (*animitta-vimokkha*; ver: *vimokkha*). Como aquí destaca la facultad de la convicción (*saddhindriya*), aquel que alcanza de esa manera el camino de Entrada en la Corriente se llama devoto de la fe (*saddhānusārī*; ver: *ariya-puggala*) y en las siete etapas superiores se le llama liberado por la fe (*saddhā-vimutta*). Ver también: *anicca-saññā*.

Ver: *The Three Basic Facts of Existence I: Impermanence* (Wheel: 186-187).

aniccānupassanā: 'contemplación de la transitoriedad', es uno de los 18 principales tipos de percepción (ver: *vipassanā*).

anicca-saññā: 'percepción de la transitoriedad', se define en el Girimānanda Sutta (AN 10:60) como meditación sobre la transitoriedad de los cinco agregados de la existencia.

A

"Aunque, con un corazón fiel, uno se refugia en el Buda, su enseñanza y la comunidad de monjes; o con un corazón fiel observa las reglas de la moralidad, o desarrolla una mente llena de benevolencia, mucho más meritorio es si uno cultiva la percepción de la transitoriedad, aunque sea por un momento". (AN 10:20.) Ver: AN 6:102; AN 7:48; Ud. 4.1; SN 22:102.

animitta-ceto-vimutti: ver: *ceto-vimutti*.

animittānupassanā: ver: *vipassanā*.

animitta-vimokkha: ver: *vimokkha*.

añña: 'otro', siendo de la categoría opuesta.

aññā: 'conocimiento supremo', gnosis, se refiere al conocimiento perfecto del santo (*arahant*; ver: *ariya-puggala*). El siguiente pasaje aparece con frecuencia en los *suttas*, cuando un monje indica su logro de la santidad (*arahatta*): "Él da a conocer el conocimiento más elevado (*aññaṃ vyākaroti*), así: 'El renacimiento ha cesado, la vida santa está cumplida, la tarea está cumplida, y no hay más de esto por venir'".

La 'facultad del conocimiento supremo' (*aññindriya* = *aññā-indriya*; ver: *indriya*), sin embargo, está presente en seis de las ocho etapas de santidad, es decir, comenzando con la fruición de Entrar en la Corriente (*sotāpatti-phala*) hasta la vía de la santidad (*arahatta-magga*). Ver: Dhs. (PTS) §§ 362-364, 505, 553; Indriya Vibhaṅga; PD § 162.

aññāmañña-paccaya: 'condición de reciprocidad', es una de las 24 condiciones (*paccaya*, q.v.).

aññātāvindriya: 'la facultad del que sabe'; ver: *indriya*, 22.

aññindriya: 'la facultad del conocimiento más elevado'; ver: *aññā* e *indriya*, 21.

anottappa: ver: *ahirika*.

antarā-parinibbāyī: es uno de los cinco tipos de No Retornantes o *anāgāmī* (q.v.).

antinomias: ver: *diṭṭhi*.

anuloma-citta: 'momento de adaptación de la conciencia', denota el tercero de los cuatro momentos de impulsión (*javana*, q.v.) que destella inmediatamente antes de alcanzar las absorciones (*jhāna*, q.v.) o las vías supramundanas (ver: *ariya-puggala*). Estos cuatro momentos de impulsión son: los momentos de preparación (*parikamma*), acceso (*upacāra*), adaptación (*anuloma*) y madurez (*gotrabhū*). Para más detalles ver: *javana*, *gotrabhū*.

anuloma-ñāṇa: 'conocimiento de adaptación' o 'conocimiento en conformidad', es idéntico al 'conocimiento-adaptación-a-la-verdad', el último de los nueve conocimientos introspectivos (*vipassanā-ñāṇa*) que constituyen la 'purificación del conocimiento y visión del progreso de la vía' (ver: *visuddhi* VI, 9). Ver: Vism XXI.

anupādisesa-nibbāna: ver: *Nibbāna*, *upādi.*

anupassanā: 'contemplación'. Cuádruple [*kāya-*, *vedanā-*, *citta-*, *dhamma-* (NT)]: ver: *satipaṭṭhāna.* (1) Óctuple: ver: *vipassanā*. Séptuple: "Las siete contemplaciones: (1) Contemplando las formaciones como transitorias, uno abandona la percepción de permanencia. (2) Contemplándolas como dolorosas, uno abandona la percepción de felicidad (que se encuentra en ellas). (3) Contemplándolas como 'no uno mismo', uno abandona la percepción de sí mismo. (4) Volviéndose desapasionado, uno abandona el deleite. (5) Causando el desvanecimiento, uno abandona la codicia. (6) Causando el cese, uno abandona el origen. (7) Renunciando, se abandona el aferramiento" (Paṭis I, p. 58). Ver también: Vism XXI, 43; XXII, 114.

anupubba-nirodha: Las nueve 'extinciones sucesivas', son las ocho extinciones alcanzadas a través de las ocho absorciones (*jhāna*, q.v.) y la 'extinción de la sensación y la percepción' (ver: *nirodha-samāpatti*), como se dice en AN 9:31 y DN 33:

"En aquel que ha entrado en la 1ª absorción, las percepciones sensoriales (*kāma-saññā*) se extinguen. Habiendo entrado en la 2ª absorción, la concepción del pensamiento y el pensamiento discursivo (*vitakkavicāra*, q.v.) se extinguen. Habiendo entrado en la 3ª absorción, el gozo (*pīti*, q.v.) se extingue. Habiendo entrado en la 4ª absorción, se extinguen las inhalaciones y las exhalaciones (*assāsa-passāsa*, q.v.). Habiendo entrado en la esfera del espacio ilimitado (*ākāsānañcāyatana*), se extinguen las percepciones de la corporeidad (*rūpa-saññā*). Habiendo entrado en la esfera de la conciencia ilimitada (*viññāṇañcāyatana*), la percepción de la esfera del espacio ilimitado se extingue. Habiendo entrado en la esfera de la nada (*ākiñcaññāyatana*), la percepción de la esfera de la conciencia ilimitada se extingue. Habiendo entrado en la esfera de la ni-percepción-ni-no-percepción (*neva-saññā-nāsaññāyatana*), la percepción de la esfera de la nada se extingue. Habiendo entrado en la extinción de la percepción y la sensación (*saññāvedayitanirodha*), la percepción y la sensación se extinguen". Para más detalles, ver: *jhāna*, *nirodha-samāpatti.*

anupubba-vihāra: las nueve 'moradas sucesivas', son idénticas a las nueve *anupubba-nirodha* (ver: arriba). En AN 9:33 se les llama 'logros sucesivos' (*anupubba-samāpatti*).

A

ānupubbī-kathā: 'instrucción gradual', sermón progresivo; dado por el Buda cuando era necesario preparar primero la mente del oyente antes de hablarle sobre la enseñanza avanzada de las Cuatro Nobles Verdades. El pasaje estándar (ver p. ejem: DN 3; DN 14; MN 56) es el siguiente:

"Entonces el Bendito le dio una instrucción gradual, es decir, habló sobre la liberalidad ('dar', *dāna*, q.v.), sobre la conducta moral (*sīla*) y sobre los cielos (*sagga*); explicó el peligro, la vanidad y la depravación de los placeres sensoriales, y las ventajas de la renuncia. Cuando el Bienaventurado percibió que la mente del oyente estaba preparada, flexible, libre de obstáculos, elevada y lúcida, entonces le explicó esa exaltada enseñanza particular de los Budas (*buddhānaṃ sāmukkaṃsikadesanā*), es decir: el sufrimiento, su causa, su cese y la vía".

anurakkhaṇa-padhāna: el 'esfuerzo para mantener' estados saludables; ver: *padhāna*.

anusaya: las siete 'propensiones', inclinaciones o tendencias son: codicia sensorial (*kāma-rāga*, ver: *saṃyojana*), rencor (*paṭigha*), noción especulativa (*diṭṭhi*, q.v.), duda escéptica (*vicikicchā*, q.v.), engreimiento (*māna*, q.v.), anhelo de existencia continua (*bhavarāga*), ignorancia (*avijjā*, q.v.) (DN 33; AN 7:11, 12).

"Estas cosas se llaman 'propensiones', ya que, como consecuencia de su obstinación, tienden una y otra vez a convertirse en las condiciones para el surgimiento de una codicia sensorial siempre nueva, etcétera." (Vism XXII, 60.)

Yam VII primero determina en qué seres existen tales o cuales inclinaciones, cuáles son, con respecto a qué, y en qué esfera de la existencia [se manifiestan]. A continuación, da una explicación sobre su superación, su penetración, etcétera. Ver: Guía, caps.VI § VII. Según Kath., varias escuelas budistas antiguas sostuvieron erróneamente la opinión de que los *anusayas*, como tales, significaban simplemente cualidades latentes, por lo tanto kármicamente neutrales, lo que, sin embargo, contradice la concepción Theravāda. Ver: Guía, cap. V § 88, 108, 139.

anussati: 'remembranza', meditación, contemplación. Las seis remembranzas descritas a menudo en los *suttas* (por ejemplo, AN 6:10, 25; DN 33) son: (1) remembranza del Buda, (2) de su Doctrina, (3) de la comunidad de nobles discípulos, (4) de la moral, (5) de la liberalidad y (6) de los seres celestiales (*buddhānussati*, *dhammānussati*, *saṅghānussati*, *sīlānussati*, *cāgānussati*, *devatānussati*).

(1) "El noble discípulo, Mahānāma, recuerda así: 'El Bendito es santo, completamente Iluminado, perfeccionado en sabiduría y conducta,

felizmente encaminado, conocedor de los mundos, líder insuperable de los hombres que deben ser entrenados, maestro de dioses y humanos, un Buda, un Bienaventurado'.

(2) "'Bien proclamada por el Bendito es la Doctrina (Dhamma), directamente visible, con fruto inmediato, atemporal, invitando a la investigación, conduciendo al Nibbāna, para ser comprendida por los sabios individualmente'.

(3) "'De buena conducta es la Comunidad (Sangha) de los discípulos del Bendito, de conducta recta, viviendo en el camino correcto, cumpliendo con sus deberes, a saber: los cuatro pares de hombres u ocho individuos (ver: *ariya puggala*). Esta Comunidad de los discípulos del Bienaventurado es digna de ofrendas, digna de hospitalidad, digna de regalos, digna de reverencia con las manos levantadas, el campo insuperable para hacer obras meritorias'.

(4) "El noble discípulo recuerda además su propia moral (*sīla*), que es inquebrantable, sin ruptura alguna, sin mancha, sin transgresión, conducente a la liberación, alabada por los sabios, no dependiente (del anhelo u opiniones) y que conduce a la concentración.

(5) "El noble discípulo recuerda además su propia liberalidad (*cāga*) así: 'Bendito soy en verdad, muy bendito soy yo que, entre los seres contaminados con la inmundicia de la avaricia, vivo con el corazón libre de avaricia, generoso, de manos abiertas, regocijándome en dar, dispuesto a dar cualquier cosa que se me pida, contento de dar y compartir con los demás'.

(6) "El noble discípulo recuerda además a los seres celestiales (*devatā*): 'Están los seres celestiales del séquito de los Cuatro Grandes Reyes, los seres celestiales del Mundo de los Treinta y Tres, las deidades de Yāma, y aparte hay otros seres celestiales (ver: *deva*). Tal fe, tal moralidad, tal conocimiento, tal liberalidad, tal perspicacia, poseídos de los cuales esos seres celestiales, después de desaparecer de aquí, renacen en esos mundos, tales cosas también se encuentran en mí'." (AN 3:70; 6:10; 11:12.)

"En el momento en que el noble discípulo recuerda al Perfecto... en ese momento su mente no está poseída por el deseo, ni por la aversión, ni por la ofuscación. Muy recta en ese momento su mente se debe al Perfecto... Con la mente recta el noble discípulo alcanza la comprensión del sentido, la comprensión de la ley, alcanza la felicidad a través de la ley. En él, gozoso surge el éxtasis. Con el corazón extasiado, todo su ser se aquieta. Aquietado dentro de su ser, siente felicidad; y la mente del feliz se torna concentrada. De este noble discípulo se dice que entre los descarriados camina por el camino correcto, y entre los que sufren permanece libre de sufrimiento. Así, habiendo entrado a la corriente de la ley, él desarrolla el recuerdo del Iluminado..." (AN 6:10.)

En AN 1:21 (PTS: I, xvi) y AN 1:27 (PTS: I, xx. 2) se añaden otros cuatro recuerdos: Atención sobre la muerte (*maraṇa-sati*, q.v.), atención al Cuerpo (*kāyagatā-sati*, q.v.), atención a la Respiración (*ānāpāna-sati*, q.v.) y la recolección de la Paz (*upasamānussati*, q.v.).

Las primeras seis recolecciones se explican completamente en Vism VII, los últimos cuatro en Vism VIII.

aparāpariya-vedanīya kamma: '*kamma* dando frutos en nacimientos posteriores'; ver: *kamma.*

aparihāna-dhamma: 'incapaz de recaer' o 'de caerse', es decir, con respecto a la liberación de algunas o todas las ataduras de la existencia (ver: *saṃyojana*). Así son llamados todos los Discípulos Nobles, es decir, todos aquellos que han alcanzado cualquiera de los cuatro Caminos Nobles hacia la santidad (ver: *ariyapuggala*). Con respecto a las absorciones (*jhāna*, q.v.), se llama 'irrecuperable' a cualquiera que haya alcanzado el dominio total sobre las absorciones. Ver: AN 6:62; Pug 6. Ver: *akuppa-dhamma*.

aparihāniya-dhamma: 'Condiciones de Bienestar' (lit., de no decadencia) para una república. Siete de estas condiciones se mencionan en el Mahāparinibbāna Sutta (DN 16). Les siguen cinco conjuntos de siete y un conjunto de seis condiciones, conducentes al bienestar de la Comunidad de Monjes, el Saṅgha. Textos idénticos en AN 7:20-25. No obstante la similitud, notar la diferencia con el término anterior.

apāya: Los cuatro 'mundos inferiores' son: el mundo animal, el mundo de los espíritus hambrientos, el mundo de los demonios y el infierno. Ver: Vism XIII, 92 ff.

apego (o aferramiento), las cuatro clases de: *upādāna* (q.v.).

apego sensorial: *kāmūpādāna*; ver: *upādāna.*

apegos: ver: *parāmāsa*.

āpo-dhātu: 'elemento agua'; ver: *dhātu.*

apoyo, y apoyo decisivo; condiciones de: (*nissaya*, *upanissaya*), son dos de las veinticuatro condiciones (ver: *paccaya*).

appamāda: 'diligencia', celo, no laxitud, seriedad; se considera como la base de todo progreso.

"Así como todas las huellas de los seres vivos son superadas por la huella del elefante, y la huella del elefante es considerada como la más poderosa entre ellas, así todas las cualidades meritorias tienen la diligencia como base, y la diligencia es considerada como la más poderosa de estas cualidades". (AN 10:15.)

Ver: el capítulo sobre la Diligencia (*Appamāda Vagga*) en Dhp. y la última exhortación del Buda: "Todas las formaciones son transitorias. ¡Hagan esfuerzo con diligencia!" (*appamādena sampādetha*: DN 16). En los comentarios a menudo se explica como la presencia (lit., 'no ausencia') de atención plena (*satiyā avippavāsa*).

Appamāṇābha: una especie de ser celestial; ver: *deva* (II).

appamāṇa-ceto-vimutti: ver: *ceto-vimutti*.

Appamāṇa-subha: una especie de ser celestial; ver: *deva* (II).

appamaññā: Los cuatro 'estados ilimitados', idénticos a *brahma-vihāra* (q.v.).

appanā-samādhi: 'concentración de logro' o 'concentración plena' (de *appeti*, fijar), es la concentración existente durante la absorción (*jhāna*, q.v.), mientras que la vecindad o concentración de acceso (*upacāra-samādhi*) sólo se acerca a la primera absorción, sin alcanzarla; ver: *samādhi*.

appanihita-vimokkha: ver: *vimokkha*.

appaṇihitānupassanā: ver: *vipassanā*.

appicchatā: 'tener pocos deseos', contentamiento, es una de las virtudes indispensables del *bhikkhu*; ver: AN10:181-190 y *ariyavaṃsa* (q.v.).

apreciativa, alegría; ver: *gozo altruista, muditā*.

aprendizaje, sabiduría basada en: ver: *paññā*.

apuññābhisaṅkhāra: ver: *saṅkhāra*.

arahat y **arahatta-magga-phala**: ver: *ariya-puggala*.

ārammaṇa: 'objeto'. Hay seis: objeto visible, sonido, olor, sabor, impresión corporal [objeto táctil (NT)] y objeto mental. El objeto mental (*dhammārammaṇa*) puede ser físico o mental, pasado, presente o futuro, real o imaginario. Los cinco objetos de los sentidos pertenecen al grupo de la corporeidad (*rūpakkhandha*, ver: *khandha*). Forman los cimientos externos de las percepciones de los sentidos, y sin ellos no puede surgir ninguna percepción de los sentidos ni conciencia de los sentidos (ver: oír, etcétera). Ver: *āyatana*, *paccaya*. (App: *paccaya* 2.)

> Nota de la fuente: En el significado de objeto-sensorial, primero encontrado en el Dhammasaṅgaṇī del Canon del Abhidhamma. Ver: *paccaya*.

ārammaṇādhipati, ārammaṇupanissaya: ver: *paccaya.*

āraññikaṅga: el 'ejercicio del habitante del bosque', es uno de los ejercicios ascéticos de purificación (*dhutaṅga*, q.v.).

árbol, viviendo bajo un: una de las prácticas ascéticas (*dhutaṅga*, q.v.).

ariya-iddhi: ver: *iddhi.*

ariya-magga: ver: *ariya-puggala.*

ariya-puggala: individuo o persona noble.

ariya: 'Nobles', 'personas nobles'.

(A) Los ocho nobles son aquellos que han logrado una de las ocho etapas de la santidad, es decir, las cuatro Vías supramundanas (*magga*) y los cuatro Frutos supramundanos (*phala*) correspondientes a estas vías. Hay cuatro pares:

1a. El que logra la vía de 'entrada en la corriente' (*sotāpatti-magga*). 1b. El que logra la fruición de 'entrar en la corriente' (*sotāpatti-phala*). 2a. El que logra la vía de 'un solo retorno' (*sakadāgāmi-phala*). 2b. El que logra la fruición de 'un solo retorno' (*sakadāgāmi-phala*). 3a. El que logra la vía del 'no retorno' (*anāgāmi-magga*). 3b. El que logra el fruto del 'no retorno' (*anāgāmi-phala*). 4a. El que logra la vía de la 'santidad' (*arahatta-magga*). 4b. El que logra el fruto de la 'santidad' (*arahatta-phala*).

En resumen, hay cuatro individuos nobles (*ariya-puggala*): el que entra en la corriente (*sotāpanna*), el que regresa una vez (*sakadāgāmi*), el que no regresa (*anāgāmī*) y el santo (*arahat*).

En AN 8:10 y AN 9:16 el *gotrabhū* (q.v.) aparece como el noveno individuo noble.

De acuerdo con el Abhidhamma, 'vía supramundana' o simplemente 'vía' (*magga*), es una designación del momento de entrar en una de las cuatro etapas de santidad –Nibbāna siendo el objeto–, producido por la percepción introspectiva (*vipassanā*) de la transitoriedad, miseria e impersonalidad de la existencia, brillando y transformando para siempre la vida y la naturaleza de uno. Por 'fructificación' (*phala*) se entiende esos momentos de conciencia que siguen inmediatamente después como resultado de la vía y que en ciertas circunstancias pueden repetirse innumerables veces durante la vida.

(I) A través de la vía del 'entrar en la corriente' (*sotāpatti-magga*) uno se 'torna' libre (mientras que, al realizar la fruición, uno 'es' libre) de los primeros tres encadenamientos (*saṃyojana*, q.v.) que atan a los seres a la existencia en la esfera sensorial, a saber: (1) creencia en la personalidad (*sakkāya-diṭṭhi*; ver:

diṭṭhi), (2) duda escéptica (*vicikicchā*, q.v.), (3) apego a meras reglas y rituales (*sīlabbata-parāmāsa*; ver: *upādāna*).

(II) A través de la vía de 'un solo retorno' (*sakadāgāmi-magga*) uno se vuelve casi libre de las ataduras 4 y 5, a saber: (4) deseo sensorial (*kāma-cchanda* = *kāma-rāga*; ver: *rāga*), (5) aversión (*byāpāda* = *dosa*, ver: *mūla*).

(III) A través de la vía del no retorno (*anāgāmi-magga*) uno se vuelve completamente libre de las cinco cadenas inferiores antes mencionadas.

(IV) A través del camino de la santidad (*arahatta-magga*) uno se vuelve más libre de las cinco ataduras superiores, a saber: (6) deseo de existencia material sutil (*rūpa-rāga*), (7) deseo de existencia inmaterial. (*arūpa-rāga*), (8) engreimiento (*māna*, q.v.), (9) agitación (*uddhacca*, q.v.), (10) ignorancia (*avijjā*, q.v.).

El texto del Sutta estereotípico dice lo siguiente:

> (1) "Después de la desaparición de las tres ataduras, el monje ha ganado la corriente (hacia Nibbāna) y ya no está sujeto a renacer en los mundos inferiores; está firmemente establecido, destinado a la iluminación total.
>
> (2) "Después de la desaparición de las tres ataduras y la reducción del deseo, la aversión y la ofuscación, regresará sólo una vez más; y, habiendo regresado una vez más a este mundo, pondrá fin al sufrimiento.
>
> (3) "Después de la desaparición de las cinco ataduras, aparece en un mundo superior, y allí alcanza el Nibbāna, sin regresar nunca de ese mundo (a la esfera sensorial).
>
> (4) "A través de la extinción de todas las corrupciones (*āsava-kkhaya*) alcanza ya en esta misma vida la liberación de la mente, la liberación a través de la sabiduría, que está libre de corrupciones y que él mismo ha entendido y realizado."

Para las diversas clases de entrantes a la corriente y no retornantes, ver: *sotāpanna, anāgāmī.*

(B) La agrupación séptuple de los nobles discípulos se define y explica en Vism XXI, 73, y es la siguiente:

> (1) El devoto de la fe (*saddhānusārī*): "Aquel que está lleno de resolución (*adhimokkha*) y, al considerar las formaciones como transitorias (*anicca*), gana la facultad de la fe; él, en el momento de la vía para Entrar en la Corriente (AN 1), es llamado un devoto de la fe (*saddhānusārī*)".
>
> (2) El liberado por la fe (*saddhāvimutta*): "En las siete etapas superiores (AN 2-8) se le llama liberado por la fe".

(3) El testigo corporal (*kāya-sakkhī*): "Aquel que está lleno de tranquilidad y, al considerar las formaciones como sufrimiento (*dukkha*), gana la facultad de concentración; él, en todos los aspectos, es considerado como un testigo corporal".

(4) El liberado en ambos sentidos (*ubhato-bhāga-vimutta*): "Aquel que, sin embargo, después de alcanzar las absorciones de la esfera inmaterial, ha alcanzado la fruición más elevada (de santidad); es uno liberado en ambos sentidos".

(5) El devoto del Dhamma (*dhammānusārī*): "Aquel que está lleno de sabiduría y, al considerar las formaciones como no yo (*anattā*), gana la facultad de sabiduría; él, en el momento de Entrar en la Corriente, es un Devoto del Dhamma".

(6) El que logra la visión (*diṭṭhippatta*): "Aquel que en las últimas etapas (AN 2-7) logra la visión".

(7) El liberado por la sabiduría (*paññā-vimutta*): "Aquel que en la etapa más elevada (AN 8) es liberado por la sabiduría (*paññā-vimutta*)".

Para más detalles sobre el testigo corporal, el liberado en ambos sentidos y el liberado por sabiduría, ver: bajo los tres términos pāli. Ver también: MN 70; AN 9:44; SN 12:70; Paṭis II, p. 33, PTS.

ariya-sacca: Las cuatro 'Nobles Verdades'; ver: *sacca*.

ariya-vaṃsa: Los cuatro 'linajes nobles' del *bhikkhu*: contento con cualquier túnica, contento con cualquier comida de limosna, contento con cualquier vivienda, y deleite en la meditación y el desapego. En el Ariya-vaṃsa Sutta (AN 4:28) y de manera similar en DN 33 se dice:

"Ahora bien, el monje se contenta con cualquier túnica, con cualquier comida de limosna, con cualquier vivienda; encuentra deleite y placer en el entrenamiento mental y el desapego. Pero no es altivo, por eso ni menosprecia a los demás. Ahora bien, de un monje que aquí es apto e infatigable, que permanece claramente consciente y atento, de tal monje se dice que está firmemente establecido en los antiguos y nobles usos conocidos como los más elevados".

Traducción completa del Ariya-vaṃsa Sutta en Wheel 83-84.

ariya-vihara: ver: *vihara*.

artículos dogmáticos, los tres: *titthāyatana* (q.v.).

arūpa-bhava: ver: *bhava, loka*.

arūpa-jhāna: ver: *jhāna*.

arūpa-kkhandha: Los cuatro 'grupos inmateriales' de la existencia son: sensación, percepción, formaciones mentales y conciencia; ver: *khandha*.

arūpāvacara: ver: *avacara*.

āruppa: ver: *jhāna*.

asaṅkhāra-parinibbāyī: El que 'alcanza Nibbāna sin esfuerzo', es una de las cinco clases de 'los que no retornan' (*anāgāmī*, q.v.).

asaṅkhārika-citta: un término del Abhidhamma que significa un 'estado de conciencia surgido espontáneamente', es decir, sin previa deliberación, preparación o incitación de otros; de ahí: 'sin preparación, sin aviso'. Este término y su contraparte (*sasaṅkhārikacitta*, q.v.) probablemente se remontan a una distinción similar hecha en los *suttas* (AN 4:171; PD § 184). Ver: tabla I; ejemplos en Vism XIV, 84 ff.

asaṅkhata: Lo 'no formado, sin origen, incondicionado' es un nombre para Nibbāna, el más allá de todo devenir y condicionalidad.

Asañña-satta: Los 'seres no percipientes' son una clase de seres celestiales en el mundo de la materia fina; ver: *deva* (II). "Hay, oh monjes, seres celestiales conocidos como los no percipientes. Sin embargo, tan pronto como surja la conciencia en esos seres, esos seres se desvanecerán de ese mundo. Ahora, oh monjes, puede suceder que uno de esos seres, después de desaparecer de aquel mundo, pueda reaparecer en este mundo..." (DN 24.) Para más detalles, ver: Kath, Yam (Guía, cap. V § 32, 153; cap. VI § II ff.).

āsava: (lit.: afluencias), 'chancros', manchas, corrupciones, sesgos intoxicantes. Hay una lista de cuatro (como en D. 16, Patis, Vibh.): la corrupción del deseo sensorial (*kāmāsava*), de deseo eterno de existencia (*bhavāsava*), de nociones [erróneas] (*diṭṭhāsava*) y de la ignorancia (*avijjāsava*). Una lista de tres, omitiendo la corrupción de las nociones, es posiblemente más antigua y frecuente en los *suttas*, p. ejem., en MN 2, MN 9, DN 33; AN 3:59, 67; AN 6:63. En el Vibhhaṅga (Khuddakavatthu Vibh). Se mencionan tanto la división de tres como la de cuatro. La división cuádruple también ocurre bajo el nombre de 'inundaciones' (*ogha*) y 'yugos' (*yoga*).

A través del camino de Entrada en la Corriente, se destruye la corrupción de las nociones erróneas; por el camino del No Retorno, la corrupción del deseo sensorial; a través del camino del estado de *arahant*, las corrupciones de la existencia y la ignorancia. MN 2 muestra cómo superar las corrupciones, es decir, a través de la percepción, el control de los sentidos, el evitar, el uso sabio de los requisitos de la vida, etcétera. Para una exposición comentada, ver: *Aṭṭhasālinī* Tr. 63 ff, 475 ff.

A

Khīṇāsava, 'alguien cuyas corrupciones están destruidas' o 'alguien que está libre de corrupciones' es un nombre para el *arahant* o el santo. El estado de *arahant* se llama con frecuencia *āsavakkhaya*, 'la destrucción de las corrupciones'. Los *suttas* que concluyen con el logro del estado de *arahant* por parte de los oyentes a menudo terminan con las palabras: "Durante esta declaración, los corazones de los *bhikkhus* se liberaron de las corrupciones mediante el no apegarse más" (*anupādāya āsavehi cittāni vimucciṃsūti*).

āsavakkhaya: ver: *āsava*.

ascendente, introspección: ver: *vuṭṭhāna-gāminī-vipassanā*.

asekha: (lit.: 'no aprendiz'; ver: *sekha*), un discípulo 'perfeccionado en el entrenamiento', uno más allá del entrenamiento, un adepto. Éste es un nombre para el *arahant*, el santo (ver: *ariya-puggala*), ya que ha alcanzado la perfección en el entrenamiento moral superior, el entrenamiento mental superior y el entrenamiento de sabiduría superior (ver: *sikkhā*), y ya no necesita entrenarse en ello.

āsevana-paccaya: 'condición de repetición', es una de las veinticuatro condiciones (*paccaya*, q.v.).

asir: ver: *parāmāsa, upādāna*.

asmi-māna: (lit.: el engreimiento 'yo soy'), 'presunción del ego', puede variar desde el orgullo más burdo y la autoafirmación hasta una sensación sutil de la propia distinción o superioridad que persiste como el octavo encadenamiento (*saṃyojana*, q.v.), antes del logro del estado de *arahant* o santidad. Se basa en la comparación de uno mismo con los demás y, por lo tanto, puede manifestarse también como una sensación de inferioridad o la pretensión de ser igual (ver: *māna*). Debe distinguirse de la 'creencia en el ego' (*sakkāya-diṭṭhi*, q.v.), que implica una noción u opinión definida (*diṭṭhi*) con respecto a la suposición de un yo o alma y, siendo el primero de los encadenamientos, desaparece al alcanzar la meta de la 'entrada a la corriente' (*sotāpatti*; ver: *ariya-puggala*).

"Incluso cuando los cinco encadenamientos inferiores se han desvanecido en un discípulo noble, todavía hay en él, con respecto a los cinco agregados de apego, una pequeña medida no descartada del concepto 'yo soy', de la volición 'yo soy', de la proclividad 'yo soy'." (SN 22:89.) Ver: *māna*.

asociación, condición de: *sampayutta-paccaya*, es una de las veinticuatro condiciones (*paccaya*, q.v.).

assāsa-passāsa: 'inhalación y exhalación', son funciones corporales o 'formaciones' físicas (*kāya-saṅkhāra*), mientras que la concepción del pensamiento y el pensamiento discursivo (*vitakka* y *vicāra*) se denominan formaciones verbales (*vacī-saṅkhāra*); ver: *saṅkhāra* (2). La inhalación y exhalación forman uno de los seis aspectos del elemento aire (ver: *dhātu*). Ver: MN 62.

asubha: 'impureza', repugnancia, asquerosidad. En Vism VI son las contemplaciones del cementerio (*sīvathikā*, q.v.) las que se llaman 'objetos de meditación sobre la impureza' (*asubha-kammaṭṭhāna*; ver: *bhāvanā*). En el Girimānanda Sutta (AN 10:50), sin embargo, la percepción de la impureza (*asubha-saññā*) se refiere a la contemplación de las 32 partes del cuerpo (ver: *kāya-gatā-sati*). La contemplación de la impureza del cuerpo es un antídoto contra el obstáculo del deseo sensual (ver: *nīvaraṇa*) y la perversión mental (*vipallāsa*, q.v.) que ve lo que es verdaderamente impuro como puro y hermoso. Ver: SN 46:51; AN 5:36, Dhp. 7, 8; Sn. 193 ff; ver también: *The Five Mental Hindrances* (Wheel 26).

asura: 'demonios', titanes, fantasmas malignos, que habitan uno de los mundos inferiores (*apāya*, q.v.).

ataduras mentales: *cetaso vinibandha* (q.v.).

Atappa: 'el despreocupado', es el nombre de una clase de deidades (ver: *deva*,) que habitan la primera de las cinco Moradas Puras (*suddhāvāsa*, q.v.), en las que el *anāgāmī* (q.v.) tiene su último renacimiento.

atención plena: ver: *sati*, *satipaṭṭhāna*.

atención: ver: *manasikāra*.

atimāna: 'presunción de superioridad'; ver: *māna*.

attā: 'yo', ego, personalidad, es en el budismo una mera expresión convencional (*vohāradesanā*), y ninguna designación para nada que realmente exista; ver: *paramattha-desana*, *anatta*, *puggala*, *satta*, *jīva*.

atta-diṭṭhi (-*vāda*): 'creencia en el ego', 'creencia en la personalidad', ver: *diṭṭhi*.

atta-kilamatha: 'auto mortificación', es uno de los dos extremos por evitar, siendo el otro extremo la adicción a los placeres sensoriales (*kāma-sukha*), mientras que el Noble Óctuple Sendero constituye el Camino Medio (*majjhima-paṭipadā*, q.v.). Ver: el primer sermón de Buda, "El establecimiento del reino del Dhamma" [o "La puesta en marcha de la Rueda de la Ley" (NT)] (*Dhamma-cakkappavattana Sutta*).

atta-saññā (*atta-saññā citta*, *atta-saññā diṭṭhi*): 'percepción de un ego (a nivel de conciencia, a nivel de noción)', es una de las Cuatro Perversiones (*vipallāsa*, q.v.).

atta-vādupādāna: 'apego a la creencia del ego', es uno de los cuatro tipos de apego (*upādāna*, q.v.).

aṭṭhaṅgika-magga: El 'Sendero Óctuple'; ver: *magga*.

attha-paṭisambhidā: El 'conocimiento analítico del significado', es uno de los cuatro tipos de conocimiento analítico (*paṭisambhidā*, q.v.).

atthi-paccaya: 'condición de presencia', es una de las veinticuatro condiciones (*paccaya*, q.v.).

ausencia de deseos, contemplación en: ver: *vipassanā* (12).

ausencia, condición de: *natthi-paccaya*, es una de las veinticuatro condiciones (*paccaya*, q.v.).

auto aniquilación, anhelo de: *vibhava-taṇhā* (ver: *taṇhā*).

auto mortificación: *atta-kilamatha* (q.v.).

avacara: 'esfera', reino. Las tres esferas de existencia son: la esfera sensorial (*kāmāvacara*), la esfera de la materialidad sutil (*rūpāvacara*), la esfera inmaterial (*arūpāvacara*). "¿Qué cosas son de la esfera sensorial (*kāmāvacara*)? Cualesquiera que sean las cosas que existen dentro del intervalo delimitado debajo por el infierno-*Avīci* y arriba por el cielo-*Paranimmitavasavatti* (ver: *deva*), teniendo allí su esfera y estando incluidas en ella, a saber: los agregados de existencia, los elementos, bases (ver: *khandha*, *dhātu*, *āyatana*), corporeidad, sensación, percepción, formaciones mentales y conciencia, todas estas cosas son de la esfera sensorial. Pero ¿qué cosas son de la esfera material sutil (*rūpāvacara*)? Cualquier cosa que exista dentro del intervalo limitado por debajo por el mundo de Brahma y por encima por el mundo de *Akaniṭṭha* (ver: *deva*), teniendo allí su esfera, y estando en ella incluido... y también la conciencia y factores mentales en uno que ha entrado en las absorciones (de la materia sutil), o que ha renacido en esa esfera, o que ya durante su vida vive en la felicidad (de las absorciones), todas estas cosas son de la esfera de la materia sutil. ¿Qué cosas son de la esfera inmaterial (*arūpāvacara*)? La conciencia y los factores mentales que surgen dentro del intervalo delimitado por debajo por los seres renacidos en la esfera del espacio ilimitado y arriba por los seres renacidos en la esfera de la ni-percepción-ni-no-percepción (ver: *jhāna* 5-8), y la conciencia y factores mentales en uno que ha entrado en las (absorciones inmateriales), o que ha renacido en esa esfera, o que ya durante su vida está viviendo en la felicidad (de las absorciones inmateriales), todas estas cosas son de la esfera inmaterial." (Ver: Dhs § 1280, 1282, 1284; Vibh. XVIII.)

Nota de la fuente: *Kāmavacara* se encuentra ya en los textos de antiguos *suttas* (p. ejem., DN1). *Rūpāvacara* y *arūpāvacara,* sin embargo, ocurre probablemente por primera vez en Patis (I. 83 ff.), mientras que en el Abhidhamma canónico y los Comentarios los tres términos son frecuentemente mencionados y explicados.

āvajjana: 'advertencia' de la mente hacia el objeto, forma la primera etapa en el proceso de la conciencia (ver: *viññāṇa-kicca*). Si se trata de un objeto de los cinco sentidos físicos, se llama 'advertencia de cinco puertas' (*pañca dvārāvajjana*); en el caso de un objeto mental, 'advertencia de la puerta de la mente' (*mano-dvārāvajjana*).

Nota de la fuente: Como el *āvajjana-citta* en el proceso de cognición (*citta- vīthi*), se encuentra solamente en los Comentarios; ver: *citta-vīthi.* Sin embargo, en el Paṭisambhidāmagga (I 79) *āvajjana* se encuentra como la primera etapa de un proceso rudimentario *cuádruple de conciencia* (*viññāṇa-cariyā*). También se encuentra en el Paṭṭhāna del Abhidhamma canónico como la condición de proximidad de las cinco clases de conciencias (*āvajjanā pañcannaṃ viññāṇānaṃ anantarapaccayena paccayo*).

aversión (a la existencia), contemplación de: ver: *vipassanā* (VI. 5) [*nibbidānuppasanā*; en *The Seven Contemplations of Insight*, BPS, p. 50].

aversión y ausencia de aversión: (*dosa, adosa*) son dos de las seis raíces kármicas (*mūla*, q.v.) o condiciones de raíz (*hetu paccaya* 1).

avīci: es el nombre de uno de los infiernos más espantosos (*niraya*, q.v.).

avidez, anhelo o deseo sensorial: *kāma-taṇhā* (*-rāga*), es uno de los diez encadenamientos o ataduras (*saṃyojana*, q.v.) y una de las tres clases de anhelo (*taṇhā*, q.v.).

avigata-paccaya: 'condición de no desaparición', es una de las veinticuatro condiciones (*paccaya*, q.v.).

Aviha (derivación incierta; sánscrito *avrha*): es una de las cinco Moradas Puras (*suddhāvāsa*, q.v.) en la esfera de la materialidad sutil. Para más detalles ver: *anāgāmī.*

avihiṃsā (equivalentes: *ahiṃsā, avihesā*): 'inocuidad', no violencia, ausencia de crueldad. El 'pensamiento no ofensivo' (o de: 'no crueldad'; *avihiṃsā-vitakka*) es uno de los tres constituyentes del pensamiento correcto [o intención correcta (NT)] (*sammā-saṅkappa*), es decir, el segundo factor del Óctuple Sendero (ver: *magga*). En las varias listas de 'elementos' (*dhātu*) aparece también un 'elemento de inocuidad' (*avihesā-*

dhātu), en el sentido de una cualidad elemental de pensamiento noble. Ver: Dhp. 225, 261, 270, 300.

avijjā: 'ignorancia', nesciencia, desconocimiento; sinónimo de ofuscación (*moha*, ver: *mūla*), es la raíz primaria de todo mal y sufrimiento en el mundo, velando los ojos mentales del hombre e impidiéndole ver la verdadera naturaleza de las cosas. Es la ofuscación que engaña a los seres haciéndoles aparecer la vida como permanente, feliz, sustancial y bella, y evitando que vean que todo en realidad es transitorio, sujeto al sufrimiento, vacío de 'yo' y 'mío', y básicamente impuro (ver: *vipallāsa*). La ignorancia se define como 'no conocer las cuatro [nobles] Verdades, a saber, el sufrimiento, su origen, su cese y el camino que conduce a su cese' (SN 11:4).

Como la ignorancia es el fundamento de todas las acciones que afirman la vida, de todo mal y sufrimiento, por lo tanto, ocupa el primer lugar en la fórmula del Origen Dependiente (*paṭiccasamuppāda*, q.v.). Pero por esa razón dice Vism (XVII, 36 f), la ignorancia no debe ser considerada como "la causa-raíz sin causa del mundo...". No carece de causa. Porque una de sus causas se afirma, a saber, 'Con el surgimiento de las corrupciones (*āsava*, q.v.) se da el surgimiento de la ignorancia" (MN 9). Pero hay una forma figurativa en la que puede ser tratado como una causa raíz, a saber, cuando se hace que sirva como punto de partida en una exposición de la Rueda de la Existencia... Como está dicho: "*Bhikkhus*, no se puede percibir un primer comienzo de la ignorancia, antes del cual la ignorancia no existiera, y después del cual vino a ser. Pero se puede percibir que la ignorancia tiene su condición específica (*idappaccaya*)" (AN 10:61). La misma declaración se hace (AN 10:62) sobre el anhelo de existencia (*bhava-tanhā*; ver: *taṇhā*). Este último y la ignorancia son llamados "las causas sobresalientes del *kamma* que conducen a destinos infelices y felices" (Vism XVII, 38). Como la ignorancia aún existe, aunque de una manera muy refinada hasta el logro del estado de *arahant* o santidad, se cuenta como el último de los diez encadenamientos (*saṃyojana*, q.v.) que atan a los seres al ciclo de renacimientos. Como las dos primeras raíces del mal, el deseo y la aversión (ver: *mūla*), tienen su origen en la ignorancia, en consecuencia, todos los estados mentales nocivos están inseparablemente ligados a ella. La ignorancia (o la ofuscación) es la más obstinada de las tres raíces del mal.

La ignorancia es una de las corrupciones (*āsava*, q.v.) y propensiones (*anusaya*, q.v.). Suele denominarse impedimento (*nīvaraṇa*; p. ejem., en SN 15:3; AN 10:61), pero no aparece junto a la lista habitual de cinco impedimentos.

avikkhepa: 'sin distracción', es sinónimo de concentración (*samādhi*, q.v.), concentración de la mente en un solo punto (*citt'ekaggatā*) y tranquilidad (*samatha*, q.v.; ver: *samatha-vipassanā*).

A

avyākata: lit. 'indeterminado', es decir, ni determinados como kármicamente 'saludables' ni como 'malsanos', son los kármicamente neutros, es decir, amorales, estados de conciencia y factores mentales. Son meros resultados kármicos (*vipāka*, q.v.), como, por ejemplo, todas las percepciones de los sentidos y los factores mentales asociados con ellas, o son funciones kármicamente independientes (*kiriya-citta*, q.v.), es decir, ni *karmas* ni resultantes kármicos. Ver: tab. I.

> Nota de la fuente: Este término, en el sentido de 'amoral' o 'kármicamente neutral', no ocurre en los antiguos textos de los *suttas*, mientras que se encuentra en Paṭis (p. ejem., I, 79 ff.). Desempeña una función importante en el Abhidhamma canónico (p. ejem., Dhs) y en los Comentarios filosóficos.

avyāpāda: 'ausencia de odio', no mala voluntad, bondad; es uno de los tres tipos de pensamientos correctos (ver: *sacca*, IV. 2) o pensamientos saludables (*vitakka*, q.v.) y es el noveno de los diez cursos de acciones saludables (*kammapatha* II. q.v.). Los sinónimos más utilizados son *adosa* (ver: *mūla*) y *mettā* (ver: *brahma-vihāra*).

āyatana: (1) 'esferas', es un nombre para las cuatro absorciones inmateriales; ver: *jhāna* (5-8). (2) Las doce 'bases' o 'fuentes' de las que dependen los procesos mentales consisten en cinco órganos sensoriales físicos y conciencia; son las seis bases personales [internas] (*ajjhattika*) y los seis objetos, las llamadas bases externas (*bāhira*), a saber:

ojo u órgano visual	objeto visible
oído u órgano auditivo	sonido u objeto audible
nariz u órgano olfativo	olor u objeto olfativo
lengua u órgano gustativo	sabor u objeto gustativo
cuerpo u órgano táctil	impresión corporal u objeto táctil
base mental (*manāyatana*)	objeto mental de la conciencia (*dhammāyatana*)

"Por órgano visual (*cakkhāyatana*) se entiende la parte sensitiva del ojo (*cakkhu-pasāda*), formado por los cuatro elementos... que responde a los estímulos de los sentidos" (*sa-paṭigha*) (Vibh. II). La explicación de los cuatro órganos sensoriales físicos restantes es similar.

La base mental (*manāyatana*) es un término colectivo para toda conciencia, cualquiera que sea ésta, y, por lo tanto, no debe confundirse con el elemento mental (*mano-dhātu*; ver: *dhātu* II, 16), el cual realiza sólo las funciones de advertir (*āvajjana*) al objeto de los sentidos y de recibir (*sampaṭicchana*) el objeto de los sentidos. Sobre las funciones de la mente, ver: *viññāṇa-kicca*.

El objeto visible (*rūpāyatana*) se describe en Vibh. II como "aquel fenómeno que se compone de los cuatro elementos físicos y aparece como color, etcétera". Lo que se ve por percepción visual, es decir, por conciencia ocular (*cakkhu-viññāṇa*), son colores y diferencias de luz, pero no cosas corporales tridimensionales.

'Base de objeto mental' (*dhammāyatana*) es idéntico a 'elemento de objeto mental' (*dhamma-dhātu*; ver: *dhātu* II) y *dhammārammaṇa* (ver: *ārammaṇa*). Puede ser físico o mental, pasado, presente o futuro, real o imaginario.

Los cinco órganos físicos de los sentidos también se llaman facultades (*indriya*, q.v.), y de estas facultades se dice en MN 43: "Cada una de las cinco facultades posee una esfera diferente, y ninguna de ellas participa de la esfera de otra; ...tienen a la mente como soporte... están condicionados por la vitalidad, ...pero la vitalidad nuevamente está condicionada por el calor, el calor nuevamente por la vitalidad, tal como la luz y la llama de una lámpara encendida, están mutuamente condicionadas".

Las doce bases se discuten completamente en Vism XV. En Yam III (ver: Guía, cap. VI § III) los doce términos están sujetos a una investigación lógica. Las seis bases personales [internas] forman el quinto eslabón del origen dependiente (*paṭiccasamuppāda* 5, q.v.).

āyūhana: 'acumulación' (kármica), es un nombre usado en los Comentarios para las actividades volitivas sanas y malsanas (*kamma*, q.v.) o formaciones kármicas (*saṅkhāra*; ver: *paṭiccasamuppāda*); son las bases del futuro renacimiento. 'Acumulación' es un nombre para las formaciones kármicas y significa esas voliciones (*cetanā*) que surgen en la realización de un *kamma*, primero mientras se piensa 'daré limosna' y luego mientras se da limosna (p. ejem., durante un mes o un año). La volición, sin embargo, en el momento en que uno está entregando la limosna al destinatario, se llama proceso de *kamma* (*kamma-bhava*, ver: Vism XVII, IX, X).

O las voliciones durante los primeros seis momentos impulsivos (*javana*, q.v.), dependiendo de un mismo estado de advertencia (*āvajjana*, ver: *viññāṇa-kicca*), se denominan formaciones kármicas, mientras que el séptimo momento impulsivo se denomina proceso de *kamma* (*kamma-bhava*) ...

O bien, cada volición se llama 'proceso de kamma' y la acumulación conectada con él, 'formación kármica'" (Vism XVII). Ver: *paṭiccasamuppāda* (2, 10).

Nota de la fuente: Encontrado por primera ocasión en Paṭis (I, 10 ff).

B

bahula-kamma: *kamma* habitual. Es una acción que se realiza habitualmente; puede ser buena o mala. También *āciṇṇa-kamma*. Ver: *kamma*.

bala: poderes. Dentro de los diversos grupos de poderes, los siguientes cinco son los más frecuentes en los textos: 1) fe (*saddhā*), 2) energía (*viriya*), 3) atención plena (*sati*), 4) concentración (*samādhi*), 5) sabiduría (*paññā*). Sus aspectos particulares, que los distinguen de las correspondientes cinco facultades espirituales (*indriya*), es que son inquebrantables por sus opuestos. 1) El poder de la fe es inquebrantable por la falta de fe (no creencia, duda); 2) la energía, por la pereza; 3) la atención plena, por el olvido; 4) la concentración, por la distracción; 5) la sabiduría, por la ignorancia (ver: Paṭis: Ñāṇakathā). Representan, por eso, el aspecto de firmeza en las facultades espirituales. De acuerdo con AN 5:15, el poder de la fe se hace manifiesto en las cuatro cualidades del 'Ganador de la Corriente' (ver: *sotāpannassa aṅgāni*); el poder de la energía se hace manifiesto en los cuatro rectos esfuerzos (v. *padhāna*); el poder de la atención plena se hace manifiesto en los cuatro fundamentos de la atención plena (ver: *satipaṭṭhāna*); el poder de la concentración se hace manifiesto en las cuatro absorciones (*jhāna*); el poder de la sabiduría se hace manifiesto en la completa comprensión de las Cuatro Nobles Verdades (ver: *sacca*). Ver: SN 48:43; SN 50 (Bala Saṃyutta). En AN 7:3 los poderes de vergüenza moral (*hiri*, q.v.) y temor moral (*ottappa*) son adicionados a los cinco anteriormente mencionados. Otros varios grupos de dos (v. *paṭisaṅkhāna-bala*), cuatro, cinco y más poderes son mencionados en los textos. Sobre los diez poderes del Buda, ver: *dasa-bala*.

balance de las facultades mentales: *indriya samatta* (q.v.).

balbuceo tonto [chismorreo, lenguaje insulso]: *samphappalāpa*; ver: *karma*, *kamma-patha* (I); ver: *tiracchāna-kathā*.

bhaṅgānupassanā-ñāṇa: 'Conocimiento consistente en la contemplación de la disolución', de todas las formas de existencia, es un tipo de penetración; ver: *visuddhi* (VI, 2).

base mental: *manāyatana*; ver: *āyatana*.

bases: las doce del proceso perceptivo: *āyatana* (q.v.).

beber intoxicantes: ver: *surāmeraya*.

bebidas embriagantes, el mal efecto de tomar: ver: *surāmeraya*.

belleza, liberación a través de la percepción de: ver: *vimokkha* (II. 3). Tener por hermoso o puro (*subha*) lo que es impuro (*asubha*) es una de las cuatro perversiones (ver: *vipallāsa*).

bhava: devenir; proceso de existencia; existencia. Consiste en tres planos: existencia sensorial (*kāma-bhava*), existencia de la materia sutil (*rūpa-bhava*), existencia inmaterial (*arūpa-bhava*). Compare con *loka*. El proceso total de la existencia puede ser dividido en dos aspectos: (1) Proceso del *kamma* (*kamma-bhava*), es decir, el lado kármicamente activo de la existencia, que es la causa del renacimiento, y consiste en acciones volitivas sanas y malsanas. Ver: *kamma*, *paṭiccasamuppāda* (IX); (2) Renacimiento producido por el *kamma* o proceso regenerador (*upapatti-bhava*), es decir, el lado kármicamente pasivo de la existencia consistente en el surgimiento y desarrollo de lo producido por el *kamma*, y, por ello, fenómeno mental o material de existencia moralmente neutro. Ver: tabla y apéndice.

> Nota de la fuente: La división doble, *kamma* y *upapatti*, se encuentra por primera vez en el Vibhaṅga del Abhidhamma canónico, pero se expresa a lo largo de la enseñanza genuina de los *suttas*.

bhāva (femenino y masculino): naturaleza. Se refiere a las características sexuales del cuerpo y pertenece al agregado de la materia (ver: *khandha*). Es un término de los Comentarios para las facultades de la femineidad y la masculinidad (ver: *indriya* 7, 8). (Apéndice).

> Nota de la fuente: Como palabra aislada, significando la naturaleza física o las facultades de sexo [género], probablemente ocurre sólo en los Comentarios. Las expresiones *itthibhāva* y *purisabhāva*, con el significado de 'ser un hombre' o 'ser una mujer', o después de *ñatvā*, etcétera, como por ejemplo *tassā itthibhāvaṃ ñatvā*, 'sabiendo que es una mujer'; tales expresiones se encuentran a menudo en los textos de los *suttas* más antiguos.

bhava-diṭṭhi: creencia en el ser (personalidad eterna); ver: *sassatadiṭṭhi*, *diṭṭhi*.

bhāvanā: desarrollo mental; meditación (lit., 'hacer existir', 'producir'). Este término es lo que en inglés (y en español), generalmente, pero más bien vagamente, se denomina 'meditación'. Deben distinguirse dos tipos: desarrollo de la tranquilidad (*samatha-bhāvanā*), es decir, concentración (*samādhi*), y desarrollo de la introspección o visión cabal (*vipassanā-bhāvanā*), o sea, sabiduría (*paññā*). Estos dos importantes términos, tranquilidad e introspección (ver: *samatha-vipassanā*), a menudo se encuentran juntos y se explican en los Discursos (*suttas*), y también en el Abhidhamma. Tranquilidad (*samatha*) es el estado de la mente concentrado, firme, pacífico, y por ello inmaculado, mientras que introspección (*vipassanā*) es la penetración intuitiva en la transitoriedad, carencia de satisfacción e impersonalidad (*anicca, dukkha, anattā*; ver: *tilakkhaṇa*) de todos los fenómenos materiales y mentales de la existencia, incluidos en los cinco agregados de la existencia, llamados: materia, sensación, percepción, formaciones mentales y conciencia; ver: *khandha*. Tranquilidad o concentración de la mente, de acuerdo con *Saṅkhepavaṇṇanā* (Comentario del *Abhidhammattha-Saṅgaha*), concede una triple bendición: renacimiento favorable, vida presente feliz y pureza de la mente, la cual es una condición de la introspección. Concentración (*samādhi*) es el fundamento indispensable y precondición de la introspección al purificar la mente de los cinco impedimentos u obstáculos (*nīvaraṇa*), mientras que la introspección (*vipassanā*) produce los cuatro estados supramundanos de santidad y la liberación de la mente. Por ello el Buda dice: "Monjes, desarrollen concentración mental, porque aquel que está mentalmente concentrado ve las cosas de acuerdo con la realidad" (SN 12:5). Y en *Milindapañha* se dice: "Así como cuando una lámpara encendida es llevada a un cuarto oscuro, la luz de la lámpara destruirá la oscuridad y producirá y difundirá la luz, así también el conocimiento introspectivo, una vez que haya surgido, destruirá la oscuridad de la ignorancia y producirá la luz del conocimiento". Vism III-XI da las directrices completas de cómo desarrollar la concentración y las absorciones (*jhāna*) mediante los siguientes cuarenta objetos de meditación (*kammaṭṭhāna*): diez ejercicios con *kasiṇa* (ver: *kasiṇa*). Éstos producen las cuatro absorciones. Diez temas desagradables (*asubha*). Éstos producen la primera absorción. Diez remembranzas (*anussati*): Buda (*buddhānussati*), Doctrina (*dhammānussati*), Comunidad de los Nobles (*saṅghānussati*), moralidad, generosidad, divinidades, muerte (*maraṇa-sati*), cuerpo (*kāyagatāsati*), entrada y salida de la respiración (*ānāpāna-sati*) y paz (*upasamānussati*). Entre éstos, la remembranza (o atención plena) en la entrada y salida de la respiración puede producir las cuatro absorciones, la del cuerpo, la primera absorción; las restantes solamente producen concentración próxima (*upacāra-samādhi*, ver: *samādhi*). Las cuatro moradas sublimes (*brahma-vihāra*): amor-benevolencia, compasión, alegría apreciativa, ecuanimidad (*mettā, karuṇā, muditā, upekkhā*). De éstas, los tres primeros ejercicios pueden producir tres absorciones y el último puede producir la cuarta absorción únicamente. Las cuatro esferas inmateriales (*arūpāyatana*, ver: *jhāna*): de espacio ilimitado, conciencia ilimitada, la nada, y ni-percepción-ni-no-percepción están basadas en la cuarta absorción. La percepción de la repugnancia del alimento (*āhāre paṭikkūla-saññā*) puede producir solamente la concentración próxima [o de acceso]. El análisis de los cuatro elementos (*catudhātu-vavatthāna*, ver: *dhātu-vavatthāna*) puede producir solamente la concentración próxima. El desarrollo mental es uno de los tres tipos de acciones meritorias

B

(*puñña-kiriya-vatthu*). 'Deleite en meditación' (*bhāvanā-rāmatā*) es una de las 'prácticas de los Nobles' (*ariya-vaṃsa*).

bhāvanā-bala: poder de desarrollo mental. Ver: *paṭisaṅkhāna-bala*.

bhāvanā-maya-paññā: sabiduría basada en el desarrollo mental; ver: *paññā*.

bhavaṅga-citta: ver: *bhavaṅga-sota*.

bhavaṅga-santāna: 'continuidad del subconsciente' [continuo vital; continuidad del estado basal de la conciencia o continuidad del estado fundacional de la conciencia (NT)]; ver: *santāna*.

bhavaṅga-sota y **bhavaṅga-citta**: El primer término puede ser tentativamente traducido como la 'corriente (de la continuidad vital) que constituye la condición del ser o existencia', y el segundo como 'conciencia de continuidad vital'. *Bhavaṅga* (*bhava-aṅga*), la cual, en los textos canónicos, es mencionada en numerosas ocasiones en el *Paṭṭhāna*,[1] el séptimo libro de la Canasta del Abhidhamma, es explicada en los comentarios del Abhidhamma como el fundamento o condición (*kāraṇa*) de la existencia (*bhava*), como condición *sine qua non* de la vida, teniendo la naturaleza de un proceso, lit., un flujo o corriente (*sota*). De ahí que, desde tiempos inmemorables, todas las impresiones y experiencias están como si fueran almacenadas o, mejor dicho, están funcionando, pero ocultas como tales a la plena conciencia, de donde sin embargo emergen ocasionalmente como fenómenos subconscientes y alcanzan el umbral de la conciencia completa o al cruzarla se convierten en plenamente conscientes. Ésta así llamada 'corriente de continuidad vital' o corriente subyacente de vida es aquella por la cual puede explicarse la facultad de memoria, fenómenos físicos paranormales, crecimiento mental y físico, *kamma* y renacimiento, etcétera. Una traducción de alternativa es 'continuo vital'. Debe hacerse notar que *bhavaṅga-citta* es un estado de conciencia resultante (*vipāka*), y que, en el nacimiento como ser humano o en cualquier forma de existencia superior, es siempre el resultado del buen *kamma* o *kamma* sano (*kusalakamma-vipāka*), aunque variando en grados de fuerza (ver: *paṭisandhi*). Lo mismo es verdad para la conciencia de reconexión (*paṭisandhi*) y conciencia de muerte (*cuti*), las cuales son únicamente manifestaciones particulares de la continuidad vital. "Tan pronto como la conciencia de reconexión (en el embrión, en el momento de la concepción) ha cesado, surge una conciencia similar con exactamente el mismo objeto, inmediatamente después de la conciencia de reconexión, y siendo el resultado de uno u otro *kamma* (acción volitiva realizada en una existencia anterior y recordada en el momento anterior a la muerte). Y después surge un estado

1. También en el Nettippakaraṇa-Pāli.

similar de conciencia. Ahora, mientras no surjan otras conciencias que interrumpan la continuidad de la corriente vital, la corriente vital, como la corriente en un río, surge de la misma manera una y otra vez, aun durante el dormir sin sueños y en otros momentos. En este sentido se debe entender el continuo surgir de estos estados de conciencia en la corriente vital". Compare con *viññāṇa-kicca*. Para más detalles, ver: Fund cap. II.

> Nota de la fuente: Estos dos términos compuestos pertenecen exclusivamente a los textos de los Comentarios, mientras que el término *bhavaṅga* es mencionado, someramente y sin explicación, en el Paṭṭhāna del canon del Abhidhamma, como si fueran ya conocidos en ese tiempo.

bhava-taṇhā: deseo por la existencia (eterna); ver: *taṇhā*.

bhavāsava: corrupción del apego o deseo por la existencia; ver: *āsava*.

bhayatupaṭṭhāna-ñāṇa: Conocimiento consistente en la conciencia de terror. Es uno de los tipos de conocimiento introspectivo que forman la 'purificación del conocimiento y visión de la vía'. (Ver: *visuddhi*, VI.)

bhikkhu: un discípulo del Buda con ordenación completa. 'Monje mendicante', podría sugerirse con el equivalente más cercano de '*bhikkhu*'; literalmente significa 'el que mendiga', pero los *bhikkhus* no mendigan. De manera silenciosa se paran en una puerta para la dádiva.

Viven de lo que les dan espontáneamente sus fieles. No es un sacerdote, pues no es un mediador entre Dios y el hombre. No tiene un compromiso con la vida, pero está obligado a sus reglas, que las toma de propia voluntad.

bhojane mattaññutā: 'conocer la mesura en el comer'.

"Ahora, monjes, el monje reflexionando sabiamente consume sus alimentos no para diversión ni para intoxicación ni para engrosamiento ni para embellecimiento, sino sólo para la continuación y subsistencia de este cuerpo, para poner un fin al malestar (del hambre) y para practicar la vida santa considerando: 'Así eliminaré las viejas sensaciones (de hambre, etcétera) y no haré surgir nuevas sensaciones [debidas a la ingestión excesiva (NT)] y estaré sano e irreprochable y viviré confortablemente'. Esto, monjes, es conocer la mesura en el comer". (AN 3:16.) "¿Cómo, monjes, sería posible para Nanda llevar absolutamente vida pura de santidad si no controla sus sentidos y no conoce la mesura en el comer?" (AN 7:9.)

bodhi (de la raíz verbal *budhi*, despertar, entender): despertar, iluminación, supremo conocimiento. "(A través de *bodhi*) uno despierta del sopor o estupor (infligido sobre la mente) por las impurezas (*kilesa*) y comprende las Cuatro Nobles Verdades (*sacca*, q.v.)." (Com. a MN 10.)

La iluminación de un Buda se llama *sammā-sambodhi* (q.v.) 'perfecta iluminación'. La fe (*saddhā*) de un discípulo laico del Buda es descrita como "él o ella cree en la iluminación del Perfecto" (*saddahati Tathāgatassa bodhiṃ*; MN 53, AN 3:2).

Como componentes del estado de iluminación y factores contribuyentes de su realización, se mencionan en los textos: los siete factores de iluminación (*bojjhaṅga* = *bodhi-aṅga*) y los treinta y siete estados pertenecientes a la iluminación' (*bodhipakkhiya-dhamma*, q.v.). En uno de los últimos libros del Sutta Piṭaka, el Buddhavaṃsa, se mencionan diez *bodhipācana-dhamma*, es decir, cualidades que conducen a la maduración de la perfecta iluminación; éstas son las diez perfecciones (*pāramī*, q.v.).

Hay una triple clasificación de la iluminación: (1) La iluminación de un Noble Discípulo (*sāvaka-bodhi*), es decir, de un *arahant*; (2) la iluminación de un Iluminado Independientemente (*pacceka-bodhi*); y (3) la iluminación de un Perfectamente Iluminado (*sammā-sambodhi*). Esta triple división, sin embargo, es de origen posterior, y de esta forma no aparece en los textos canónicos ni en los antiguos Comentarios de los *suttas*. La aproximación más cercana a éstos se encuentra en un *sutta* en versos, que es probablemente de un periodo comparativamente posterior, el Sutta del Tesoro (Nidhikaṇḍa Sutta), en el Khuddakapāṭha, donde se mencionan los siguientes tres términos en la estrofa 15: *sāvaka-pāramī*, *pacceka-bodhi*, *Buddha-bhūmi* (ver: la traducción inglesa del KhpTr, pp. 247 ff.).

Los Comentarios (p. ejem., del MN. Buddhavaṁsa, Cariyāpiṭaka.) generalmente dan una cuádruple explicación de la palabra *bodhi*: (1) El Árbol de la Iluminación, (2) El sublime sendero (*ariya-magga*), (3) Nibbāna, (4) Omnisciencia (del Buda: *sabbaññutā-ñāṇa*). Con respecto a (2), los Comentarios citan el Cūḷa-Niddesa, donde *bodhi* se define como el conocimiento relacionado con los cuatro senderos (de 'entrada en la corriente', etcétera; *catūsu maggesu ñāṇa*).

Ni en los textos canónicos ni en los antiguos Comentarios se declara que un seguidor del Buda puede escoger entre los tres tipos de iluminación y aspirar a convertirse en un Buda, un *pacceka-buddha* o en un discípulo *arahant*. Esta concepción de la elección entre tres aspiraciones es, sin embargo, frecuentemente encontrada en la actualidad en los países Theravāda, p. ejem., en Sri Lanka.

bodhipakkhiya-dhammā: las treinta y siete 'cosas pertenecientes a la iluminación' o 'requisitos de la iluminación'. Comprende la doctrina entera del Buda. Éstos son:

(1) los cuatro fundamentos de la atención plena (ver: *satipaṭṭhāna*)

(2) los cuatro esfuerzos rectos [o correctos] (ver: *padhāna*)

(3) las cuatro vías hacia el poder (ver: *iddhi-pāda*)

(4) las cinco facultades espirituales (ver: *indriya*; ver: *bala*)

(5) los cinco poderes espirituales (ver: *bala*)

(6) los siete factores de la iluminación (ver: *bojjhaṅga*)

(7) los ocho componentes del Noble Sendero (ver: *magga*)

En MN 77 los treinta y siete *bodhipakkhiya-dhamma* son enumerados y explicados, aunque no sean llamados por este nombre. Una explicación detallada de éstos se expresa en Vism XXII. En SN 47:51, 67, únicamente las cinco facultades espirituales (*indriya*) son llamadas *bodhipakkhiya-dhammā*; y en el Jhāna Vibhaṅga, solamente los siete factores de la iluminación (*bojjhaṅga*). Ver: *The Requisites of Enlightenment*, Ledi Sayadaw (Wheel 169-172).

Bodhisatta: ser destinado a alcanzar la Iluminación. Es un ser destinado a la Budeidad, un futuro Buda. De acuerdo con la creencia tradicional, un Bodhisatta, antes de alcanzar su último nacimiento como un Buda en esta tierra, vive en el cielo Tusita (ver: *deva*), el cielo de beatitud. Ver: AN 4:127; 8:70.

En el canon pāli y Comentarios, la designación 'Bodhisatta' se le da únicamente al príncipe Siddhattha antes de su iluminación y en sus existencias anteriores. El Buda mismo usaba este término cuando hablaba de su vida anterior a la iluminación (p. ejem., MN 4, 19, 26). La condición de Bodhisatta no es mencionada ni recomendada como un ideal superior o como alternativa a la condición de *arahant*. Tampoco hay en las escrituras pāli ningún registro de un discípulo que declare ésta como su aspiración. Ver: *bodhi*.

bojjhaṅga: los siete factores de la iluminación. Éstos son: atención plena (*sati-sambojjhaṅga*; ver: *sati*), investigación de la Ley (*dhamma-vicaya*), energía (*viriya*; ver: *viriya*, *padhāna*), gozo (*pīti*), tranquilidad (*passaddhi*), concentración (*samādhi*), ecuanimidad (*upekkhā*). "Porque conducen a la iluminación, por ello son llamados factores de la iluminación". (SN 46:5.)

A pesar de que, en el segundo componente, *dhamma-vicaya*, el término '*dhamma*' es tomado por la mayoría de los traductores como la doctrina budista, el mismo se refiere a los fenómenos corporales y mentales (*nāma-rūpa-dhammā*) como son presentados a la mente investigativa por la atención plena, el primer componente. Con esta interpretación, el término puede ser traducido como 'investigación de los fenómenos'.

En AN 10:102 se dice que los siete componentes son los medios para alcanzar la triple sabiduría (ver: *tevijjā*).

Pueden ser alcanzados a través de los cuatro fundamentos de la atención (*satipaṭṭhāna*), como se dice en SN 46:1 y explicado en MN 118:

(1) "Monjes, cuando el monje está ocupado en la contemplación del cuerpo (*kāya*), sensaciones (*vedanā*), mente (*citta*) y objetos mentales (*dhammā*), vigoroso, claramente consciente, atento, sobreponiéndose a la avidez y aflicción mundanas, en tal momento su atención plena está presente y sin perturbación; y cuando su atención plena está presente sin perturbación, en tal ocasión ha logrado y se encuentra desarrollando el factor de la iluminación atención plena (*sati-sambojjhaṅga*), y así este factor de iluminación alcanza completa perfección.

(2) Cuando está permaneciendo con atención plena, él investiga sabiamente, examina y reflexiona acerca de los fenómenos... en tal ocasión ha logrado y se encuentra desarrollando el factor de la iluminación 'investigación de los fenómenos' (*dhamma-vicaya sambojjhaṅga*) ...

(3) Cuando investigando sabiamente... su energía es firme e inquebrantable... en tal ocasión ha logrado y se encuentra desarrollando el factor de la iluminación 'energía' (*viriya sambojjhaṅga*)...

(4) Cuando dentro de sí, manteniéndose firme en energía surge el gozo... en tal ocasión ha logrado y se encuentra desarrollado el factor de la iluminación 'gozo' (*pīti sambojjhaṅga*)...

(5) Cuando, mientras gozoso de mente, su cuerpo y su mente se controlan... en tal ocasión ha logrado y se encuentra desarrollando el factor de la iluminación 'tranquilidad' (*passaddhi sambojjhaṅga*).

(6) Cuando, mientras tenga compostura en el cuerpo y esté feliz, su mente se torna concentrada... en tal ocasión ha logrado y se encuentra desarrollando el factor de la iluminación 'concentración' (*samādhi sambojjhaṅga*) ...

(7) Cuando ve con completa ecuanimidad en su mente así concentrada... en tal ocasión ha logrado y se encuentra desarrollando el factor de la Iluminación 'ecuanimidad' (*upekkhā sambojjhaṅga*) ...".

> Publicaciones: Bojjhaṅga Saṃyutta (SN 46); Bojjhaṅga Vibhaṅga. Para las condiciones que conducen al surgir de cada uno de los factores, ver: el com. al Satipaṭṭhāna Sutta (*Way of Mindfulness*, Soma Thera; 3ra ed., 1967, BPS); además, *The Seven Factors of Enlightenment*, Piyadassi Thera (Wheel 1).

brahma-cariya: 'puro (casto) o vida santa' es un término para la vida de un monje. También un devoto laico que observa los ocho preceptos morales (*sikkhāpada*) toma como su tercer precepto el voto de castidad, es decir, completa abstención de relaciones sexuales. El más alto fin y propósito del *brahma-cariya* es, de acuerdo con MN 29, la 'inquebrantable liberación de la mente' (*akuppā ceto-vimutti*).

Brahma-kāyika-deva: las divinidades del mundo de los Brahmās que habitan los primeros tres cielos del mundo de la materia sutil (*rūpaloka*), correspondientes a la primera absorción (*jhāna*). Su más alto soberano es llamado el Gran Brahma (*mahā-brahmā*). Con humor cáustico se dice en DN 11 que él pretende: "Soy Brahma, el Gran Brahma, el Superior, el Invencible, el Omnisciente, el Soberano, el Señor, el Creador, el Hacedor, el Perfecto, el Preservador, el Controlador, el Padre de lo que ha sido y de lo que será". Compare con *deva* (II. 1-3).

brahmā-loka: Mundo de los Brahmās. En sentido amplio es un nombre para los planos de la materia sutil (*rūpa-loka*) y el mundo inmaterial (*arūpa-loka*). En un sentido estricto, sin embargo, se refiere únicamente a los tres primeros cielos del mundo de la materia sutil. Compare con *brahmā-kāyika-deva*.

brahmā-vihāra: las cuatro moradas sublimes o divinas, también llamadas los cuatro estados ilimitados (*appamaññā*). Éstas son (1) benevolencia amorosa (*mettā*), (2) compasión (*karuṇā*), (3) alegría altruista [o alegría apreciativa (NT)] (*muditā*), (4) ecuanimidad (*upekkhā*). El texto estereotípico sobre el desarrollo de estas cuatro moradas sublimes (*brahmavihāra-bhāvanā*; ver: *bhāvanā*), frecuentemente encontrado en los *suttas*, es el siguiente:

"Ahí, monjes, el monje con una mente de amor benevolente, extendiéndose primero en una dirección, luego en una segunda, luego en una tercera, luego en una cuarta, así como arriba, abajo y todo alrededor; y en todos lados, [abarcándolo todo] y a sí mismo, él abarca al mundo entero con una mente llena de amor benevolente, con mente amplia, desarrollada, ilimitada, libre de odio y malevolencia". Sigue el mismo tema tomando la compasión, la alegría apreciativa y la ecuanimidad.

> Publicaciones: Explicación detallada en Vism IX. Para textos ver: PD § 97 ff.; texto sobre *mettā* en *The Practice of Loving Kindness,* Ñāṇamoli Thera (Wheel 7). *The Four Sublime States,* Nyanaponika Thera (Wheel 6). *Brahma Vihara,* Narada Thera (Vijirarama, Colombo, 1962).

Buda: ver: *sammā-sambodhi.*

Buda silencioso: *pacceka-buddha* (q.v.).

buddhānussati: 'remembranza del Iluminado'; ver: *anussati.*

Buddha-sāsana: ver: *sāsana.*

buen comportamiento, moralidad consistente en el: *abhisamācārika-sīla* (q.v.).

C

C

cāga: 'generosidad'. Es una de las 'bendiciones' (ver: *sampadā*); 'fundamentos' (ver: *adhiṭṭhāna*); 'rememoraciones' (ver: *anussati*); 'tesoros' (ver: *dhana*).

cakka: 'rueda'. Es una de las siete 'posesiones preciosas' (*ratana*) de un Recto Emperador Mundano (*cakkavatti-rāja*: 'Rey que posee la rueda', compare DN 26), y simboliza conquistar progreso y expandir soberanía. De ahí deriva la expresión figurativa *dhamma-cakkaṃ pavatteti*, 'Pone en movimiento la Rueda de la Ley' y el nombre del primer discurso del Buda, el Dhammacakkappavattana Sutta (ver: *dhamma-cakka*). Otro significado figurativo de *cakka* es 'bendición'. Hay cuatro 'ruedas auspiciosas' o 'bendiciones': (1) vivir en una localidad adecuada, (2) compañía de buenas personas, (3) actos meritorios hechos en el pasado, (4) inclinaciones correctas (AN 4:31). *Bhava-cakka*, 'rueda de la existencia' o de la vida, es un nombre para el 'origen condicionado' (ver: *paṭiccasamuppāda*).

Ver: *The Buddhist Wheel Symbol*, T.B. Karunaratne (Wheel 137-138); *The Wheel of Birth and Death*, Bhikkhu Khantipālo (Wheel 147-149).

cakkh'āyatana: 'la base de 'órgano visual' (ver: *āyatana*).

cakkhu: 'ojo'; ver: *āyatana*. Las siguientes cinco clases de 'ojos' son mencionadas y explicadas en el Nidd II (PTS, p. 235; los primeros tres también en It 52): (1) El ojo físico (*maṃsa-cakkhu*), (2) el ojo divino (*dibba-cakkhu*; ver: *abhiññā*), (3) el ojo de la sabiduría (*paññā-cakkhu*), (4) el ojo de un Buda (*Buddha-cakkhu*) y (5) el ojo del conocimiento de todo-alrededor (*samanta-cakkhu*, un frecuente apelativo del Buda).

cakkhu-dhātu: el elemento del 'órgano visual' (ver: *dhātu*).

cakkhu-viññāṇa: conciencia visual (ver: *viññāṇa*).

cambio, contemplación de: uno de los dieciocho principales tipos de comprensión introspectiva (*vipassanā*, q.v.).

camino equivocado: *micchā-magga* (q.v.).

camino medio (vía media): *majjhimā paṭipadā* (q.v.).

camino óctuple: ver: *magga*.

caos: ver: *kappa*.

carácter: sobre las seis clases de carácter humano, ver: *carita*.

características de la existencia, las tres: *ti-lakkhaṇa* (q.v.).

caraṇa: conducta (ver: *vijjā-caraṇa*).

carencia de ego: *anattā* (q.v.).

carita: naturaleza, carácter. En Vism III son explicados seis tipos de temperamentos de los individuos: (1) temperamento de avidez (*rāga-carita*), (2) temperamento iracundo (*dosa-carita*), (3) temperamento soso (*moha-carita*), (4) temperamento creyente (*saddhā-carita*), (5) temperamento inteligente (*buddhi-carita*), (6) temperamento especulativo (*vitakka-carita*).

> Nota de la fuente: *carita*, *rāga-carita*, *dosa-carita*, etcétera, se mencionan por primera ocasión en el Niddesa.

cāritta-sīla y **vāritta-sīla**: moralidad consistente en cumplir y moralidad consistente en evitar. Significa "el cumplimiento de las reglas morales que el Sublime ha ordenado que se sigan y evitar aquellas cosas que el Bendito ha rechazado para que no sean seguidas" (Vism III).

> Nota de la fuente: Estos términos se encuentran sólo en los Comentarios, tales como Vism I, etcétera, pero la enseñanza indicada por ella es frecuentemente mencionada en los antiguos textos de los *suttas* como *karaṇīya* y *akaraṇīya* (p. ejem., AN 2:16).

catu-dhātu-vavatthāna: análisis de los cuatro elementos; ver: *dhātu-vavatthāna*.

Catu-mahārājika-deva: una clase de divinidades de la esfera sensorial; ver: *deva*.

catu-pārisuddhi-sīla: cuatro tipos de moralidad pura; ver: *sīla*.

catu-vokāra-bhava: existencia de cuatro agregados. Es la existencia en el mundo inmaterial (*arūpa-loka*; ver: *loka*), ya que allí solamente se encuentran los cuatro agregados mentales (sensación, percepción, formaciones mentales y conciencia; ver: *khandha*), estando ausente el agregado material. Compare con *pañca-vokāra-bhava*, *eka-vokāra-bhava*, *vokāra*.

causa: ver: *paccaya* (1). Para las cinco causas de la existencia, ver: *paṭicca-samuppāda* (10). [Otro término del pāli traducido como causa es: *upanisā* (NT)].

cementerio, práctica ascética de vivir en un: ver: *dhutaṅga*.

cetanā: 'volición', 'intención'. Es uno de los siete factores mentales (*cetasika*) universales, y por lo tanto está inseparablemente asociado con todas las conciencias. Los siete factores mentales universales son los siguientes:

contacto (*phassa*), sensación (*vedanā*), percepción (*saññā*), volición (*cetanā*), concentración (*samādhi*) [o unificación mental (ekaggatā) (NT)], facultad vital (*jīvita*), atención (*manasikāra*). Ver: tablas II y III.

Respecto a la volición (es decir, *kamma* sano o malsano), se dice en AN 6:13: "La volición (*cetanā*), monjes, es lo que denomino *kamma*. Por medio de la volición uno realiza acciones de cuerpo, palabra y mente". Para más detalles, ver: *paṭiccasamuppāda* (10), *kamma*.

cetasika: factor mental, concomitante mental. Los *cetasikas* son los concomitantes mentales que están inseparablemente asociados con la conciencia (*citta* = *viññāṇa*). Éstos surgen y cesan simultáneamente con la conciencia, tienen el mismo objeto y base. Mientras en los *suttas* todos los fenómenos de la existencia están reunidos en los cinco agregados: materia, sensación, percepción, formaciones mentales y conciencia (ver: *khandha*), en el Abhidhamma, como regla, se les trata con los tres aspectos más filosóficos: conciencia, factores mentales y materia (*citta*, *cetasika*, *rūpa*). Así, de estos tres aspectos, los factores mentales (*cetasika*) comprenden el agregado de la sensación, percepción y las cincuenta formaciones mentales, en total cincuenta y dos concomitantes mentales. De éstos, veinticinco son factores sanos (ya sean kármicamente sanos o neutros), catorce son cualidades kármicamente malsanas, mientras que trece son kármicamente neutrales, dependiendo de si su cualidad kármica está asociada con conciencias sanas, malsanas o neutrales. Para más detalles ver: tablas II y III. Ver: *cetanā*.

> Nota de la fuente: El término *cetasika* ocurre a menudo en los textos antiguos de los *suttas*, pero sólo como adjetivo (p. ejem., *cetasikaṃ sukhaṃ*, etcétera) o en ocasiones se usa como un nombre singular neutro (p. ejem., en DN 1; p. 213, PTS). Como designación para factores mentales o concomitantes de la conciencia (*citta-sampayuttā dhammā*), frecuentemente se le encuentra en Dhs (§ 1189, 1512) como *cetasikadhamma*, mientras que en Vism, Abhidh-s, etcétera, *cetasika* se usa como sustantivo neutro, en el sentido de fenómeno mental.

cetaso vinibandha: 'sujeciones de la mente'. Son cinco cosas que obstaculizan la mente para realizar el esfuerzo correcto, es decir: (1) deseo de objetos sensoriales, (2) deseo del cuerpo, (3) deseo de objetos visibles [o deseo de formas materiales; tal como se menciona en MN 16, p. 195, §10, tr. Bhikkhu Ñanamoli y Bhikkhu Bodhi, 4ª. ed. Wisdom Publications (NT)], (4) deseo de comer y dormir, y (5) deseo de llevar la vida monástica con objeto de alcanzar un renacimiento celestial. Para detalles ver: AN 5:205; 10:14; DN 33; MN 16. Ver: *cetokhila*.

cetokhila: 'obstinación mental'. Son cinco cosas que endurecen y obstaculizan la mente para realizar esfuerzo correcto, es decir: (1) duda sobre el Maestro, (2) duda sobre la Doctrina, (3) duda sobre la Noble Comunidad, (4) duda sobre la práctica y (5) enojo hacia los compañeros monjes. Para detalles ver: AN 5:206, 10:14; DN 33; MN 16. Ver: *cetaso vinibandha.*

ceto-pariya-ñāṇa: 'conocimiento penetrante de la mente (de otros)'. Es uno de los seis poderes superiores (ver: *abhiññā* 3).

ceto-vimutti: 'liberación de la mente'. En el sentido más alto significa la fruición de la condición de *arahant* (ver: *ariya-puggala*) y, en particular, la concentración asociada con ella. A menudo está vinculada con la 'liberación a través de la sabiduría' (*paññā-cetovimutti*), p. ejem., en los diez poderes de un Perfecto (ver: *dasa-bala*). Ver: *vimokkha* I.

También se le llama 'inquebrantable liberación de la mente' (*akuppa-ceto-vimutti*); y aun 'ilimitada liberación de la mente' (*appamāṇa-ceto-vimutti*); 'liberación de la mente de las condiciones de la existencia' o 'liberación de la mente sin signo' (*animitta-ceto-vimutti*); 'liberación de la mente de las ataduras' (*ākincañña-ceto-vimutti*), ya que ese estado mental está libre de las tres ligaduras (*yoga*), condiciones y aditamentos (*kiñcana*), es decir, de la avidez, aversión e ignorancia; y ya que está vacía de los mismos se le llama la 'liberación vacía de la mente' (*suññatā-ceto-vimutti*).

En un sentido más restringido, la 'ilimitada liberación de la mente' es un nombre de los cuatro estados ilimitados, es decir, amor benevolente, compasión, alegría altruista y ecuanimidad (ver: *brahma-vihāra*); la 'liberación de la mente de sus accesorios' significa la 'esfera de la nada' (*ākiñcaññāyatana*; ver: *jhāna* 7); la 'liberación de la mente de las condiciones de la existencia' significa la liberación de la mente debido a la no atención a todas las condiciones de la existencia; la 'liberación vacía de la mente' significa la liberación de la mente debido a la contemplación de la vacuidad del ser. Para mayores detalles ver: MN 43.

chaḷ-abhiññā: los 'seis poderes superiores'; ver: *abhiññā.*

chaḷ-abhiñño: un *arahant* que es 'poseedor de los seis poderes superiores' (ver: *abhiññā*).

chanda: intención, deseo, voluntad, aspiración.

(1) Como un término éticamente neutral, en el sentido de 'intención', es uno de esos factores mentales generales (*cetasika*, q.v., tabla II) enseñados en el Abhidhamma, la cualidad moral de los cuales es determinada por el carácter de la volición (*cetanā*) asociada con ellos. Los Comentarios explican esto como

'el deseo de hacer' (*kattu-kamyatā-chanda*). Si este factor está intensificado, actúa también como una 'condición predominante' (ver: *paccaya* 3).

(2) Como una mala cualidad tiene el significado de 'deseo', y es frecuentemente unida con términos como 'sensualidad', 'avidez', etcétera. Por ejemplo: *kāmacchanda*, 'deseo sensorial', uno de los cinco impedimentos (ver: *nīvaraṇa*); *chanda-rāga*, 'deseo lujurioso' (ver: *kāma*). Es uno de los cuatro caminos erróneos (ver: *agati*).

(3) Como una buena cualidad, es una recta voluntad o entusiasmo (*dhamma-chanda*) y ocurre, p. ejem., en la fórmula de los cuatro esfuerzos correctos (ver: *padhāna*): "El monje anima su voluntad (*chandaṃ janeti*) ...". Si se intensifica, es una de las Cuatro Vías hacia el Poder (ver: *iddhipāda*).

charla [o lenguaje] frívola [o]: ver: *tiracchāna-kathā*, *kamma-patha* (I, 7), karma, *micchāvācā*.

ciclo de existencia: ver: *saṃsāra*, *vaṭṭa*.

cintāmaya-paññā: sabiduría (o conocimiento) basado en el pensamiento; ver: *paññā*.

citta: 'conciencia', estado de conciencia, mente. Es sinónimo de *mano* (q.v.) y *viññāṇa* (ver: *khandha* y tabla I). El Dhs. divide a todos los fenómenos en conciencia (*citta*), factores mentales (*cetasika*) y materia (*rūpa*).

En *adhicitta*, 'mentalidad superior', significa la mente concentrada y tranquila, y es uno de los tres entrenamientos (ver: *sikkhā*). La concentración (o intensificación) de la conciencia es uno de los cuatro medios de realización (ver: *iddhipāda*).

citta-ja (citta-samuṭṭhāna)-rūpa: 'corporalidad originada por la mente'; ver: *samuṭṭhāna*; *citta-samuṭṭhāna-rūpa*.

citta-kammaññatā: ver también: citta-kammaññatā lahutā, citta-kammaññatāmudutā, citta-kammaññatā pāguññatā, citta-kammaññatā passaddhi, citta-kammaññatā ujukatā, en la tabla II ['adaptabilidad de la conciencia' (NT)].

> Nota de la fuente: Por primera vez encontrado en el Dhammasaṅgaṇī (§ 1) del canon del Abhidhamma; ver: *lahutā*. Ver: tabla II.

cittakkhaṇa: 'momento de la conciencia'. Es el tiempo ocupado por una sola etapa en el proceso perceptivo o serie cognitiva (*cittavīthi*; ver: *viññāṇa-kicca*). A su vez cada momento se divide en tres sub-momentos: surgimiento (*uppāda*), presencia (*ṭhiti*) y disolución (*bhaṅga*). Se dice en los Comentarios que cada uno de tales momentos es de una inconcebiblemente corta duración y que dura no más que una billonésima parte del tiempo ocupado por la luz de un relámpago o un parpadeo. Como quiera que esto sea, sabemos por experiencia que es posible en un solo segundo soñar sobre innumerables cosas y acontecimientos. En AN 1:10 se dice: "monjes, no conozco nada que cambie tan rápidamente como la conciencia. Difícilmente puede encontrarse algo que pueda compararse con esta conciencia que cambia tan rápidamente". (Ver: *khaṇa*.)

cittānupassanā: 'contemplación de la conciencia'. Es uno de los cuatro fundamentos de la atención plena (*satipaṭṭhāna*, q.v.).

citta-samuṭṭhāna-rūpa: 'materia originada por la conciencia'; ver: *samuṭṭhāna*; *cittaja-rūpa*.

citta-saṅkhāra: ver: *saṅkhāra*.

citta-santāna: 'continuidad de la conciencia'; ver: *santāna*.

cittass'ekaggatā: 'unificación de la mente'; es un sinónimo de concentración o *samādhi* (q.v.).

citta-vipallāsa: 'perversión de la mente'; ver: *vipallāsa*.

citta-visuddhi: 'purificación de la mente'. Es la segunda de las siete etapas de purificación (*visuddhi*, II, q.v.).

citta-vīthi: proceso cognitivo; ver: *viññāṇa-kicca*.

> Nota de la fuente: Éste, así como todos los términos para las varias funciones dentro del proceso de la conciencia, tales como *āvajjana*, *sampaṭicchana*, *santīraṇa votthapana*, *javana*, *tadārammaṇa*, *bhavaṅga* o *cuti*, nunca se encuentran en el canon de los *suttas*, excepto *āvajjana* y *javana* en el Paṭisambhidāmagga; ver: *āvajjana* y *javana*. En el Abhidhamma canónico, *āvajjana*, *bhavaṅga* y *cuti* se encuentran en el Paṭṭhāna. Las etapas, sin embargo, debieron haber sido más o menos conocidas. Ver: p. ejem., Paṭṭh: *Cakkhu-viññāṇaṃ taṃ sampayuttakā ca dhammā* (= *cetasikā*), *mano-dhātuyā* (realizando la función-*sampaṭicchana*), *taṃ sampayuttakānañ ca dhammānaṃ* (*cetasikānaṃ*) *anantara-paccayena paccayo. Mano-dhātu... manoviññāṇa-dhātuyā* (realizando las funciones de *santīraṇa* y *votthapana*) ... *Purimā purimā kusalā dhammā* (*javanā*) *pacchimānaṃ pacchimānaṃ kusalānaṃ dhammānaṃ* (*javanacittānaṃ*) *anantara-paccayena paccayo... avyākatānaṃ dhammānaṃ* (*tadārammaṇa-* y *bhavaṅga-cittānaṃ...*).

citt'ekaggatā: *cittass'ekagatā* (q.v.).

C

cobardía: ver: *agati*.

codicia: *abhijjhā* (q.v.); ver, además: *kamma-patha* (1).

código disciplinario [monástico (NT)]: ver: *pātimokkha*.

comer carne: así como la cualidad kármica, es decir, moral, de cualquier acción está determinada por la cualidad de la volición (*cetanā*) subyacente a ella, e independientemente de esta volición, nada en absoluto puede llamarse kármicamente sano o malsano (*kusala, akusala*); lo mismo ocurre con el acto meramente externo de comer carne, siendo éste como tal puramente no moral, es decir, kármicamente neutral (*avyākata*).

"En tres circunstancias se debe rechazar el consumo de carne: si se ha visto, u oído, o sospechado (que el animal ha sido sacrificado expresamente para el consumidor)" (MN 55). Porque si en tal caso uno participara de la carne, como si aprobara el asesinato de animales, alentaría al asesino de animales en sus actos homicidas. Además, el Buda nunca se opuso, en circunstancias ordinarias, a comer carne, lo cual puede entenderse claramente a partir de muchos pasajes de los *suttas* (por ejemplo, AN 5:44; 8:12; MN 55, etcétera), como también en el Vinaya, donde se relata que el Buda rechazó firmemente la propuesta de Devadatta de prohibir el consumo de carne a los monjes, más allá del hecho de que diez tipos de carne estaban (por razones meramente externas) prohibidas a los monjes, a saber, de elefantes, tigres, serpientes, etcétera. Ver Agandha Sutta (Sn); *Early Buddhism and the Taking of Life*, I. B. Horner (Wheel 104).

comer sólo una vez al día, la práctica de: ver: *dhutaṅga*.

comida repugnante, percepción de: ver: *āhāre paṭikkūla-saññā*.

comida, conociendo la medida en la: *bhojane mattaññutā* (q.v.).

compañerismo: influencia del buen y mal compañerismo; ver: *saṃseva*.

compasión: *karuṇā*, es una de las cuatro moradas sublimes (*brahma-vihāra*, q.v.).

competencia (o habilidad de factores mentales y conciencia): *pāguññatā* (q.v.).

comprensión (entendimiento, noción o punto de vista erróneo), pensamiento erróneo, lenguaje erróneo, etcétera: ver: *micchā-magga*.

comprensión clara: *sampajañña* (q.v.).

comprensión completa: *pariññā* (q.v.).

comprensión introspectiva, claridad de: ver: *sammasana*. Como traducción alternativa para el entendimiento completo, ver: *pariññā*.

comunidad de monjes: *Saṅgha* (q.v.); ver, además: *pabbajjā*, el progreso del discípulo.

conacimiento, condición de: *sahajāta-paccaya*, es una de las veinticuatro condiciones (*paccaya*, q.v.).

concentración: *samādhi* (q.v.). Concentración correcta; ver: *sacca* (IV. 8), *magga* (8).

concentración de acceso: *upacāra-samādhi* (q.v.).

concentración incorrecta: ver: *micchā-samādhi* (8).

concentración preparatoria (e **imagen preparatoria**, etcétera): ver: *samādhi*, *javana*.

concepción: 1. Pensamiento-concepción: Ver: *vitakka-vicāra*. 2. (En el vientre de la madre): *okkanti* (q.v.).

conciencia: *viññāṇa* (ver: *khandha*), *citta* (q.v.), *mano* (q.v.). Momento de conciencia: *citta-kkhaṇa* (q.v.). Contemplación de la conciencia: *cittānupassanā*; ver: *satipaṭṭhāna*. Corporeidad producida por la conciencia: *citta-ja-rūpa*; ver: *samuṭṭhāna*. Moradas o apoyos [bases] de la conciencia: *viññāṇaṭṭhiti* (q.v.). Funciones de la conciencia: *viññāṇa-kicca* (q.v.).

conciencia de deseo [de anhelo, de avidez]: véanse las tablas I, III (22-29).

conciencia de muerte: *cuti-citta* [conciencia momentánea en el momento de la muerte], es una de las catorce funciones de la conciencia (*viññāṇa-kicca*, q.v.).

conciencia de registro: *tadārammaṇa-citta* (ver: *viññāṇa-kicca*).

conciencia elevada: ver: *sobhana citta*.

conciencia enraizada en la aversión: ver: tabla I, 30, 31.

conciencia funcional o conciencia que funciona independientemente del karma: *kiriya-citta* (q.v.); ver: *viññāṇa-kicca*.

conciencia kármicamente inoperante: ver: *kiriya-citta*.

conciencia ofuscada: [dos tipos de conciencia con raíz de ofuscación (*moha*): conciencia indiferente y con duda, y conciencia indiferente con agitación] ver: tabla I, 32, 33.

conciencia receptiva: *sampaṭicchana-citta* (ver: *viññāṇa-kicca*).

C

conciencia visual: *cakkhu-viññāṇa*; ver: *dhātu, khandha.*

condición kármica [*kamma-paccaya*]: es una de las veinticuatro condiciones (*paccaya*, q.v.); ver: *kamma*, nota de la fuente. Publicaciones: Karma *and Rebirth*, Nyanatiloka (Wheel 9); *Survival and* Karma *in Buddhist Perspective*, K.N. Jayatilleke (Wheel 141-143); *Kamma and its Fruit* (Wheel 221-224).

condiciones de la existencia, liberación respecto a: ver: *ceto-vimutti*; *vimokkha.*

condiciones mundanas, las ocho: *loka-dhammā* (q.v.).

condiciones, las veinticuatro: *paccaya* (q.v.).

confianza [fe, convicción, convicción razonada; la primera de las cinco facultades espirituales]: ver: *saddhā.*

confianza en sí mismo: *vesārajja* (q.v.).

congoja [pena, aflicción]: *domanassa* (q.v.). Entregarse a la aflicción, ver: *manopavicāra.*

conocimiento: ver: *paññā, ñāṇa, vijjā, vipassanā, abhiññā.*

conocimiento analítico, los cuatro tipos de: *paṭisambhidā* (q.v.).

conocimiento de adaptación: *anuloma-ñāṇa* (q.v.).

conocimiento de madurez: *gotrabhū-ñāṇa*; ver: *visuddhi* (VII).

conocimiento del camino, los cuatro tipos de: ver: *visuddhi* (VII).

conocimiento más elevado: ver: *aññā.*

conocimiento retrospectivo: *paccavekkhana-ñāṇa* (q.v.).

contemplación: ver: *anupassanā.*

contemplación de la muerte: *maraṇānussati* (q.v.).

contemplación reflexiva: *paṭisaṅkhānupassanā* (ver: *vipassanā*, 17).

contento: *appicchatā* (q.v.), es una de las virtudes ascéticas. Ver: AN 10:181-190.

contigüidad, condición de: *samanantara-paccaya*, es una de las veinticuatro condiciones (*paccaya*, q.v.).

continuidad (de cuerpo, subconsciencia, conciencia o grupos de existencia): *santāna* (q.v.).

C

contraimagen (durante la concentración): ver: *nimitta, kasiṇa, samādhi.*

control, esfuerzo de: ver: *padhāna.*

convencional (expresión o verdad): ver: *desanā.*

corporeidad: producida a través de la conciencia, karma, etcétera; ver: *samuṭṭhāna.* Cuerpo sensible: *pasāda-rūpa* (q.v.). Corporeidad y mente [o mentalidad-materialidad o mente-materia]: ver: *nāma-rūpa.*

corporeidad derivada: *upādā-rūpa* (q.v.); ver también: *khandha* (I, B.).

corporeidad kármicamente adquirida: *upādiṇṇarūpa* (q.v.).

corporeidad, percepciones de: *rūpa-saññā*; ver: *jhāna.*

corporeidad producida: *nipphanna-rūpa* (q.v.).

corporeidad producida por el karma: ver: *samuṭṭhāna.*

corporeidad sensible: *pasāda-rūpa* (q.v.).

correcto (noción, entendimiento correcto, lenguaje correcto, etcétera): ver: *magga.*

corriente, entrada en la: ver: *sotāpanna, ariya-puggala.*

corriente subconsciente (de existencia) [corriente de conciencia basal, continuo vital o estado fundacional de la conciencia (NT)]: *bhavaṅga-sota* (q.v.).

corrientes de mérito: *puññadhārā* (q.v.).

corrupciones: *āsava* (q.v.).

corrupciones: ver: *upakkilesa* [ver: *āsava* (q.v.)].

cosas impensables, las cuatro: *acinteyya* (q.v.).

cosmogonía: ver: *kappa.*

creado, lo: *saṅkhata* (q.v.).

crecimiento corporal: *rūpassa upacaya*: ver: *khandha* I.

creencia, ciega: ver: *indriya-samatta.*

creencia en el ego: ver: *diṭṭhi, sakkāya-diṭṭhi, vipallāsa.*

creencia en la eternidad: *sassata-diṭṭhi;* ver: *diṭṭhi.*

creencia en la personalidad eterna: *bhava-diṭṭhi* (ver: *diṭṭhi*), *sassata-diṭṭhi* (q.v.).

cuerpo: *kāya* (q.v.) La contemplación del cuerpo es una de las cuatro *satipaṭṭhāna* (q.v.).

curso de acción (saludable o no saludable): *kamma-patha* (q.v.).

cursos felices de la existencia: ver: *gati*.

cuti-citta: 'conciencia de muerte', lit. 'conciencia que parte'. Es una de las catorce funciones de la conciencia (*viññāṇa-kicca*).

> Nota de la fuente: Primero encontrado en el Paṭṭhāna y el Kathāvatthu del canon del Abhidhamma; ver: *citta-vīthi*.

cutūpapāta-ñāṇa: conocimiento de la desaparición y reaparición (de los seres); es idéntico al ojo divino (*dibba-cakkhu*); ver: *abhiññā*.

D

dāna: limosnas, generosidad, ofrecimientos; dar. "Aquel que da sustento otorga cuatro bendiciones: ayuda a la larga vida, buena apariencia, felicidad y fuerza. Por lo tanto, larga vida, buena apariencia, felicidad y fuerza serán sus frutos, tanto entre los seres celestiales como entre los humanos". (AN 4:57).

"Cinco beneficios recaen al que da: el afecto de muchos, asociación noble, buena reputación, confianza en sí mismo y renacimiento divino". (AN 5:34.) Siete bendiciones más son dadas en AN 7:54.

Generosidad, especialmente el dar ropa, alimento, etcétera, a los monjes; es altamente apreciada en todos los países budistas del sur de Asia como una virtud fundamental y como un medio para suprimir la innata avidez y egoísmo humanos. Pero, como en cualquier otra buena o mala acción, también en la ofrenda de regalos es la noble intención y volición las que realmente cuentan, no sólo el hecho exterior.

Generosidad (*dāna*) constituye la primera clase de actividad meritoria; son las otras dos la moral (*sīla*) y desarrollo mental (*bhāvanā*); ver: *puñña-kiriya-vatthu*. Liberalidad (*cāga*) es una de las diez rememoraciones (*anussati*) y la generosidad una de las diez perfecciones (ver: *pāramī*).

dar: *dāna* (q.v.).

dar limosna: *dāna* (q.v.).

dasa- (Tathāgata-) bala: los diez poderes (de un Perfecto) o 'aquel que posee los diez poderes', es decir, el Buda. Sobre él se dice (p. ejem. MN 12; AN 10:21):

"Aquí, monjes, el Perfecto entiende de acuerdo con la realidad: (1) Lo posible como posible y lo imposible como imposible… (2) El resultado de acciones pasadas, presentes y futuras… (3) El camino que conduce al bienestar de todos… (4) El mundo con sus muchos diferentes elementos… (5) Las diferentes inclinaciones de los seres… (6) Las facultades elevadas y bajas de los seres… (7) La contaminación, purificación y surgimiento con respecto a las absorciones (*jhāna*), liberaciones (*vimokkha*), concentración (*samādhi*) y realizaciones (*samāpatti*)… (8) Recordar innumerables existencias anteriores… (9) Percibir con el ojo divino cómo los seres desaparecen y reaparecen nuevamente de acuerdo con sus acciones (*kamma*)… (10) El lograr, a través de la extinción de todas las corrupciones, la posesión de la 'liberación de la mente' y 'liberación por medio de la sabiduría'…"

D

dasa-pāramī: ver: *pāramī*.

dasa-puñña-kiriya-vatthu: ver: *puñña-kiriya-vatthu*.

dasaka-kalāpa: ver: *rūpa-kalāpa*.

de carácter inteligente: ver: *carita*.

decaer (en moralidad, sabiduría, etcétera): ver: *hāna-bhāgiya-sīla*. Susceptible de declinar, *parihāna-dhamma* (q.v.).

desanā: exposición de la doctrina; enseñanza de la doctrina (*dhamma*). Puede ser una exposición verdadera en el sentido último (*paramattha-desanā*) o puede no ser verdad en el sentido último sino únicamente en el sentido convencional (*vohāra-desanā*). Ver: *paramattha*, *vohāra*.

desaparición, condición de: *vigata-paccaya*, es una de las veinticuatro condiciones (*paccaya*, q.v.).

desapasionamiento: ver: *virāga*.

desapego: *viveka* (q.v.).

desarrollo (mental): *bhāvanā* (q.v.). Esfuerzo por desarrollar; ver: *padhāna*. Sabiduría basada en el desarrollo, ver: *paññā*. Desarrollo gradual del Óctuple Sendero; ver: el progreso del discípulo (q.v.).

deseo [avidez, anhelo, sed]: *lobha* (q.v.).

deseo: *taṇhā* (q.v.) [sed, avidez], *rāga* (q.v.) [pasión, lujuria]; ver: *mūla* [raíz].

deseo de liberación: ver: *visuddhi* (VI, 6).

desinterés (con respecto al mundo entero) [percepción de]: ver: *sabbaloke anabhiratisaññā*.

despertar: ver: *bodhi*.

destino, nociones malsanas con destino fijo: *niyata-micchā-diṭṭhi* (q.v.). Hombres con destino fijo: *niyata-puggala* (q.v.). Véase, *gati*.

destrucción: vencer o liberarse de las cosas malsanas a través de su destrucción; *samuccheda-pahāna* o *samuccheda-vimutti*; ver: *pahana*.

desvanecimiento, contemplación de: *vayānupassanā*, es uno de los dieciocho principales tipos de conocimiento introspectivo (*vipassanā*, q.v.).

desvanecimiento y reaparición: el conocimiento del desvanecimiento y reaparición de los seres según el karma; es idéntico al ojo divino (ver: *abhiññā* 5).

desvergüenza: *ahirika* (q.v.).

desviación (de la moralidad y la comprensión): *vipatti* (q.v.).

determinación: ver: *adhimokkha, adhiṭṭhāna.*

determinando: *votthapana* (ver: *viññāṇa-kicca*) [una función de la conciencia en el proceso cognitivo].

determinando la realidad: ver: *vavatthāna.*

deva: (lit. los seres luminosos; relacionado con el lat. *deus*): divinidad, deidades (dioses), seres celestiales. Son seres que viven en mundos felices, y quienes, como regla, son invisibles al ojo humano. Sin embargo, al igual que el hombre y otros seres, están sujetos al siempre repetitivo renacimiento, vejez y muerte, y por ello no son libres del ciclo de la existencia y de su miseria. Hay muchas clases de divinidades.

(I) Las seis clases de divinidades de la esfera sensorial (*kāmāvacara* o *kāma-loka*; ver: *avacara, loka*) son (1) *Cātumahārājika-deva*, (2) *Tāvatiṃsa*, (3) *Yāma*, (4) *Tusita* (ver: *bodhisatta*), (5) *Nimmāna-rati*, (6) *Paranimmita-vasavatti*. Compare con *anussati* (6).

(II) Las divinidades de la esfera de la materia sutil (*rūpāvacara* o *rūpa-loka*) son (1) *Brahma-pārisajja, Brahma-purohita, Mahā-brahmāno* (ver: *brahma-kāyika-deva*). Dentro de estas tres clases renacerán aquellos con un débil, medio o completo dominio de la primera absorción (*jhāna*). (2) *Parittābha, Appamāṇābha, Ābhassara*. Aquí renacerán aquellos que alcanzan la segunda absorción. (3) *Paritta-subha, Appamāṇa-subha, Subha-kiṇṇa* (o *kiṇha*). Aquí renacerán aquellos que alcanzan la tercera absorción. (4) *Vehapphala, Asañña-satta, Suddhāvāsa* (además ver: *anāgāmī*). Dentro de las dos primeras clases renacerán aquellos que alcanzan la cuarta absorción, pero dentro de la tercera clase solamente los *anāgāmīs*.

(III) Las cuatro clases de divinidades de la esfera inmaterial (*arūpāvacara* o *arūpa-loka*) son (1) las divinidades de la esfera del espacio ilimitado (*ākāsānañcāyatanūpaga-devā*), de la conciencia ilimitada (*viññāṇañ-cāyatanūpaga-devā*), de la nada (*ākiñcaññāyatanūpaga-devā*), de ni-percepción-ni-no-percepción (*nevasaññā-nāsaññāyatanūpaga-devā*). Aquí renacerán aquellos que alcanzan las cuatro esferas inmateriales (*arūpāyatana*; ver: *jhāna* 5-8). Ver: *Gods and the Universe*, Francis Story (Wheel 180-181).

deva-dūta: mensajeros divinos. Es un nombre simbólico para la vejez, enfermedad y muerte, ya que estas tres cosas recuerdan al hombre su futuro y lo animan a esforzarse sinceramente. En AN 3:35 se dice: "Monjes, ¿nunca han visto en el mundo a un hombre o a una mujer de ochenta, noventa o

D

cien años, frágil, encorvado como un tejado, doblado, sostenido por muletas, con pasos tambaleantes, inseguro, la juventud desvanecida desde hace mucho tiempo, con dientes rotos, cabello gris y escaso, o calvo, arrugado, con los miembros cubiertos de manchas? ¿Y nunca se les ocurrió que también ustedes están sujetos a la vejez, que ustedes tampoco pueden escapar de ella? "¿Nunca vieron en el mundo a un hombre o a una mujer afligido, gravemente enfermo y sumido en su propia inmundicia, ser levantado por alguna persona y acostado por otros? ¿Y nunca se les ocurrió que también ustedes están sujetos a la enfermedad, que ustedes tampoco pueden escapar de ella? "¿Nunca vieron en el mundo el cuerpo de un hombre o de una mujer uno, dos o tres días después de su muerte, hinchado, ennegrecido y lleno de podredumbre? ¿Y nunca se les ocurrió que también ustedes están sujetos a la muerte, que tampoco pueden escapar de ella?" (Ver: MN 130).

devatānussati: remembranza en las divinidades; ver: *anussati*.

devoto: *upāsaka* (q.v.) [seguidor o adepto laico].

devoto de la fe y liberado por la fe: ver: *ariya-puggala* (B).

dhamma: lit. 'soporte', constitución (o naturaleza de una cosa), norma, ley (*jus*), doctrina, justicia, rectitud; cualidad; cosa, objeto mental (ver: *āyatana*); fenómeno, estado. Con todos estos significados la palabra '*dhamma*' se encuentra en los textos. El Comentario del DN ejemplifica cuatro aplicaciones de este término: *guṇa* (cualidad, virtud), *desanā* (instrucción), *pariyatti* (texto), *nijjīvatā* (no alma, p. ejem., "todos los fenómenos (*dhammā*) son impersonales", etcétera). El Comentario al Dhs. tiene *hetu* (*condición*) en lugar de *desanā*. Así, el conocimiento analítico de la ley (ver: *paṭisambhidā*) es explicado en Vism XIV y en Dhs. como *hetumhi-ñāṇa*, conocimiento de las condiciones. El Dhamma, la ley liberadora descubierta y proclamada por el Buda, está resumida en las Cuatro Nobles Verdades (ver: *sacca*). Forma parte de las tres Joyas (*ti-ratana*) y es una de las diez rememoraciones (*anussati*). Dhamma como objeto mental (*dhammāyatana*, ver: *āyatana*) puede ser cualquier cosa pasada, presente o futura, material o mental, condicionada o incondicionada (compare con *saṅkhāra*, 4), real o imaginaria.

dhammānupassanā: contemplación de los objetos mentales [o categorías de la enseñanza (NT)]. Es el último de los cuatro fundamentos de la atención plena (*satipaṭṭhāna*).

dhammānusārī: el 'devoto del Dhamma', es uno de los siete nobles discípulos (*ariya-puggala*).

dhammānussati: rememoración del Dhamma. Es una de las diez rememoraciones (*anussati*).

dhammāyatana: base del objeto mental; (ver: *āyatana*).

dhamma-cakka: La Rueda (reino) de la Ley. Es un nombre para la doctrina 'puesta en movimiento' (establecida) por el Buda, es decir, las Cuatro Nobles Verdades (*sacca*). "El Perfecto, monjes, el Sublime, el plenamente Iluminado, en el parque de los ciervos en Isipatana, cerca de Varanasi, ha puesto en movimiento (establecido) la insuperable Rueda (reino) de la Ley." (MN 141.) Compare con *cakka*.

dhamma-desanā: exposición de la Doctrina (ley); ver: *desanā*.

dhamma-dhātu: elemento del objeto mental (ver: *dhātu*).

dhamma-paṭisambhidā: conocimiento analítico de la ley. Es uno de los cuatro tipos de conocimiento analítico (*paṭisambhidā*).

dhammaṭṭhiti-ñāṇa: 'conocimiento de la estabilidad de la ley', es un nombre para esa 'visión introspectiva que conduce' a la entrada en alguno de los cuatro senderos supramundanos (*vuṭṭhāna-gāminī-vipassanā*). En el Sutta de Susīma (SN 11:70) esta (ascendente) visión introspectiva es llamada el 'conocimiento de la estabilidad de la ley'. "Al principio, Susīma, existe el conocimiento de la estabilidad de la ley y después el conocimiento del Nibbāna." (Ver: Vism XXI.)

dhamma-vicaya-sambojjhaṅga: factor de iluminación de la investigación del Dhamma. Es uno de los siete factores de iluminación (*bojjhaṅga*).

dhana: tesoro, riqueza. Es un término para las siguientes siete cualidades: fe (*saddhā*), moralidad (*sīla*), vergüenza moral (*hirī*), temor moral (*ottappa*), aprendizaje (*suta*), generosidad (*cāga*) y sabiduría (*paññā*) (AN 7:5, 6). Ver: *Treasures of the Nobles*, Soma Thera (Bodhi Leaves B. 27 BPS).

dhātu: elemento. Los elementos son los componentes últimos de un todo.

(I) Los cuatro elementos físicos (*dhātu* o *mahā-bhūta*), comúnmente llamados tierra, agua, fuego y aire, deben ser entendidos como las cualidades primarias de la materia. En pāli se denominan: *paṭhavī-dhātu*, *āpo-dhātu*, *tejo-dhātu* y *vāyo-dhātu*. En Vism XI, 2, los cuatro elementos son definidos así: "Lo que sea caracterizado como dureza (*thaddha-lakkkhaṇa*) es el elemento tierra o elemento sólido; como cohesión (*ābandhana-lakkhaṇa*) o fluidez, el elemento agua; como caliente (*paripācana-lakkhaṇa*), el elemento fuego o calórico; como manteniendo o soporte (*vitthambhana-lakkhaṇa*), el elemento aire o movimiento. Todos los cuatro están presentes en cada objeto

D

material, aunque variando en grados de fuerza. Si, por ejemplo, predomina el elemento tierra, el objeto material es llamado 'sólido', etcétera. Para el análisis de los cuatro elementos, ver: *dhātu-vavatthāna*.

(II) Los dieciocho elementos físicos y mentales que componen las condiciones o fundamentos del proceso de percepción son:

(1) órgano visual (ojo), (2) órgano auditivo (oído), (3) órgano olfativo (nariz), (4) órgano gustativo (lengua), (5) órgano táctil (cuerpo), (6) objeto visual, (7) objeto audible o sonido, (8) objeto olfativo u olor, (9) objeto gustativo, (10) objeto táctil, (11) conciencia del ojo, (12) conciencia del oído, (13) conciencia de la nariz, (14) conciencia de la lengua, (15) conciencia del cuerpo, (16) elemento mental (*mano-dhātu*), (17) elemento del objeto mental (*dhamma-dhātu*), (18) elemento de la conciencia mental (*mano-viññāṇa-dhātu*); 1-10 son físicos, 11-16 y 18 son mentales, 17 puede ser físico o mental. El elemento 16 ejerce la función de advertencia (*āvajjana*) del objeto al inicio de un proceso cognitivo de los cinco sentidos; después ejerce la función de recepción (*sampaṭicchana*) del objeto sensorial. El elemento 18 ejerce, p. ejem., la función de investigación (*santīraṇa*), determinación (*votthapana*) y registro (*tadārammaṇa*). Para las catorce funciones de la conciencia, ver: *viññāṇa-kicca*. Ver: MN 115; SN 14 y especialmente Vibh II (Guía, cap. 2 § 2.), Vism XV, 17 ff. De los muchos otros grupos de elementos (enumerados en MN 115), el más conocido es el de los tres elementos del mundo: el mundo sensorial (*kāma-dhātu*), el mundo de la materia sutil (*rūpa-dhātu*), el mundo inmaterial (*arūpa-dhātu*); también el séxtuple grupo: el elemento sólido, el elemento líquido, el elemento calórico, el elemento movimiento, el elemento espacio, el elemento de la conciencia (*paṭhavī*, *āpo*, *tejo*, *vāyo*, *ākāsa*, *viññāṇa*; ver: arriba I), descrito en MN 140; ver también: MN 112.

dhātu-vavatthāna: análisis (o determinación) de los cuatro elementos. En el Vism XI 2 se describe como el último de los cuarenta ejercicios mentales (ver: *bhāvanā*). En forma condensada este ejercicio es transmitido en DN 22 y MN 10 (ver: *satipaṭṭhāna*), pero explicado en detalle en MN 28, 62, 140. El símil del carnicero en MN 10: "Así, monjes, como un hábil carnicero o aprendiz de carnicero, después de haber sacrificado a una vaca y dividido a ésta en porciones separadas, debería sentarse en el cruce de cuatro caminos; así también hace el discípulo contemplando su cuerpo con respecto a los elementos", es explicado así en Vism XI: "Para el carnicero, quien cría la vaca, la lleva al matadero, la ata, la pone ahí, la sacrifica, o ve a la vaca sacrificada o muerta, la idea 'vaca' no desaparece hasta que él no haya abierto el cuerpo y lo corte en piezas. Sin embargo, tan pronto como él se sienta, después de haberla abierto y cortado en piezas, la idea 'vaca' desaparece y surge la idea 'carne'. Y él no piensa: 'Vendo una vaca' o 'ellos compran una vaca'. De la misma manera, cuando el monje que anteriormente era una persona mundana ignorante, laica o sin hogar, las ideas 'ser viviente' u 'hombre' o 'individuo' aún no han desaparecido hasta que él no haya tomado este cuerpo, en cualquier posición o dirección que éste esté, en piezas y lo analice pieza por pieza. Sin embargo, tan pronto como haya analizado este cuerpo en sus elementos, la idea 'ser viviente' desaparece, y su mente empieza a establecerse en la contemplación de los elementos".

> Nota de la fuente: Este término, y también su sinónimo *dhātu-manasikāra*, 'reflexión sobre los elementos', se encuentran solamente en los Comentarios, mientras que el sujeto es tratado a menudo en los antiguos textos de los *suttas* (p. ejem., MN 28, 62, 140, etcétera). Ver: *sammasana.*

dhutaṅga: (lit. 'medio para deshacerse de (las impurezas)'); medios de purificación, práctica ascética o austera. Éstas son estrictas observancias recomendadas por el Buda a los monjes como ayuda para cultivar el contento, renuncia, energía y otras buenas cualidades. Una o más de ellas pueden ser observadas por cortos o largos periodos. "El monje que se entrena a sí mismo en moralidad debería tomar para sí los medios de purificación, para obtener esas virtudes a través de las cuales la pureza de la moralidad empezará a alcanzarse, a saber: pocas necesidades, contento, austeridad, desapego, energía, moderación, etcétera." (Vism II.) Vism II describe 13 *dhutaṅgas*, consistentes en los votos de:

(1) vestir hábitos hechos con harapos recogidos (*paṁsukūlik'-aṅga*)
(2) vestir sólo tres hábitos (*tecīvarik'-aṅga*)
(3) ir a buscar alimento en ronda de limosna (*piṇḍapātik'-aṅga*)
(4) no descartar ninguna casa mientras se busca el alimento (*sapadānik'- aṅga*)
(5) comer una sola vez al día (*ekāsanik'-aṅga*)
(6) comer únicamente del cuenco de alimentos (*pattapiṇḍik'-aṅga*)
(7) rehusar servidas adicionales de alimento (*khalu-pacchā-bhattik'-aṅga*)
(8) vivir en el bosque (*āraññik'-aṅga*)
(9) vivir bajo un árbol (*rukkha-mūlik'-aṅga*)
(10) vivir al aire libre (*abbhokāsik'-aṅga*)
(11) vivir en un cementerio (*sosānik'-aṅga*)
(12) estar satisfecho con cualquier vivienda (*yathā-santhatik'-aṅga*)
(13) dormir en posición sentada (y nunca acostarse) (*nesajjik'-aṅga*)

Estos trece ejercicios son todos, sin excepción, mencionados en los antiguos textos *sutta* (p. ejem. MN 5, 113; AN 5:181-190), pero nunca juntos en un mismo lugar. "Sin duda, monjes, es una gran ventaja el vivir en el bosque como un ermitaño, recoger sus alimentos, hacer sus propios hábitos con trapos recogidos, estar satisfecho con tres hábitos" (AN 1:30). Por ejemplo, el voto

(1) se toma con estas palabras: "Rechazo los hábitos que me sean ofrecidos por jefes de familia" o "Tomo para mí el voto de vestir únicamente hábitos hechos de trapos recogidos". Algunos de estos ejercicios pueden también ser observados por personas laicas. Aquí puede mencionarse que cada nuevo monje ordenado, inmediatamente después de ser admitido en la Orden, se le aconseja estar satisfecho con cualquier hábito, alimento, vivienda y medicina que obtenga: "La vida de los monjes depende de la colecta de alimentos... de la raíz de un árbol como vivienda... de hábitos hechos de trapos remendados... de la orina rancia de vaca como medicina. Que usted se entrene a sí mismo de esta manera toda su vida". Ya que la cualidad moral de cualquier acción depende enteramente de la intención y volición que la acompañan, éste es también el caso con estas prácticas ascéticas, como es expresamente dicho en Vism. Así, la mera actuación externa no es el verdadero ejercicio, como está dicho (Pug. 275-284): "Cualquiera puede ir a buscar alimento, etcétera, ya sea por estupidez o tontería –o con mala intención y lleno de deseo– o por locura o desórdenes mentales –o porque tal práctica ha sido elogiada por los Nobles–...". Sin embargo, estos ejercicios son adecuadamente observados "si son tomados únicamente en aras de la frugalidad, contento, pureza, etcétera". Sobre la práctica de *dhutaṅga* en la Tailandia moderna, ver: *With Robes and Bowl*, Bhikkhu Khantipalo (Wheel 82-83).

> Nota de la fuente. Este término compuesto se utiliza por primera ocasión en el Niddesa, el cual enumera sólo ocho observancias. El único lugar en los *suttas* en donde la primera parte, *dhuta*, es usada en el sentido arriba mencionado se encuentra en SN 14. Sin embargo, los nombres de los practicantes de estos trece ejercicios ascéticos están todos mencionados en los *suttas*, pero esparcidos aquí y allí, por ejemplo: *paṃsukūlika*, *āraññika*, *piṇḍapātika*, *ekāsanika*, *tecīvarika*, *sapādānacārī*, *sosānika*, *abhhokāsika*, *nesajjika*, *yathāsanthatika*, en MN 5, 113; AN 5:181-190, etcétera; *rukkhamūlika*, *khalupacchābhattika* y *pattapiṇḍika*, en AN 5:189ff., etcétera.

dibba-cakkhu: el ojo divino. Es uno de los seis poderes superiores (*abhiññā*) y uno de los tres tipos de conocimientos (*tevijjā*).

dibba-loka: mundo de las divinidades; ver: *deva*.

dibba-sota: el oído divino. Es uno de los seis poderes superiores (*abhiññā*).

dibba-vihāra: ver: *vihāra*.

diligencia: *appamāda* (q.v.) [esfuerzo, aplicación, perseverancia, dedicación, cuidado, empeño].

dioses radiantes: *ābhassara*; ver: *deva*.

disociación, condición de: *vippayutta-paccaya*, es una de las veinticuatro condiciones (*paccaya*, q.v.).

disolución, contemplación de: *khayānupassanā*, es uno de los dieciocho principales tipos de conocimiento introspectivo (*vipassanā*, q.v.).

dispensación: ver: *sāsana* [la dispensa del Buda: *buddhasāsana* (NT)].

diṭṭha-dhamma-vedanīya-kamma: *kamma*, que tiene fruto en la vida presente; *kamma*, inmediatamente efectivo; ver: *kamma*.

diṭṭhi: (lit. 'visión'; raíz *disa* = ver:) concepción, noción, creencia, opinión especulativa, visión, entendimiento. Si no está calificada con *sammā*, 'recta', normalmente se refiere a una noción u opinión errónea o mala, y solamente en pocos casos se refiere a recta visión, entendimiento, penetración (p. ejem. *diṭṭhi-ppatta*; *diṭṭhi-visuddhi*, purificación de la visión; *diṭṭhi-sampanna*, dotado de visión). Las nociones malignas o erróneas (*diṭṭhi* o *micchā-diṭṭhi*) son declaradas como totalmente rechazables por ser la fuente de aspiraciones y conductas erróneas, y algunas veces responsables de conducir al hombre a los más profundos abismos de depravación, como se dice en AN 1:22: "No conozco ninguna otra cosa que nociones erróneas, monjes, por medio de las cuales las cosas malsanas aún no surgidas, surgen y las cosas malsanas ya surgidas, crecen y llegan a plenitud. No conozco ninguna otra cosa que nociones erróneas por medio de las cuales las cosas sanas aún no surgidas son impedidas en su surgimiento y las cosas sanas ya surgidas, desaparecen. No conozco ninguna otra cosa que nociones erróneas, por medio de las cuales los seres humanos, a la disolución del cuerpo, en el momento de la muerte, pasan a un camino de sufrimiento, a un mundo de aflicción, al infierno". También en AN 1:23: "Todo lo que un hombre lleno de nociones erróneas haga o emprenda, o lo que él posea de voluntad, aspiración, deseos o tendencias, todas estas cosas lo conducen a un estado indeseable y desagradable, al infortunio y sufrimiento". Del Abhidhamma (Dhs) puede inferirse que las nociones erróneas, cuando sea que surjan, están asociadas con avidez (ver: tabla I. 22, 23, 26, 27). Numerosas teorías y opiniones especulativas, que en todos los tiempos han influido y aún influyen en la humanidad, son citadas en los *suttas*. Entre ellas, sin embargo, la noción errónea que, en cualquier lugar, en todos los tiempos, más ha descarriado y engañado a la humanidad es la creencia en la personalidad, la ilusión de un ego (yo). Esta creencia en la personalidad (*sakkāya-diṭṭhi*) o ilusión del ego (*atta-diṭṭhi*) es de dos tipos: (1) creencia en la eternidad y (2) creencia de aniquilación. La creencia en la eternidad (*sassata-diṭṭhi*) es la creencia en la existencia de una persistente entidad, ego, alma o personalidad, que existe independientemente de los procesos físicos y mentales que constituyen la vida, y que continúa aún después de la muerte. La creencia de aniquilación (*uccheda-diṭṭhi*), por otro lado, es la creencia en la existencia de una entidad, ego, personalidad como siendo más o menos idéntica a aquellos procesos físicos y mentales, y que, por lo tanto, a la disolución por la muerte, será aniquilada. Para los veinte tipos de creencia en una personalidad, ver: *sakkāya-diṭṭhi*. Ahora bien, el Buda no enseña una personalidad que continuará después de la muerte ni enseña una personalidad que será aniquilada con la muerte, sino que nos muestra que 'personalidad', 'ego', 'individuo', 'hombre', etcétera, son sólo meras designaciones convencionales (*vohāra-vacana*) y que en el sentido último (ver: *paramattha-sacca*) hay solamente este proceso de autoconsumo de fenómenos físicos y mentales que continuamente surgen y desaparecen inmediatamente. Para mayores detalles, ver: *anattā*, *khandha*, *paṭiccasamuppāda*. "El Perfecto está libre de cualquier teoría (*diṭṭhigata*), porque el Perfecto ha visto lo que es la materia, y cómo ésta surge y desaparece. Él ha visto lo que es la sensación... percepción... formaciones mentales... conciencia. Por ello digo que el Perfecto ha alcanzado la completa liberación a través de la extinción, desvanecimiento, desaparición, rechazo y eliminación de todas las imaginaciones y conjeturas, de toda inclinación a la vanagloria del 'yo' y 'mío'" (MN 72).

El rechazo de teorías y nociones especulativas es una característica prominente en un capítulo del Sutta-Nipāta, el Aṭṭhaka-vagga.

Las así llamadas 'nociones erróneas con destino fijo' (*niyata-micchādiṭṭhi*), que componen el último de los diez cursos completos de acción malsana (*kamma-patha*), son las siguientes tres:

(1) La fatalista 'noción de la no causalidad' de la existencia (*ahetuka-diṭṭhi*), enseñada por Makkhali-Gosāla, un contemporáneo del Buda que negaba cualquier causa de la contaminación y purificación de los seres, y afirmaba que todo está minuciosamente predestinado.

(2) La 'noción de la ineficacia de las acciones' (*akiriya-diṭṭhi*), enseñada por Pūraṇa-Kassapa, otro contemporáneo del Buda, quien negaba cualquier efecto kármico de las buenas o malas acciones: "Para aquel que mata, roba, hurta, etcétera, nada malo le pasará. Para la generosidad, autocontrol y veracidad, etcétera, ninguna recompensa debe esperarse".

(3) El nihilismo (*natthika-diṭṭhi*), enseñada por Ajita-Kesakambali, un tercer contemporáneo del Buda, quien afirmaba que cualquier creencia en una buena acción y su recompensa es una mera ilusión, que después de la muerte no sigue ninguna vida, que el hombre al morir se disolvería en sus elementos, etcétera.

Para mayores detalles sobre estas tres nociones, ver: DN 2, MN 60; exposición de acuerdo con los Comentarios en Wheel 98-99, p. 23.

También frecuentemente mencionadas son las diez antinomias (*antagāhikā micchā-diṭṭhi*): 'El mundo es finito', 'el mundo es infinito'... 'cuerpo y alma son idénticos' o 'cuerpo y alma son diferentes' (p. ejem., MN 63).

En el Brahmajāla Sutta (DN1) sesenta y dos nociones falsas son clasificadas y descritas, comprendiendo todas las concebibles nociones falsas y especulaciones acerca del hombre y el mundo. Ver: *The All-Embracing Net of Views* (*Brahmajāla Sutta*), traducción con comentarios de Bhikkhu Bodhi (BPS). También ver: DN 15, 23, 24, 28; MN 11, 12, 25, 60, 63, 72, 76, 101, 102, 110; AN 2:16; 10:93; SN 21, 24; Paṭis Diṭṭhikathā, etcétera.

Las nociones erróneas (*diṭṭhi*) son una de las disposiciones latentes (ver: *anusaya*), corrupciones (ver: *āsava*), adherencias (ver: *upādāna*), una de las tres modalidades de perversiones (ver: *vipallāsa*). La conciencia malsana (*akusala citta*), con raíz en la avidez, puede estar asociada con o sin nociones erróneas (*diṭṭhigata-sampayutta* o *vippayutta*); ver: Dhs.; tab I. Sobre el entendimiento o noción correctos (*sammā-diṭṭhi*), ver: *magga* y MN 9 (traducción con comentario en *The Discourse on Right View*, Bhikkhu Ñāṇamoli, Wheel 377-379.).

diṭṭhippatta: uno que ha alcanzado la visión. Es una de las siete Personas Nobles (*ariya-puggala*).

diṭṭh'upādāna: adherencia a nociones erróneas. Es uno de los cuatro tipos de apego (*upādāna*).

diṭṭhi-nissita-sīla: moralidad basada en nociones erróneas; ver: *nissaya*.

diṭṭhi-vipallāsa: perversión de las nociones; ver: *vipallāsa*.

diṭṭhi-visuddhi: purificación de la noción. Es la tercera de las siete etapas de purificación (ver: *visuddhi* III).

doctrina analítica: *vibhajja-vāda*.

doctrina del Buda: *Dhamma*; ver: *sasanā*.

dolor, sensación de: ver: *vedanā*.

domanassa: lit. 'mala mente', dolor; es decir, sensación mentalmente desagradable (*cetasika-vedanā*). Es una de las cinco clases de sensaciones (*vedanā*) y una de las veintidós facultades (*indriya*). De acuerdo con el Abhidhamma, la aflicción está siempre asociada con antipatía y enojo, y por ello es kármicamente malsana (*akusala*). Compare tab. I, 30, 31.

domanassupavicāra: complacencia en la congoja; ver: *manopavicāra.*

dominio (con respecto a las absorciones): ver: *vasī.* Ocho etapas de maestría: *abhibhāyatana* (q.v.).

dosa: aversión [rechazo, odio], enojo. Es una de las tres raíces malsanas (*mūla*). *Dosa-citta*: conciencia aversiva; ver: tab. I (30, 31).

dosa-carita: temperamento aversivo; ver: *carita.*

duccarita: mala conducta. Es triple: acciones, palabras y pensamientos.

Ver: *kammapatha* (I).

duda escéptica: *vicikicchā* (q.v.). Véase: *kaṅkhā.*

duggati: destino desafortunado (de existencia); ver: *gati.*

dukkha: (1) dolor, sensación dolorosa, que puede ser corporal o mental (ver: *vedanā*). (2) Sufrimiento, malestar, insatisfacción. Como la primera de las Cuatro Nobles Verdades (ver: *sacca*) y la segunda de las tres características de la existencia (ver: *ti-lakkhaṇa*), el término *dukkha* no está limitado a la experiencia dolorosa, como en (1), sino se refiere a la naturaleza insatisfactoria y de inseguridad general de todos los fenómenos condicionados, los cuales, por su transitoriedad, están sometidos al sufrimiento, y esto incluye también las experiencias placenteras. De ahí que 'insatisfactorio' o 'sujeto al sufrimiento' serían traducciones más adecuadas, si no por razones estilísticas. Por eso la primera verdad no niega la existencia de experiencias placenteras, como algunas veces se asume erróneamente. Esto está ilustrado en el siguiente texto: "Buscando satisfacción en el mundo, monjes, he perseguido mi camino. Esta satisfacción en el mundo he encontrado. A esta satisfacción en el mundo la he bien percibido por la sabiduría. Buscando la miseria en el mundo, monjes, he perseguido mi camino. Esta miseria en el mundo he encontrado. A esta miseria en el mundo la he bien percibido por la sabiduría. Buscando escapar del mundo, monjes, he perseguido mi camino. Este escape del mundo he encontrado. A este escape del mundo lo he bien percibido por la sabiduría" (AN 3:101). "Si no se pudiese encontrar satisfacción en el mundo, los seres no se aferrarían al mundo. Si no se pudiese encontrar miseria en el mundo, los seres no serían repelidos por el mundo. Si no hubiese un escape del mundo, los seres no podrían escapar de él" (AN 3:102). Ver: *dukkhatā.* Para textos sobre la Verdad del Sufrimiento, ver: WB y PD. Ver también: *The Three Basic Facts of Existence, II. Suffering* (Wheel 191-193).

dukkhānupassanā: Contemplación del sufrimiento, ver: *vipassanā.*

dukkhatā: (nombre abstracto derivado de *dukkha*): el estado de sufrimiento, estado de dolor, estado no placentero, insatisfactorio de la existencia. "Hay tres tipos de sufrimiento: (1) sufrimiento como dolor (*dukkha-dukkhatā*), (2) el sufrimiento inherente a las formaciones (*saṅkhāra-dukkhatā*), (3) el sufrimiento por el cambio (*vipariṇāma-dukkhatā*)" (SN 45:165; DN 33). (1) Es la sensación corporal o mental de dolor como realmente se siente. (2) Se refiere a la naturaleza opresiva de todas las formaciones de la existencia (es decir, todos los fenómenos condicionados) debido a su continuo surgir y cesar; esto incluye también experiencias asociadas con sensación neutral. (3) Se refiere a la sensación placentera corporal o mental, "porque ellas son la causa para el surgimiento del dolor cuando ellas cambian" (Vism XIV, 34 ff).

dukkha-paṭipadā: progreso doloroso; progreso difícil; ver: *paṭipadā*.

dvi-hetuka-paṭisandhi: Conciencia de reenlace (resultante kármica) que surge en el momento de la concepción, ver: *paṭisandhi*.

E

ecuanimidad: *upekkhā* (q.v.) = *tatra-majjhattatā* (q.v.) [neutralidad mental, un factor mental (NT)]. Conocimiento que consiste en la ecuanimidad con respecto a todas las formaciones, ver: *visuddhi* (VI, 8). Disfrutando de la ecuanimidad, ver: *manopavicāra*.

ejecución y evitación: *cāritta-vāritta* (q.v.).

eka-bījī: que germina sólo una vez más. Es el nombre de uno de los tres tipos de 'ganador de la corriente': ver: *sotāpanna*.

ekāsanik'aṅga: el ejercicio de comer una vez al día. Es una de las prácticas ascéticas; ver: *dhutaṅga*.

eka-vokāra-bhava: existencia de un agregado. Es la existencia de los seres sin conciencia (*asañña-satta*), ya que éstos poseen solamente el agregado material. Compare con *catu-vokāra-bhava*, *pañca-vokāra-bhava*.

el que come sólo en el cuenco [de limosna], la práctica [ascética de]: ver: *dhutaṅga*.

el que entra en la corriente: ver: *sotāpanna, ariya-puggala*.

el que va por limosna (la práctica de): ver: *dhutaṅga*.

elemento agua: *āpo-dhātu*; ver: *dhātu*.

elemento fuego: *tejo-dhātu*; ver: *dhātu*.

elemento mental: *mano-dhātu*(q.v.); ver: *dhātu*.

elemento mente-conciencia: *mano-viññāṇa-dhātu* (q.v.).

elemento tierra: ver: *paṭhavī-dhātu* (I).

elemento viento: *vāyo-dhātu*; ver: *dhātu*.

elementos: *dhātu* (q.v.). Análisis de los cuatro elementos: *dhātu-vavatthāna* (q.v.).

elementos principales, los cuatro: *mahā-bhūta* (q.v.); *dhātu* (q.v.).

emoción: ocho fuentes de emoción: *saṃvega-vatthu* (q.v.). Los cuatro lugares que despiertan la emoción; *saṃvejanīya-ṭṭhāna* (q.v.).

enamoramiento juvenil [infatuación]: ver: *mada*.

encadenamientos inferiores, los cinco: ver: *saṃyojana* [grilletes, ataduras].

encadenamientos o grilletes: las diez ataduras o encadenamientos que atan a la existencia; ver: *saṃyojana*.

energía [esfuerzo]: *viriya* (q.v.); ver además: *bojjhaṅga, bala, pāramī.* [Una de las cinco facultades espirituales, *pañcindriya.*]

enfermedad: como uno de los 'mensajeros divinos': *devadūta*, (q.v.).

entendimiento [noción, visión, opinión]: ver: *diṭṭhi, ñāṇa, paññā, pariññā.* Comprensión correcta, ver: *magga* (1), *sacca* (IV. I).

entendimiento o noción correcta o recta: *sammā-diṭṭhi*; ver: *diṭṭhi, magga* 1, *sacca* IV, 1. Para la visión incorrecta, ver: *micchā diṭṭhi.*

entidad del ego: *attā* (q.v.)

entregarse (a la alegría, tristeza, etcétera): ver: *manopavicāra.*

entrenamiento mental 'superior': *adhicitta-sikkhā*, ver: *sikkhā.*

entrenamiento moral, superior: *adhisīla-sikkhā*; ver: *sikkhā.*

entrenamiento, el triple: *sikkhā* (q.v.). Los pasos del entrenamiento: *sikkhā-pada.*

entusiasmo: *pīti* (q.v.). [Gozo, éxtasis.]

envidia: *issā* (q.v.).

eón: *kappa* (q.v.).

equilibrio de las facultades mentales: *indriya-samatta* (q.v.).

escapar, escape: *nissaraṇa;* ver: *pahana.*

escrúpulos o preocupaciones: *kukkucca* (q.v.).

esfera de la conciencia ilimitada (y el **espacio ilimitado**): ver: *jhāna* 5, 6.

esfera de materialidad sutil: ver: *avacara, loka, jhāna.*

esfera inmaterial: *arūpāvacara*: ver: *avacara, jhāna* (5–8); Cuadro I. mundo inmaterial: *arūpa-loka*; ver: *loka.*

esfera o mundo de materia fina [esfera de materialidad sutil]: ver: *avacara, loka, jhāna.*

esfera sensorial (-mundo): ver: *avacara, loka.*

esferas (de existencia): *avacara* (q.v.). Las cuatro esferas inmateriales (*āyatana*): ver: *jhāna* (5-8).

esfuerzo, los cuatro esfuerzos correctos: *samma-ppadhāna*; ver: *padhāna*. Esfuerzo correcto, ver: *sacca* (IV 6), *magga* (6). Cinco elementos de esfuerzo: *padhāniyaṅga* (q.v.).

esfuerzo: ver: *padhāna*, *viriya*, *magga* (6). Alcanzar Nibbāna con o sin esfuerzo; ver: *anāgāmī*.

espacio: ver: *ākāsa*.

espíritus hambrientos [o espíritus que partieron]: *peta* (q.v.).

estancamiento (de la moralidad, etcétera): ver: *hāna-bhāgiya-sīla*; estancamiento de la existencia: *vivaṭṭa* (q.v.).

estímulos sensoriales, corporeidad respondiendo a: ver: *āyatana*.

estúpida, de naturaleza: ver: *carita*.

eternidad: ver: *kappa*.

evasión y ejecución: ver: *cāritta*, etcétera. El esfuerzo por evitar, ver: *padhāna*.

existencia de cinco grupos: *pañca-vokāra-bhava* (q.v.).

existencia de cuatro grupos: *catu-vokāra-bhava* (q.v.).

existencia de un grupo: *eka-vokāra-bhava* (q.v.).

existencia: *bhava* (q.v.). Los cinco agregados de existencia: *khandha* (q.v.). Los cuatro sustratos de la existencia: *upādi* (q.v.). Cursos de existencia: *gati* (q.v.). Rueda de la existencia: *saṃsāra* (q.v.). Anhelo de existencia: *bhava-taṇhā*; ver: *taṇhā*. Las tres características de la existencia: *ti-lakkhaṇa* (q.v.).

expresión (corporal y verbal): ver: *viññatti*.

extinción: ver: *nirodha*; extinción del deseo: *taṇhakkhaya* (q.v.).

extremos: los dos extremos y el camino medio; ver: *majjhima paṭipadā*.

F

factores mentales: ver: *cetasika*. Factores de absorción, ver: *jhāna*. Factores de iluminación, ver: *bojjhaṅga*.

factores mentales inseparables: los siete factores mentales inseparables en toda conciencia: ver: *phassa, cetanā, vedanā, saññā, ekaggatā, jīvitindriya, manasikāra*. [Los siete factores mentales universales.]

facultades: *indriya* (q.v.); ver también: *paccaya* 16.

facultades espirituales: ver: *indriya* (15-19), *indriya-samatta, bala*.

falta de vivienda (vida sin hogar), entrando en la: *pabbajjā* (q.v.). Ver: el progreso del discípulo.

familia noble, pasando de familia noble a familia noble: *kolaṅkola*; ver: *sotāpanna*. **Personas nobles**: *ariya-puggala* (q.v.).

fantasmas: ver: *peta, yakkha*; ver: *loka*.

fatalismo: ver: *diṭṭhi*.

favor, cuatro formas de mostrar: ver: *saṅgaha-vatthu*.

fe: *saddhā* (q.v.). [La primera de las cinco facultades espirituales.]

felicidad, sensación de: ver: *sukha*. La idea de felicidad (en el mundo); ver: *vipallāsa*.

femineidad: ver: *bhāva, indriya*.

fiel, de naturaleza: *saddhā-carita*; ver: *carita*.

fijeza o invariabilidad: ver: *niyama, tathatā, dhammaṭṭhiti-ñāṇa*.

fines: 'lograr dos fines simultáneamente', *sama-sīsī* (q.v.).

formación: *saṅkhāra* (q.v.).

formación mental: *saṅkhāra* (q.v.); ver: tabla II.

formaciones kármicas: *saṅkhāra*, es decir, voliciones saludables o malsanas (*cetanā*) manifestadas como acciones del cuerpo, el lenguaje o la mente; forman el segundo eslabón de la fórmula del origen dependiente (*paṭicca-samuppāda*, q.v.).

formaciones kármicas imperturbables: *āneñjābhisaṅkhāra*; ver: *saṅkhāra*.

fórmula de refugio, la triple: *ti-saraṇa* (q.v.).

fruición (resultado de la vía supramundana): *phala*; ver: *ariya-puggala* (A).

frutos de la vida del monje: *sāmañña-phala* (q.v.).

función decisiva (de la conciencia): ver: *viññāṇa-kicca*.

función investigadora (de la conciencia): *santīraṇa*; ver: *viññāṇa-kicca*.

función mental: *citta-saṅkhāra*; ver: *saṅkhāra* (2).

funciones de la conciencia: *viññāṇa-kicca* (q.v.).

funciones verbales de la mente: *vacī-saṅkhāra*; ver: *saṅkhāra*.

fundamento: *nissaya*, una de las veinticuatro condiciones (*paccaya*, q.v.).

fundamento de la concordia: *saṅgaha-vatthu* (q.v.).

fundamento de la mentalidad de un arahant: ver: *adhiṭṭhāna*.

fundamento incorrecto de la moralidad: ver: *nissaya*.

fundamentos de la atención plena, los cuatro: *satipaṭṭhāna* (q.v.).

G

gantha: nudos. "Hay cuatro nudos: (1) el nudo corporal de la codicia (*abhijjhā kāyagantha*), (2) el nudo corporal de la malevolencia (*vyāpāda kāyagantha*), (3) el nudo corporal de la adherencia a ritos y ceremonias (*sīlabbata-parāmāsa kāyagantha*), (4) el nudo corporal de la creencia dogmática en que "esto solamente es verdad" (*idaṃ-saccābhinivesa kāyagantha*)" (DN 33). "Estas cosas son nudos, dado que anudan este cuerpo mental y material" (Vism XXII, 54).

garuka-kamma: karma pesado; ver: *kamma*.

gati: (lit. 'ir'), curso de la existencia, destino, destinación. "Hay cinco cursos de existencia:

(1) infierno, (2) reino animal, (3) reino de los espíritus, (4) mundo humano y (5) mundo celestial" (DN 33; AN 11:68). De éstos, los tres primeros cuentan como cursos desafortunados (*duggati*); ver: *apāya*); los últimos dos, como cursos felices (*sugati*).

gemas, las tres: *ti-ratana* (q.v.).

generación, las cuatro modalidades de: *yoni* (q.v.).

germinando sólo una vez más: *eka-bījī*, es el nombre de uno de los tres tipos de *sotāpanna* (q.v.).

gnosis: ver: *indriya* (21).

gozo altruista: *muditā*, es una de las cuatro moradas sublimes [o divinas] (*brahma-vihāra*, q.v.).

gotrabhū: lit. 'el que ha entrado al linaje (de los Nobles)', es decir, 'El que ha Madurado'.

(1) 'Conciencia de cambio de linaje' (*gotrabhū-citta*), es el último de cuatro momentos impulsivos (*javana* q.v.; ver: *viññāṇa-kicca*) inmediatamente precedentes a la entrada en una absorción (*jhāna* q.v.) o en una de las vías supramundanas (ver: *ariya-puggala*). Ver: *visuddhi* VII.

(2) El 'maduro': "Aquel que está dotado con esas cosas de las cuales sigue inmediatamente la entrada en el noble sendero (*ariya-magga*); esta persona se denomina un 'Maduro'". (Pug 10). En el Comentario de este pasaje se dice: "Aquel que a través de percibir el Nibbāna deja atrás la multitud de seres ordinarios (*puthujjana*), la familia de seres ordinarios,

G

el círculo de seres ordinarios, la designación de un ser ordinario, y entra en la multitud de los nobles, la familia de los nobles, el círculo de los nobles, y obtiene la designación de un noble; tal ser es llamado un maduro". Por este estado de conciencia se significa la etapa transitoria como de un relámpago, entre el estado de un ser ordinario y el de un *sotāpanna*; ver: *ariya-puggala*. *Gotrabhū* es mencionado en este sentido, es decir, como noveno *ariyapuggala*, en AN 9:10; 10:16.

> Nota de la fuente: Como *citta* solamente es encontrado en los Comentarios; ver: *javana*. Como un *dhamma* que surge mediante la práctica de *samatha* (i.e. los ocho logros de concentración; ver: *samāpatti*) y *vipassanā* (los *maggas* y *phalas*, y los logros del permanecer en la unificación y la vacuidad; ver: *vimokkha*), encontrado en el Paṭisambhidāmagga (cap. 10). Como condición (*paccaya*, entre las condiciones de *anuloma* y *vodāna*) para los logros de *magga* y *phala*, encontrados en el Paṭṭhāna.

gotrabhū-ñāṇa: conocimiento de cambio de linaje; conocimiento de maduración; ver: *gotrabhū visuddhi* (VII)

gozo [éxtasis, interés placentero]: *pīti* (q.v.); ver, además: *bojjhaṅga*.

gran hombre, los ocho pensamientos de un: *mahāpurisavitakka* (q.v.).

grilletes o encadenamientos: las diez ataduras que atan a la existencia; ver: *saṃyojana*.

H

hábil: *kusala* (q.v.) [sano].

habilidad de adquirir conocimiento introspectivo: ver: *ugghaṭitaññū, vipacitaññū, neyya.*

habitar en el bosque, la práctica ascética de: ver: *dhutaṅga.*

hadaya-vatthu: corazón como base física de la vida mental. El corazón, de acuerdo con los Comentarios, así como con la tradición budista en general, forma la base física (*vatthu*) de la conciencia. En los textos canónicos, sin embargo, aun en el Abhidhamma Piṭaka, tal base no es nunca localizada, un hecho que parece haber sido primero descubierto por Shwe Zan Aung (*Compendium of Philosophy*, pp. 277 ff). En el Pṭn. encontramos repetidamente sólo el pasaje: "Esa propiedad material de la cual el elemento mental y el elemento de la conciencia mental dependen" (*yaṃ rūpaṃ nissāya mano-dhātu ca mano-viññāṇa-dhātu ca vattanti, taṃ rūpaṃ...*).

hāna-bhāgiya-sīla, hāna-bhāgiya-samādhi, hāna-bhāgiya-paññā: moralidad, concentración o sabiduría conectadas con el cese. Las otras tres etapas son: *ṭhiti-bhāgiya-sīla*, etcétera: moralidad, etcétera, conectadas con la estabilidad; *visesa-bhāgiya-sīla*, etcétera: moralidad, etcétera, conectadas con el progreso; *nibbedha-bhāgiya-sīla*, etcétera: moralidad, etcétera, conectadas con la penetración. Ver: AN 4:179; 6:71, 10:71. "... 'el declive' (*hāna*) debe ser entendido con respecto al surgir de cualidades opuestas; 'estabilidad' (*ṭhiti*) con respecto a un estar detenido en la correspondiente atención; 'progreso' (*visesa*) con respecto a una mayor excelencia; 'penetración' (*nibbedha*) con respecto al surgir de percepción y reflexión conectadas con el alejarse (de la existencia)". (Vism III.) Cf. *vodāna* (2).

hasituppāda-citta: lit. 'conciencia que produce (el) sonreír' (sonrisa). Se encuentra en el *Abhidhammattha Saṅgaha* como un nombre para el elemento de la conciencia mental asociado con sensación placentera (*manoviññāṇa-dhātu*, tab. I. 72) que surge como conciencia funcional independiente de *kamma* (*kiriya-citta*) únicamente en el *arahant.*

hermoso: *sobhana* (q.v.) [en relación con los factores mentales sanos, *sobhana cetasika*].

hetu: causa, condición, razón; (Abhidhamma) condición raíz. En los *suttas* se usa casi como sinónimo de *paccaya*, 'condición', y aparece frecuentemente junto con esta palabra ("¿Cuál es la causa?, ¿cuál es la condición?", *ko hetu ko paccayo*).

En el Abhidhamma se denotan las raíces (*mūla* q.v.) sanas y malsanas. En este sentido, como 'condición raíz' (*hetu-paccaya*; ver: *paccaya*), es la primera raíz de las veinticuatro condiciones dadas en la introducción del *Paṭṭhāna* (ver: Guía, cap. VII). El Dhs (§§ 1052-1082) y el Paṭṭhāna (Dukapatth; Guía Ch. VII) tienen secciones sobre raíces (*hetu*). El término también es usado (a) para la clasificación de la conciencia, como *sa-hetuka* y *a-hetuka*, con y sin condiciones de raíz concomitantes; (b) para la división de conciencias de renacimiento en *ahetuka*, *dvihetuka* y *tihetuka*, sin raíz, con dos raíces o con tres raíces (ver: *paṭisandhi*).

Para *ahetuka-diṭṭhi*, la falsa concepción de la no causalidad de la existencia; ver: *diṭṭhi*.

hiri-ottappa: vergüenza y temor moral. Estos dos estados mentales están asociados con todas las conciencias kármicamente sanas (ver: tab. II). "Estar avergonzado de lo que uno debe avergonzarse, estar avergonzado de hacer cosas malas y malsanas: a esto se le llama vergüenza moral. Tener temor de lo que uno debe temer, tener temor de hacer cosas malas y malsanas: a esto se le llama temor moral" (Pug. 79, 80). "Dos cosas lúcidas, monjes, protegen al mundo: vergüenza y temor moral. Si estas dos cosas no estuviesen para proteger al mundo, entonces no habría respeto a la propia madre, ni a la hermana de la madre, ni a la esposa del hermano, ni a la esposa del maestro" (AN 2:7). Ver: *ahirika*. Ver: AsTr. 164ff.

I

iddhi: 'poder', 'poder mágico'. Los poderes mágicos constituyen uno de los seis tipos de poderes espirituales superiores (*abhiññā*, q.v.). Se distinguen muchas clases de poderes mágicos [los cinco poderes mundanos son]: el poder de determinación (*adhiṭṭhān'iddhi*), es decir, el poder de volverse uno mismo múltiple; el poder de transformación (*vikubbana-iddhi*), es decir, el poder de adoptar otra forma; el poder de la creación espiritual (*manomaya-iddhi*), es decir, el poder de dejar salir de este cuerpo otro cuerpo producido mentalmente; el poder del conocimiento penetrante (*ñāṇa-vipphāra-iddhi*), es decir, el poder de la intuición inherente para permanecer ileso en el peligro; el poder de la concentración penetrante (*samādhi-vipphāra-iddhi*), que produce el mismo resultado. Los poderes mágicos se tratan en detalle en Vism XII; Paṭis, Vibh. No son una condición necesaria para la liberación final.

El 'poder noble' (*ariya-iddhi*) es el poder de controlar las propias ideas de tal manera que uno puede considerar algo que no es repulsivo como repulsivo y algo repulsivo como no repulsivo, y permanecer todo el tiempo imperturbable y lleno de ecuanimidad. Este entrenamiento de la mente se menciona con frecuencia en los *suttas* (p. ejem., MN 152, AN 5:144), pero sólo una vez se le aplica el nombre de *ariya-iddhi* (DN 28). Adicionalmente ver: Paṭis: Iddhikathā, Vism XII.

> Nota de la fuente: La mayoría, o quizá todos, de los diez términos enumerados en Vism XII como *adhiṭṭhāna*, etcétera, están ausentes en los textos de los *suttas* más antiguos. En Paṭis (II, 205-214), sin embargo, se enumeran en el debido orden y se explican minuciosamente. Los poderes mágicos indicados por estos términos, sin embargo, en su mayor parte ya se describen explícitamente en los textos de los *suttas* más antiguos. Ver: DN 34; MN 3; AN 3:99, etcétera.

iddhi-pāda: 'los caminos hacia el poder' (o el éxito) consisten en las siguientes cuatro cualidades:

"Porque, como guías, indican el camino al poder conectado con ellos; y porque forman, a modo de preparación, los caminos hacia el poder constituyendo el fruto del camino" (Vism XII), a saber: "concentración de la intención (*chanda-samādhi*), acompañada del esfuerzo de la voluntad (*padhāna-saṅkhārasamannā gata*); concentración de energía (*viriya-samādhi*); ...concentración de la conciencia (*citta-samādhi*); y ...concentración de la investigación (*vīmaṃsa-samādhi*), acompañada por el esfuerzo de la voluntad".

Como tales, son supramundanos (*lokuttara*, es decir, conectados con el camino o el fruto del camino; ver: *ariya-puggala*). Pero son mundanos (*lokiya*, q.v.) como factores predominantes (*adhipati*; ver: *paccaya* 3), pues se dice: "Debido a que el monje, al hacer de la intención un factor predominante, alcanza la concentración, se llama la concentración de la intención (*chandasamādhi*), etcétera". (Vism XII). "Estos cuatro caminos de poder conducen a la obtención y adquisición de poder mágico, al poder de transformación mágica, a la generación de poder mágico y al dominio y habilidad en el mismo" (Paṭis II, 205, PTS). Para una explicación detallada, ver: Vism XII.

"Una vez que el monje ha desarrollado y practicado a menudo los cuatro caminos hacia el poder, disfruta de varios poderes mágicos... oye con el oído divino sonidos celestiales y humanos... percibe con su mente la mente de otros seres... recuerda muchas existencias anteriores... percibe con el ojo divino los seres que mueren y reaparecen... alcanza, después de la extinción de las corrupciones, la liberación de la mente y la liberación a través de la sabiduría, libre de corrupciones..." (SN 51:2.) Para una explicación detallada de estos seis poderes superiores, ver: *abhiññā*.

"Aquel, oh monjes, que se ha perdido los cuatro caminos hacia el poder, se ha perdido del camino correcto que conduce a la extinción del sufrimiento; pero quien, oh monjes, haya llegado a los cuatro caminos hacia el poder, ha llegado al camino recto que lleva a la extinción del sufrimiento." (SN 51:2.)

Ver: el capítulo sobre *iddhipāda* en *The Requisites of Enlightenment*, Ledi Sayadaw (Wheel 171-174).

idea del ego, percepción del ego: ver: *vipallāsa*.

ignorancia: *avijjā* (q.v.); ver, además: *paṭicca-samuppāda* (1).

iluminación: *bodhi* (q.v.). Los siete factores de la iluminación: *bojjhaṅga* (q.v.). Un ser destinado a la iluminación: *bodhisatta* (q.v.).

iluminado independientemente: *pacceka-buddha* (q.v.).

iluminado, el: Buda; ver: *sammā-sambuddha*. [El perfectamente iluminado por sí mismo.]

imagen adquirida (durante la concentración): ver: *nimitta*, *samādhi*, *kasiṇa*.

imagen mental: ver: *kasiṇa*, *nimitta*, *samādhi*.

impedimentos [obstáculos], **los cinco**: *nīvaraṇa* (q.v.).

imperfecciones: ver: *upakkilesa*.

impersonalidad de la existencia: ver: *anattā*. Contemplación de: ver: *vipassanā* (3).

impresión, sensorial o mental: *phassa* (q.v.). [Contacto.]

impulsión: *javana* (q.v.).

impureza del cuerpo, contemplación de: ver: *asubha*, *sīvathikā*.

impurezas: ver: *kilesa*, *upakkilesa*. Diez impurezas de la introspección: *vipassanūpakkilesa*; ver: *visuddhi* VI. Ronda de impurezas; ver: *vaṭṭa* (1).

inclinaciones: ver: *anusaya*. [Tendencias latentes.]

incondicionado, lo: *asaṅkhata* (q.v.). Contemplación de lo incondicionado (= *animitta*); ver: *vipassanā*.

individuo: *puggala* (q.v.).

indriya: 'facultades', es un término para veintidós fenómenos en parte físicos, en parte mentales, a menudo tratados en los *suttas*, así como en el Abhidhamma. Éstos son:

(1) ojo: *cakkhu* (2) oído: *sota* (3) nariz: *ghāna* (4) lengua: *jivhā* (5) cuerpo: *kāya* (6) mente: *mano*	Seis Bases (*āyatana*, q.v.)
(7) femineidad: *itthi* (8) masculinidad: *purisa* (9) vitalidad: *jīvita*	Sexo (*bhāva*, q.v.)
(10) sensación corporal agradable: *sukha* (11) dolor corporal: *dukkha* (12) alegría: *somanassa* (13) tristeza: *domanassa* (14) indiferencia: *upekkhā*	Cinco Sensaciones (*vedanā*, q. v.)
(15) fe o convicción: *saddhā* (16) energía: *viriya* (17) atención plena: *sati* (18) concentración: *samādhi* (19) sabiduría: *paññā*	Cinco Facultades Espirituales (ver: *bala*)

(20) la seguridad de que: '¡Sabré lo que todavía no sé!': *aññātaññassāmīt'indriya* (21) la facultad del más alto conocimiento: *aññindriya.* (22) la facultad del que sabe: *aññātāvindriya.*	Tres Facultades Supra mundanas

(1-5, 7-8) son físicas; (9) es física o mental. Todas las demás son mentales (14) (ver: *upekkhā*); es aquí meramente una sensación indiferente (= *adukkham-asukhā vedanā*, es decir, 'ni sensación agradable ni desagradable') y no idéntico a ese estado altamente ético de ecuanimidad (= *tatra-majjhattatā*, es decir, 'manteniendo en todas partes el medio', el equilibrio de la mente), también llamado *upekkhā*, que pertenece al grupo de formaciones mentales (*saṅkhāra-kkhandha*; ver: tabla II).

(20) surge en el momento de entrar en la vía *sotāpatti* (*sotāpatti-magga*), (21) al alcanzar la fruición *sotāpatti* (*sotāpatti-phala*), (22) al alcanzar la fruición *arahant* (*arahatta-phala*). Para los tres últimos ver: *ariya-puggala*.

Las facultades, excepto (7) y (8), forman una de las veinticuatro condiciones (*paccaya* 16, q.v.).

En Vibh V todas estas facultades se tratan en el orden anterior, mientras que SN 48 las enumera y explica por medio de los grupos indicados anteriormente, dejando sólo 20-22 sin explicar. Ver: Vism XVI; PD § 138 ff. Para las cinco facultades espirituales (15-19) ver: *The Way of Wisdom* (Wheel 65-66).

indriya-paccaya: ver: *paccaya* 16.

indriya-samatta: 'equilibrio, balance o armonía de facultades', se relaciona con las cinco facultades espirituales: fe [convicción razonada], energía, atención plena, concentración y sabiduría (ver: *indriya* 15-19). De éstas hay dos pares de facultades en cada una de las cuales ambas facultades deben equilibrarse entre sí, a saber: fe y sabiduría (*saddhā, paññā*, q.v.), por un lado, y energía y concentración (*viriya, samādhi*, q.v.), por el otro. Porque la fe excesiva con la sabiduría deficiente conduce a la creencia ciega, mientras que la sabiduría excesiva con la fe deficiente conduce a la astucia. De la misma manera, una gran energía con poca concentración conduce a la inquietud, mientras que una fuerte concentración con poca energía conduce a la indolencia. Aunque para ambas facultades en cada uno de los dos pares es deseable un grado equilibrado de intensidad, se debe permitir que la atención plena se desarrolle hasta el más alto grado de fuerza. Ver: Vism III.

Nota de la fuente: Este término se encuentra por primera vez en los Comentarios, especialmente en Vism IV. Los rudimentos de esta doctrina, sin embargo, ya se encuentran en los antiguos textos de los *suttas*, p. ejem., AN 3:100, AN 6:55, MN 85.

indriya-saṃvara-sīla: 'moralidad que consiste en la pureza de la restricción de los sentidos'; ver: *sīla*.

indriyesu gutta-dvāratā: 'proteger las puertas de los sentidos', es idéntico a control de los sentidos (*indriya-saṃvara*; ver: *sīla*).

inducción, condición de: una descripción alternativa de la condición de apoyo decisivo, *upanissaya paccaya*, es una de las veinticuatro condiciones (*paccaya*, q.v.).

infatuación: ver: *mada*, *moha* (ver: *mūla*), *avijjā*.

infatuación con la salud: ver: *mada*.

inferencia de significado: una 'expresión cuyo significado debe ser inferido', *neyyattha-dhamma* (q.v.). Antónimo: 'expresión con un significado establecido', *nītattha-dhamma* (ver: *neyyattha-dhamma*).

infierno: *niraya* (q.v.).

influjos (chancros, corrupciones, efluentes), **los cuatro**: *āsava* (q.v.).

inhalación y exhalación, atención a: *ānāpāna-sati* (q.v.).

inmediatez, condición de: una interpretación alternativa de la condición de contigüidad, *samanantara-paccaya*, que es una de las veinticuatro condiciones (*paccaya*, q.v.).

inmediato, lo: *ānantáriya* (q.v.).

inmortalidad: *amata* (q.v.) [*amata-dhamma*, el *dhamma* inmortal (un epíteto de Nibbāna)].

inocuidad: ver: *avihiṃsā*.

inquebrantable, lo: *akuppa-dhamma* (q.v.).

inquietud: *uddhacca* (q.v.) [agitación].

insinuación: ver: *viññatti*.

instrucción gradual: *ānupubbī-kathā* (q.v.).

inteligencia rápida: ver: *paṭisambhidā*.

intención: *chanda* (q.v.).

interés: *pīti* (q.v.); ver: tabla II [interés placentero, gozo].

intoxicantes: ver: *āsava* [corrupciones].

intuición ascendente: ver: *vuṭṭhāna-gāminī-vipassanā.*

inundaciones, las cuatro: *ogha* (q.v.); idéntico a los cuatro chancros [o corrupciones, manchas, efluentes, etcétera] (*āsava*, q.v.).

investigación, comprensión total a través de: *tīraṇapariññā*; ver: *pariññā*. 'Investigación' (*vīmaṃsā*) es uno de los cuatro caminos hacia el poder (*iddhipāda*, q.v.) y uno de los cuatro predominantes (*adhipati*; ver: *paccaya* 3).

investigación de la verdad: *dhamma-vicaya*, es uno de los siete factores de la iluminación (*bojjhaṅga*, q.v.).

ira: ver: *mūla* (q.v.).

iriyā-patha: (literalmente, 'formas de movimiento'): 'posturas corporales', es decir, andar, pararse, sentarse, acostarse. En el Satipaṭṭhāna Sutta (ver: *satipaṭṭhāna*) forman el tema de una contemplación y un ejercicio de atención plena.

"Mientras camina, está de pie, sentado o acostado, el monje sabe 'voy', 'estoy de pie', 'me siento', 'me acuesto'; él entiende cualquier posición del cuerpo." "El discípulo entiende que no hay ningún ser vivo, ningún ego real, que vaya, se pare, etcétera, sino que es por una mera figura del lenguaje que uno dice: 'Voy', 'Me paro', etcétera." (Com.)

issā: 'envidia', es un factor mental kármicamente malsano (*akusala*), que ocasionalmente se asocia con una conciencia arraigada en la aversión (ver: tabla I, 30, 31). Explicado en Pug 55.

itthindriya: 'femineidad'; ver: *bhāva.*

J

janaka-kamma: 'karma regenerativo'; ver: *karma*.

jarā: 'vejez, decadencia', es uno de los tres mensajeros divinos (ver: *deva-dūta*, q.v.). Para su condicionamiento por nacimiento, ver: *paṭicca-samuppāda* (11).

jāti: 'nacimiento', comprende todo el proceso embrionario que comienza con la concepción y termina con el parto.

"El nacimiento de los seres pertenecientes a este o aquel orden de seres, su nacimiento, su concepción (*okkanti*) y su aparición, la manifestación de los grupos (corporeidad, sensación, percepción, formaciones mentales, conciencia; ver: *khandha*), la adquisición de sus órganos sensitivos: esto se llama nacimiento." (DN 22.) Para su condicionamiento por el proceso de karma prenatal (*kamma-bhava*; ver: *bhava*), ver: *paṭicca-samuppāda* (9, 10), *paṭisandhi*.

javana (de *javati*, impulsar): 'impulsión', es la fase de cognición plena en la serie cognitiva o proceso perceptivo (*citta-vīthi*; ver: *viññāṇa-kicca*) que ocurre en su clímax si el objeto respectivo es intenso o distintivo. Es en esta fase que se produce el karma, es decir, la volición sana o malsana de la percepción que fue objeto de las etapas anteriores del respectivo proceso de conciencia. Normalmente hay siete momentos impulsivos. En la conciencia mundana (*lokiya*, q.v.) cualquiera de las diecisiete clases de conciencia kármicamente sanas (tabla I, 1-17) o de las doce malsanas (tabla I, 22-23) puede surgir en la fase de impulsión. Para el *arahant*, sin embargo, el impulso ya no tiene un carácter kármico, es decir, que no produce renacimiento, sino que es solo una función kármicamente independiente [o meramente funcional] (*kiriya*, q.v.; tabla I, 72-89). Hay otras ocho clases supramundanas de impulsión (tabla I, 18-21, 66-69).

Los cuatro momentos impulsivos inmediatamente antes de entrar en una absorción (*jhāna*, q.v.) o uno de los caminos supramundanos (*magga*; ver: *ariya-puggala*) son: el momento preparatorio (*parikamma*), de acercamiento (*upacāra*), de adaptación (*anuloma*) y de madurez (*gotrabhū*, q.v.). En relación con el entrar en la absorción de la *kasiṇa* de la tierra (ver: *kasiṇa*), se explica de la siguiente manera en Vism IV: "Después de la interrupción de la corriente subconsciente del ser (*bhavaṅga-sota*, q.v.), surge la 'advertencia en la puerta mental' (*manodvārāvajjana*, ver: *viññāṇa-kicca*), tomando como objeto la *kasiṇa* de la tierra (mientras piensa: '¡Tierra! ¡Tierra!'). Entonces, cuatro o cinco momentos impulsivos relampaguean, entre los cuales el último

J

(momento de madurez) pertenece a la esfera de la materia fina (*rūpāvacara*), mientras que el resto pertenece a la esfera de los sentidos (*kāmāvacara*; ver: *avacara*), aunque el último es más poderoso en la concepción del pensamiento, el pensamiento discursivo, el interés (gozo), la felicidad y la concentración (ver: *jhāna*) que los estados de conciencia pertenecientes a la esfera de los sentidos". Se les llama 'preparatorios' (*parikamma-samādhi*), ya que se están preparando para el logro de la concentración (*appanā-samādhi*); 'acercándose' (*upacāra-samādhi*), ya que están cerca del logro de la concentración y se mueven en su vecindad; 'adaptativa' (*anuloma*), a medida que se adaptan a los estados preparatorios precedentes y a la concentración de logro subsiguiente. El último de los cuatro se llama 'maduro' (*gotrabhū*). De manera similar, los momentos impulsivos antes de llegar al oído divino se describen en Vism XIII, 1. Ver: *karma*.

> Nota de la fuente: La única referencia en el Sutta Piṭaka es Paṭis II, 73: *kusalakammassa javana-khaṇe*, "en el momento de impulsión de un karma saludable". En el Abhidhamma Piṭaka no se menciona la palabra. La enseñanza del destello de cuatro *javanas* inmediatamente antes de entrar en *jhāna* o *lokuttara-magga*, es decir, *parikamma*, *upacāra*, *anuloma*, *gotrabhū* es, como tal, sin duda, un desarrollo posterior en los textos exegéticos.

jhāna: 'absorción' (meditación) se refiere principalmente a las cuatro absorciones meditativas de la esfera de la materia fina (*rūpajjhāna* o *rūpāvacara-jhāna*; ver: *avacara*). Se logran mediante el logro de la concentración (o logro, o absorción) total (*appanā*, ver: *samādhi*), durante la cual hay una suspensión completa, aunque temporal, de la actividad de los cinco sentidos y de los cinco impedimentos (ver: *nīvaraṇa*). El estado de conciencia, sin embargo, es de plena alerta y lucidez. Este alto grado de concentración generalmente se desarrolla mediante la práctica de uno de los cuarenta temas de la meditación de tranquilidad (*samatha-kammaṭṭhāna*; ver: *bhāvanā*). A menudo también las cuatro esferas inmateriales (*arūpāyatana*) se llaman absorciones de la esfera inmaterial (*arūpajjhāna* o *arūpāvacara-jhāna*). El texto que se encuentra a menudo en los *suttas* es el siguiente:

(1) "Desapegado de los objetos sensoriales, oh monjes, desapegado de los estados malsanos, apegado a la concepción del pensamiento [pensamiento aplicado] (*vitakka*) y al pensamiento discursivo (*vicāra*), nacidos del desapego (*vivekaja*) y llenos de gozo (*pīti*) y felicidad (*sukha*), entra en la primera absorción.

(2) "Después de apaciguarse la concepción del pensamiento y el pensamiento discursivo, y al obtener la tranquilidad interior y la unidad de la mente, entra en un estado libre de la concepción del pensamiento y el pensamiento discursivo,

J

la segunda absorción, que nace de la concentración (*samādhi*), y está llena de gozo (*pīti*) y felicidad (*sukha*).

(3) "Después de desvanecerse del gozo, mora en ecuanimidad, atento y claramente consciente; y experimenta en su persona esa sensación de la que dicen los Nobles: 'Mora feliz aquel con ecuanimidad y mente atenta'; así entra en la tercera absorción.

(4) "Después de haber renunciado al placer y al dolor, y a través de la desaparición de la felicidad y el dolor anteriores, entra en un estado más allá del placer y el dolor en la cuarta absorción, que es atención plena purificada por la ecuanimidad (*upekkhā*).

(5) "A través de la superación total de las percepciones de la materia, sin embargo, y a través de la desaparición de las reacciones de los sentidos y la no atención a las percepciones de la variedad, con la idea 'ilimitado es el espacio', él alcanza la esfera del espacio ilimitado (*ākāsānañcāyatana*) y mora en ella.

"Por 'percepciones de la materia' (*rūpa-saññā*) se entienden las absorciones de la esfera de la materia fina, así como esos objetos mismos..." (Vism X, 1).

"Por 'percepciones de las reacciones de los sentidos' (*paṭigha-saññā*) se entienden aquellas percepciones que han surgido debido al impacto de los órganos de los sentidos (ojo, etcétera) y los objetos de los sentidos (objetos visibles, etcétera). Son un nombre para la percepción de objetos visibles, como se dice (*jhāna vibhaṅga*): '¿Qué son aquí las percepciones de las reacciones de los sentidos? Son las percepciones de objetos visibles, sonidos, etcétera'. Seguramente ya no existen incluso para quien ha entrado en la primera absorción, etcétera, porque en ese momento la conciencia de los cinco sentidos ya no está funcionando. Sin embargo, esto debe entenderse como dicho en elogio de esta absorción inmaterial, para incitar a la lucha por ella" (Vism X, 16).

Las percepciones de variedad (*nānatta-saññā*) son las percepciones que surgen en varios campos o las diversas percepciones" (*ibid.*). Aquí, según Vism X, 20, se entienden las percepciones multiformes fuera de las absorciones.

(6) "A través de la superación total de la esfera del espacio ilimitado, y con la idea 'ilimitada es la conciencia', alcanza la esfera de la conciencia ilimitada (*viññāṇañcāyatana*) y permanece en ella.

(7) "A través de la superación total de la esfera de la conciencia ilimitada, y con la idea de que 'no hay nada', alcanza la esfera de la nada (*ākiñcaññāyatana*) y permanece en ella.

(8) "A través de la superación total de la esfera de la nada, alcanza la esfera de ni-percepción-ni-no-percepción (*nevasaññā-n'āsaññāyatana*) y permanece en ella.

"Así, la primera absorción está libre de cinco cosas (es decir, los obstáculos, *nīvaraṇa,* q.v.), y cinco cosas están presentes (es decir, los factores de absorción; *jhānaṅga*). Siempre que el monje entra en la primera absorción se han desvanecido los deseos sensoriales, la mala voluntad, la pereza y el letargo, la inquietud y los escrúpulos, y las dudas; y están presentes: pensamiento conceptual [aplicación inicial de la mente] (*vitakka*), pensamiento discursivo [aplicación sostenida de la mente] (*vicāra*), gozo (*pīti*), felicidad (*sukha*) y concentración (*samādhi*) [unificación (mental) (citt'ekaggatā), el término de uso común, ver: MN.111 (NT)]. En la segunda absorción están presentes: gozo, felicidad y concentración [unificación (NT)]; en el tercero: felicidad y concentración [unificación (NT)]; en el cuarto: ecuanimidad (upekkhā) y concentración [unificación (NT)]." (Vism IV.)

Las cuatro absorciones de la esfera inmaterial (ver antes: 5-8) todavía pertenecen, propiamente hablando, a la cuarta absorción, ya que poseen los mismos dos constituyentes. La cuarta absorción de la materia fina es también la base o punto de partida (*pādaka-jhāna,* q.v.) para alcanzar los poderes espirituales superiores (*abhiññā,* q.v.).

En el Abhidhamma generalmente se usa una división quíntuple, en lugar de cuádruple, de las absorciones de materia fina: la segunda absorción todavía tiene como constituyente el 'pensamiento discursivo' (pero sin pensamiento conceptual), mientras que el tercero, cuarto y quinto corresponden al segundo, tercero y cuarto, respectivamente, de la división cuádruple (ver: tabla I, 9-13). Esta división quíntuple se basa en textos de los *suttas,* tales como AN 8:63.

Para las ocho absorciones como objetos para el desarrollo de la percepción (*vipassanā*), ver: *samatha-vipassanā*; los detalles completos se encuentran en Vism IV-X.

Jhāna, en su sentido más amplio (por ejemplo, como una de las veinticuatro condiciones; ver: *paccaya* 17), denota cualquier absorción mental, incluso momentánea o débil, cuando se dirige a un solo objeto.

jhānaṅga: 'componentes (o factores) de absorción'; ver: *jhāna.*

jhāna-paccaya: una de las veinticuatro condiciones (*paccaya,* q.v.).

jīva: 'vida', 'principio vital', 'alma individual'. 'El alma (vida) y el cuerpo son idénticos' y 'el alma y el cuerpo son diferentes'; estas dos nociones erróneas frecuentemente citadas caen bajo los dos tipos de creencia en la personalidad (*sakkāya-diṭṭhi*; ver: *diṭṭhi*), es decir, el primero con la creencia en la aniquilación (*uccheda-diṭṭhi*) y el segundo con la creencia en la eternidad (*sassata-diṭṭhi*).

"En verdad, si uno sostiene la opinión de que el alma (la vida) es idéntica al cuerpo, en ese caso no es posible una vida santa; o si uno sostiene la opinión de que el alma (la vida) es algo muy diferente, también en ese caso una vida santa es imposible. Ambos extremos el Perfecto ha evitado y mostrado la Doctrina Media, que dice: 'De la ignorancia dependen las formaciones kármicas, de las formaciones kármicas depende la conciencia', etcétera." (SN 11:35.)

jīvita y **jīvitindriya**: 'vida, vitalidad', puede ser física (*rūpa-jīvitindriya*) o mental (*nāma-jīvitindriya*). Este último es uno de los factores mentales universales inseparablemente asociados con toda conciencia; ver: *nāma*, *cetanā*, *phassa*.

jīvita-navaka-kalāpa: noveno grupo vital; ver: *rūpakalāpa*.

joyas, las tres: *ti-ratana* (q.v.).

K

K

kabaliṇkārāhāra: lit. 'comida en forma de bolas', es decir, comida en forma de bocados para comer (según la costumbre india); denota 'alimento material' y pertenece, junto con los tres nutrientes mentales, al grupo de los cuatro nutrientes (ver: *āhāra*).

kalāpa: 'grupo', 'unidad': (1) 'unidad corporal' (ver: *rūpakalāpa*). (2) Tiene el significado de 'grupo de existencia' (*khandha*) en *kalāpasammasana* (ver: *sammasana*), es decir, 'comprensión por grupos', que es la aplicación de 'introspección metódica (o inductiva)' (*naya-vipassanā*) a la comprensión de los cinco agregados (*khandha*) como transitorios, dolorosos y no propios. Es un proceso de resumen metódico o generalización de la propia experiencia meditativa que se aplica a cada uno de los cinco agregados, vistos como pasado, presente, futuro, interno y externo, etcétera. En Vism XX, donde la 'comprensión por grupos' se trata en detalle, se dice que constituye 'el inicio del conocimiento introspectivo', ya que conduce al 'conocimiento del surgimiento y cese', siendo el primero de los ocho conocimientos introspectivos (ver: *visuddhi* VI). Es necesario para lograr la quinta purificación (ver: *visuddhi* V; Vism XX, 2, 6 ff.).

> Nota de la fuente: Este término doctrinal, así como la doctrina de las diferentes unidades o grupos corporales, como el *suddhaṭṭhakakalāpa*, *jīvitanavakakalāpa*, *cakkhudasakakalāpa*, etcétera (ver: Vism XVIII), pertenecen sólo a los desarrollos posteriores de los textos exegéticos, como el Visuddhimagga, etcétera.

kalpa (Skr): *kappa* (q.v.).

kalyāṇa-mitta: 'noble (o buen) amigo', es un monje mayor que es el mentor y amigo de su alumno, "deseando su bienestar y preocupado por su progreso", y guiando su meditación; en particular se llama así al maestro de meditación (*kammaṭṭhānacariya*). Para más detalles ver: Vism III, 28, 57 ff. El Buda dijo que "la amistad noble es toda la vida santa" (SN 3:18; 45:2), y él mismo es el buen amigo por excelencia: "Ānanda, es debido a que soy un buen amigo para ellos, que los seres vivos sujetos al nacimiento quedan libres del nacimiento" (SN 3:18).

kāma puede denotar: (1) sensualidad subjetiva, 'deseo de los sentidos'; (2) la sensualidad objetiva, los cinco objetos de los sentidos.

(1) La sensualidad subjetiva, o deseo de los sentidos, se dirige a los cinco objetos de los sentidos, y es sinónimo de *kāmacchanda*, 'deseo de los sentidos',

uno de los cinco obstáculos (*nīvaraṇa*, q.v.); *kāma-rāga*, 'lujuria sensual', uno de los diez encadenamientos (*saṃyojana*, q.v.); *kāma-taṇhā*, 'avidez sensorial', uno de los tres deseos (*taṇhā*, q.v.); *kāmavitakka*, 'pensamiento sensorial', uno de los tres pensamientos erróneos (*micchā-saṅkappa*; ver: *vitakka*). El deseo de los sentidos es también una de las corrupciones (*āsava*, q.v.) y apegos (*upādāna*, q.v.). (2) La sensualidad objetiva es, en los textos canónicos, mayormente llamada *kāma-guṇa*, 'cuerdas (hebras o ramas) sensoriales'.

"Hay cinco cuerdas sensoriales: los objetos visibles, cognoscibles por la conciencia ocular, que son deseables, apreciados, placenteros, encantadores, sensuales y seductores; los sonidos... olores... sabores... impresiones corporales cognoscibles por la conciencia del cuerpo, que son deseables..." (DN 33; MN 13, 26, 59, 66.)

Estos dos tipos de *kāma* se llaman 1. *kilesa-kāma*, es decir, *kāma* como contaminación mental; 2. *vatthu-kāma*, es decir, *kāma* como el objeto base de la sensualidad; primero en M. Nid. I, p. 1, y frecuentemente en los Comentarios.

El deseo de los sentidos finalmente se elimina en la etapa del no retorno (*anāgāmī*; ver: *ariya-puggala*, *saṃyojana*).

El peligro y la miseria del deseo de los sentidos se describen a menudo en los textos, por ejemplo, en símiles conmovedores como en MN 22, 54 y en la 'instrucción gradual' (*ānupubbīkathā*, q.v.). Véanse además MN 13, 45, 75; Sn v. 766 ff.; Dhp 186, 215.

Los textos a menudo ponen énfasis en el hecho de que lo que une al hombre al mundo de los sentidos no son los órganos de los sentidos ni los objetos de los sentidos sino el deseo lujurioso (*chandarāga*). Sobre esto ver: AN 6:63; SN 35:122, 191.

> Nota de la fuente: *Vatthu-kāma* y *kilesa-kāma* se encuentran por primera vez en M. Nid. 1. Corresponden a *pañca kāmaguṇā* (*cakkhu-viññeyyā rūpā*, etcétera) y *kāma-rāga* en los textos de los *suttas* más antiguos (por ejemplo, AN 6:68).

kāma-bhava: 'existencia sensorial'; ver: *bhava*.

kāma-guṇa: ver: *kāma*.

kāma-loka: 'mundo sensorial'; ver: *loka*.

kāma-rāga: 'lujuria sensorial', es uno de los diez encadenamientos (*saṃyojana*, q.v.).

kāma-sukh'allikānuyoga: 'ser adicto a los placeres sensoriales', es uno de los dos extremos que debe evitar el monje; ver: *majjhimā paṭipadā*.

K

kāma-taṇhā: 'anhelo sensorial'; ver: *taṇhā*.

kāmacchanda: 'deseo sensorial'; ver: *nīvaraṇa*, *chanda*.

kāmāsava: La corrupción del deseo sensorial; ver: *āsava*.

kāmāvacara: 'esfera sensorial'; ver: *avacara*.

kāmesu micchācāra: lit. 'conducta incorrecta o mala con respecto a las cosas sensuales'; "conducta sexual inapropiada"; se refiere al adulterio y a dicho comportamiento con menores u otras personas bajo tutela. Abstenerse de tales comportamientos ilegales es una de las cinco reglas morales (ver: *sikkhā-pada*) vinculantes para todos los budistas. Por cualquier otro acto sexual no se hace culpable de la transgresión anterior, que se considera un gran delito. El monje, sin embargo, debe observar una castidad perfecta.

En muchos *suttas* (por ejemplo, AN 10:176) encontramos la siguiente explicación: "Él evita la conducta sexual inapropiada, se abstiene de ella. No tiene relaciones con niñas que aún estén bajo la protección de padre o madre, hermano, hermana o parientes, ni con mujeres casadas, ni con mujeres ordenadas, ni, en último lugar, con niñas prometidas [para matrimonio]".

kamma: acción (saludable o nociva); ver: *karma*.

> Nota de la fuente: *Ahosi-*, *janaka-*, *garuka-*, *bahula-*, *upatthambhaka-*, *upaghātaka-*, *upapīḷaka-*, *maraṇāsanna-*, *upachedaka-kamma*. Ninguno de estos términos se encuentra en el canon de los *suttas* o el Abhidhamma. Han sido introducidos por los comentaristas (por ejemplo, en Abhidh-s y Vism) con el propósito de agrupar sistemáticamente los diversos aspectos y funciones del karma. El término *kaṭattā*, sin embargo, aparece repetidamente en el canon del Abhidhamma en expresiones tales como: *Yasmiṃ samaye... kusalassa kammassa kaṭattā... cakkhuviññāṇaṃ hoti...* (Dhs § 431); o: *Yaṃ atthi rūpaṃ kammassa kaṭattā...* (Dhs § 653); o *katattā ca rūpānaṃ* (Paṭṭh), etcétera.

kamma-bhava: ver: *bhava*, *paṭicca-samuppāda*.

kammaja-rūpa: 'corporeidad producida por el karma'; ver: *samuṭṭhāna*.

kammaññatā: 'adaptabilidad', es decir, de corporeidad (*rūpassa*; ver: *khandha*, resumen I), factores mentales (*kāya*) y de conciencia (*citta*); ver: tabla II.

> Nota de la fuente: No se encuentra con este significado en las partes más antiguas del Sutta Piṭaka; ver: *lahutā*.

kammanta, *sammā kammanta*: 'acción correcta'; ver: *magga*.

kamma-paccaya: 'karma como condición'; ver: *paccaya* (13).

kamma-patha: 'curso de acción', es un término para el grupo de diez tipos de acciones sanas o malsanas, a saber.

(1) Los diez cursos de acción malsanos (*akusala-kamma-patha*):

- tres acciones corporales: matar, robar, mala conducta sexual
- cuatro acciones verbales: mentir, calumniar, lenguaje grosero, lenguaje insulso
- tres acciones mentales: codicia, mala voluntad, nociones incorrectas

Los cursos de acción mentales malsanos comprenden sólo formas extremas de pensamiento contaminado: el deseo codicioso de apropiarse de la propiedad de otros, el odioso pensamiento de dañar a otros y las nociones perniciosas. Las formas más leves de contaminación mental también son dañinas, pero no constituyen 'cursos de acción'.

(2) Diez cursos de acción sanos (*kusalakamma-patha*):

- tres acciones corporales: no matar, no robar, abstenerse de mala conducta sexual.
- cuatro acciones verbales: evitar la mentira, la calumnia, el habla grosera, el lenguaje insulso; es decir, discurso verdadero, conciliador, amable y sabio.
- tres acciones mentales: no codicia, buena voluntad, nociones correctas.

Ambas listas aparecen repetidamente en AN 10:28, 176; MN 9; se explican en detalle en MN 114 y en Com. a MN 9 (*The Discourse on Right View*, Bhikkhu Ñāṇamoli, Wheel 377-379), AsTr, 126 ff.

kamma-samuṭṭhāna-rūpa: 'corporeidad producida a través del karma'; ver: *samuṭṭhāna*.

kammaṭṭhāna: lit. 'terreno de trabajo' (es decir, para la meditación), es el término en los Comentarios para 'temas de meditación'; ver: *bhāvanā*.

> Nota de la fuente: Este término, como designación de los ejercicios de meditación (*bhāvanā*), se encuentra sólo en los Comentarios. En los *suttas* la palabra solamente se usa en un sentido concreto para 'campo de actividad u ocupación', como agricultura, comercio, etcétera.

kamma-vaṭṭa: 'ciclo kármico'; ver: *vaṭṭa*.

kammāyūhana: ver: *āyūhana*.

kāmupādāna: 'apego sensorial', es uno de los cuatro tipos de apego (*upādāna*, q.v.).

K

kaṅkhā: 'duda'; ya sea una duda intelectual, crítica, o una duda ética y psicológicamente perjudicial. Esta última puede ser un escepticismo negativo persistente o una indecisión vacilante. Sólo la duda perjudicial (idéntica a *vicikicchā*, q.v.) debe ser rechazada como kármicamente dañina, ya que paraliza el pensamiento y obstaculiza el desarrollo interior del hombre. Por lo tanto, no se desalienta la duda crítica y razonada en asuntos dudosos.

Las dieciséis dudas enumeradas en los *suttas* (por ejemplo, MN 2) son las siguientes: "¿He sido en el pasado? ¿O no he sido en el pasado? ¿Qué he sido en el pasado? ¿Cómo he sido en el pasado? ¿De qué estado a qué estado cambié en el pasado? ¿Seré en el futuro? ¿O no seré en el futuro? ¿Qué seré en el futuro? ¿Cómo seré en el futuro? ¿De qué estado a qué estado cambiaré en el futuro? ¿Soy yo? ¿O no soy? ¿Qué soy yo? ¿Cómo soy? ¿De dónde ha venido este ser? ¿Adónde irá?".

kaṅkhā-vitaraṇa-visuddhi: 'purificación al vencer la duda', es la cuarta de las siete etapas de purificación (*visuddhi*, q.v.).

kappa (Skr *kalpa*): 'periodo mundial', un intervalo inconcebiblemente largo, un eón. Esto nuevamente se subdivide en cuatro secciones: disolución del mundo (*samvaṭṭakappa*), continuación del caos (*samvaṭṭa-ṭṭhāyī*), formación del mundo (*vivaṭṭa-kappa*), continuación del mundo formado (*vivaṭṭaṭṭhāyī*).

"Cuánto tiempo continuará la disolución del mundo, cuánto tiempo el caos, cuánto tiempo la formación, cuánto tiempo la continuación del mundo formado, de estas cosas, oh monjes, difícilmente se puede decir que serán tantos años, o tan muchos siglos, o tantos milenios, o tantos cientos de miles de años" (AN 4:156). Se da una descripción detallada de los cuatro periodos mundiales en ese conmovedor discurso sobre la transitoriedad que todo lo abarca en AN 7:62.

El hermoso símil en SN 15:5 puede mencionarse aquí: "Supongan, oh monjes, que hubiera una gran roca de una masa sólida, de una milla de largo, una milla de ancho, una milla de alto, sin hendiduras ni grietas. Y al final de cada cien años debe venir un hombre y frotarlo una vez con un paño de seda. Entonces esa enorme roca se desgastaría y desaparecería más rápido que un periodo mundial. Pero de tales periodos mundiales, oh monjes, muchos han fallecido, muchos cientos, muchos miles, muchos cientos de miles. ¿Y cómo es esto posible? Inconcebible, oh monjes, es este *saṃsāra* (q.v.); no se ha de descubrir ningún primer comienzo de seres que, obstruidos por la ignorancia y atrapados por el anhelo, se apresuran y aceleran a través de esta ronda de renacimientos". Compárese aquí con el cuento de hadas alemán de Grimm sobre el pastorcillo: "En la Pomerania lejana está la montaña de diamantes, de una hora de altura, una hora de ancho, una hora de profundidad. Allí cada cien años viene un pajarito y se afila el pico. Y cuando toda la montaña sea molida, entonces habrá pasado el primer segundo de la eternidad".

karma (Skr), pāli: *kamma*: 'acción', correctamente hablando denota las voliciones saludables y malsanas (*kusala-* y *akusala-cetanā*) y sus factores mentales concomitantes, que causan el renacimiento y configuran el destino de los seres. Estas voliciones kármicas (*kamma cetanā*) se manifiestan como acciones saludables o nocivas del cuerpo (*kāya-kamma*), el habla (*vacī-kamma*) y la mente (*mano-kamma*). Por lo tanto, el término budista 'karma' de ninguna manera significa el resultado de las acciones, y ciertamente no el destino del hombre, o quizá incluso de naciones enteras (el llamado karma al por mayor o en masa), conceptos erróneos que, a través de la influencia de la teosofía, se han difundido ampliamente en Occidente.

"Volición (*cetanā*), oh *bhikkhus*, es lo que yo llamo acción (*cetanāhaṃ bhikkhave kammaṃ vadāmi*), porque a través de la volición uno realiza la acción con el cuerpo, el habla o la mente... Hay karma (acción), oh *bhikkhus*, que madura en el infierno... karma que madura en el mundo animal... karma que madura en el mundo de los humanos... karma que madura en el mundo celestial... Sin embargo, el fruto del karma es triple: madura durante la vida (*diṭṭha-dhamma-vedanīyakamma*), madura en el próximo nacimiento (*upapajja-vedanīya-kamma*) o madurando en nacimientos posteriores (*aparāpariya-vedanīya kamma*) ..." (AN 6:63).

Las tres condiciones o raíces (*mūla*, q.v.) del karma (acciones) malsano son el deseo, la aversión y la ofuscación (*lobha*, *dosa*, *moha*); los del karma saludable son no deseo (*alobha*), ausencia de aversión (*adosa*, p. ejem., *mettā*, bondad amorosa), y ausencia de ofuscación (*amoha* = *paññā*, sabiduría).

"El deseo, oh *bhikkhus*, es una condición para el surgimiento del karma; la aversión es una condición para el surgimiento del karma; la ofuscación es una condición para el surgimiento del karma..." (AN 3:109.)

"Las acciones malsanas son de tres tipos, condicionadas por el deseo, por la aversión y por la ofuscación.

"Matar... robar... conducta sexual inapropiada... mentir... calumniar... hablar groseramente... el chachareo insulso, si se practica, continúa y cultiva con frecuencia, conduce al renacimiento en el infierno, o entre los animales, o entre los fantasmas". (AN 3:40.) "El que mata y es cruel va al infierno o, si renace como hombre, tendrá una vida breve. El que atormenta a otros será afligido por la enfermedad. El enojado se verá feo, el envidioso será sin influencia, el tacaño será pobre, el terco será de baja estirpe, el indolente será sin conocimiento. En el caso contrario, la persona renacerá en el cielo o renacerá como humano, será longeva, poseedora de belleza, influencia, ascendencia noble y conocimiento" (Ver: MN 135).

Para el curso de acción diez veces saludable y perjudicial anterior, ver: *kamma-patha*. Para los cinco crímenes atroces con resultado inmediato, ver: *ānantarika-kamma*.

"Dueños de su karma son los seres, herederos de su karma, su karma es su matriz de la que nacen, su karma es su amigo, su refugio. Sea cual sea el karma que realicen, bueno o malo, de él serán sus herederos" (MN 135).

Con respecto al momento en que tiene lugar el resultado del karma (*vipāka*), se distinguen, como se mencionó anteriormente, tres tipos de karma:

(1) maduración del karma durante la vida (*diṭṭha-dhamma-vedanīya-kamma*)

(2) karma madurando en el siguiente nacimiento (*upapajja-vedanīya-kamma*)

(3) maduración del karma en nacimientos posteriores (*aparāpariya-vedanīya-kamma*)

Los primeros dos tipos de karma pueden ser sin resultado de karma (*vipāka*) si faltan las circunstancias requeridas para que tenga lugar el resultado del karma o si, debido a la preponderancia del karma que lo contrarresta, y al ser demasiado débil, son incapaces de producir cualquier resultado. En este caso se les llama *ahosi-kamma*, lit. 'karma que ha sido'; en otras palabras, karma ineficaz.

El tercer tipo de karma, sin embargo, que da fruto en vidas posteriores, siempre que y donde sea que haya una oportunidad, será productivo como resultado de karma. Antes de que su resultado haya madurado, nunca se volverá ineficaz mientras el proceso de la vida se mantenga en marcha por el anhelo y la ignorancia.

Según los Comentarios, p. ejem., Vism XIX, el primero de los siete momentos impulsivos kármicos (*kamma javana*; ver: *javana*) se considera como 'karma que madura durante la vida', el séptimo momento como 'karma que madura en el próximo nacimiento', los cinco momentos restantes como 'karma que madura en nacimientos posteriores'.

Con respecto a sus funciones, se distinguen tipos de *kamma*:

(1) El karma regenerativo (o productivo) (*janaka-kamma*) produce los cinco agregados de la existencia (corporeidad, sensación, percepción, formaciones mentales y conciencia), tanto en el renacimiento como durante la continuidad de la vida.

(2) El karma de apoyo (o consolidación) (*upatthambhaka-kamma*) no produce resultados de karma, sino que sólo es capaz de mantener los resultados de karma ya producidos.

(3) El karma de oposición (supresor o frustrante) (*upapīḷaka-kamma*) contrarresta o suprime los resultados del karma.

(4) El karma destructivo (o suplantador) (*upaghātaka- o upachedakakamma*) destruye la influencia de un karma más débil y produce solamente su propio resultado.

Con respecto a la prioridad de su resultado, se distinguen:

(1) karma pesado (*garuka-kamma*)

(2) karma habitual (*āciṇṇaka-* o *bahula-kamma*)

(3) karma próximo a la muerte (*maraṇāsanna-kamma*)

(4) karma acumulado (*kaṭattā-kamma*) (1, 2). El karma de peso (*garuka*) y el habitual (*bahula*) bueno o malo maduran antes que el karma ligero y rara vez realizado.

(5) El karma próximo a la muerte (*maraṇāsanna*) –es decir, la volición sana o malsana presente inmediatamente antes de la muerte, que a menudo puede ser el reflejo de alguna acción buena o mala (*kamma*) realizada previamente, o de una señal de ella (*kamma-nimitta*), o de un signo de la existencia futura (*gati-nimitta*)– produce renacimiento. (4) En ausencia de cualquiera de estas tres acciones en el momento anterior a la muerte, el karma acumulado (*kaṭattā*) producirá el renacimiento.

Una comprensión real, y en el sentido último verdadera, de la doctrina del karma budista solamente es posible a través de una visión profunda de la impersonalidad (ver: *anattā*) y la condicionalidad (ver: *paṭicca-samuppāda*, *paccaya*) de todos los fenómenos de la existencia. "En todas partes, en todas las formas de existencia... tal persona está contemplando meramente fenómenos mentales y físicos mantenidos por estar ligados a través de causas y efectos.

"No ve detrás de las acciones a ningún hacedor, ningún receptor aparte del fruto del karma. Y con pleno conocimiento introspectivo comprende claramente que los sabios están usando meramente términos convencionales cuando, con respecto a la realización de cualquier acción, hablan de un hacedor, o cuando hablan de un receptor de los resultados del karma en su surgimiento. Por eso los antiguos maestros han dicho:

> 'No se encuentra quien haga las obras,
> nadie que jamás coseche sus frutos.
> Los fenómenos vacíos continúan:
>
> 'Sólo esta visión es correcta y verdadera.
> 'Y mientras las obras y sus resultados continúen, basados en todas las condiciones, allí no se puede ver: el comienzo.
> 'Así como es con la semilla y el árbol.'" (Vism XIX, 20.)

Karma (*kamma-paccaya*) es una de las veinticuatro condiciones (*paccaya*, q.v); ver: *kamma*, nota de la fuente.

Publicaciones: Karma *and Rebirth*, Nyanatiloka (Wheel 9); *Survival and* Karma *in Buddhist Perspective*, K.N. Jayatilleke (Wheel 141-143); *Kamma and its Fruit* (Wheel 221s224).

karma acumulado: *kaṭattā*; ver: *karma*.

karma contrarrestante [o de oposición]: *upapīḷaka-kamma*; ver: *karma*.

karma de apoyo: *upatthambhaka-kamma*; ver: *karma*.

karma destructivo: *upaghātaka-kamma*; ver: *karma*.

karma habitual: *bahula-kamma*, ver: *karma*.

karma ineficaz: ver: *karma*.

karma pesado: *garuka-kamma*; ver: *karma*.

karma productivo (o **karma productivo regenerativo**): ver: *karma*.

karma próximo a la muerte: *maraṇāsanna-kamma*; ver: *karma*.

karma regenerativo: *janaka-kamma* (ver: *karma*).

karma supresor: *upapīḷaka-kamma*; ver: *karma*.

kármicamente sano, malsano, neutral: *kusala* (q.v.), *akusala* (q.v.), *avyākata* (q.v.); ver: tabla I.

karuṇā: 'compasión', es una de las cuatro moradas sublimes (*brahma-vihāra*, q.v.).

kasiṇa: (quizás relacionado con Skr *kṛtsna*, 'todo, completo, total') es el nombre de un dispositivo puramente externo para producir y desarrollar la concentración de la mente y alcanzar las cuatro absorciones (*jhāna*, q.v.). Consiste en concentrar la atención total e indivisa en un objeto visible como imagen preparatoria (*parikamma-nimitta*), p. ejem., una mancha o disco coloreado, o un trozo de tierra, o un estanque a cierta distancia, etcétera, hasta que por fin se percibe, incluso con los ojos cerrados, un reflejo mental, la imagen adquirida (*uggaha-nimitta*). Ahora bien, mientras se continúa dirigiendo la atención a esta imagen, puede surgir la contraimagen inmaculada e inamovible (*paṭibhāga-nimitta*), y junto con ella se habrá alcanzado la concentración de vecindad (*upacāra-samādhi*). Mientras se sigue perseverando en la concentración en el objeto, uno finalmente alcanzará un estado mental en el que se suspende toda actividad de los sentidos, en el que no hay más vista ni oído, no más percepción de la impresión ni la sensación corporales, es decir, el estado de la primera absorción mental (*jhāna*, q.v.).

Los diez *kasiṇas* mencionados en los *suttas* son: *kasiṇa* de la tierra, agua, fuego, viento, azul, amarillo, rojo, blanco, espacio y conciencia. "Hay diez *kasiṇa*-esferas: alguien ve la *kasiṇa* de la tierra, arriba, abajo, en todos los lados, indivisible, ilimitada... alguien ve la *kasiṇa* del agua, arriba, abajo, etcétera." (MN 77; DN 33.) Véase *abhibhāyatana, bhāvanā*; también: Fund, cap. IV.

Para espacio y *kasiṇa* de conciencia encontramos en Vism V los nombres *kasiṇa,* de espacio limitado (*paricchinnākāsa-kasiṇa*), y *kasiṇa,* de luz (*āloka-kasiṇa*).

Para una descripción completa, consulte Vism IV-V; también AsTr, 248.

kaṭattā-kamma: 'karma acumulado'; ver: *karma*.

> Nota de la fuente: No se encuentra en las partes más antiguas del Sutta Piṭaka; ver: *kamma*.

kāya (lit.: acumulación): 'grupo', 'cuerpo', puede referirse al cuerpo físico (*rūpa-kāya*) o al cuerpo mental (*nāma-kāya*). En el último caso es un nombre colectivo para los grupos mentales (sensación, percepción, formaciones mentales, conciencia; ver: *khandha*) o simplemente para sentir, percibir y algunas de las formaciones mentales (ver: *nāma*), p. ejem., en *kāya-lahutā*, etcétera. (Ver: tabla II). *Kāya* tiene este mismo significado en la descripción estándar de la tercera absorción (*jhāna*, q.v.) "y siente felicidad en su mente o en su constitución mental (*kāya*)", y (por ejemplo, Pug 1-8) del logro de las ocho liberaciones (*vimokkha*, q.v.); "habiendo alcanzado las ocho liberaciones en su mente o su persona (*kāya*)". *Kāya* es también el órgano del quinto sentido, el órgano del cuerpo; ver: *āyatana, dhātu, indriya*.

kāya-gatā-sati: 'atención plena con respecto al cuerpo', se refiere a veces (por ejemplo, Vism VIII, 2) sólo a la contemplación de las treinta y dos partes del cuerpo, a veces (por ejemplo, MN 119) a todas las diversas meditaciones comprendidas bajo la 'contemplación del cuerpo' (*kāyānupassanā*), el primero de los cuatro 'fundamentos de la atención plena' (*satipaṭṭhāna*, q.v.), que consiste en parte en ejercicios de concentración (*samādhi*), en parte en ejercicios de introspección (*vipassanā*). Por otro lado, las meditaciones del cementerio (*sīvathikā*, q.v.) mencionadas en el Satipaṭṭhāna Sutta (MN 10) son casi las mismas que las diez contemplaciones de la repugnancia (*asubha-bhāvanā*, q.v.) de Vism VI, mientras que en otros lugares la contemplación de las treinta y dos partes del cuerpo se llama el 'reflejo de la impureza' (*paṭikkūla-saññā*).

En textos se dice: "Una cosa, oh monjes, desarrollada y repetidamente practicada conduce al logro de la sabiduría: es la contemplación del cuerpo" (AN 1); la referencia es a todos los ejercicios mencionados en el primer *satipaṭṭhāna*.

Vism VIII, 2, da una descripción detallada y una explicación del método de desarrollar la contemplación de las treinta y dos partes del cuerpo. Este ejercicio puede producir sólo la primera absorción (*jhāna*, q.v.). El texto que aparece en el Satipaṭṭhāna Sutta y en otros lugares, pero omitiendo el cerebro, dice lo siguiente: "Y además, oh monjes, el monje contempla este cuerpo desde las plantas de los pies hacia arriba, y desde la parte superior de los cabellos hacia abajo, con piel estirada sobre él, y llena de múltiples impurezas: 'Este cuerpo tiene pelos de la cabeza, pelos del cuerpo, uñas, dientes, piel, carne, tendones, huesos, médula, riñones, corazón, hígado, diafragma, bazo, pulmones, intestinos, entrañas, estómago, excrementos, bilis, flema, pus, sangre, sudor, grasa, lágrimas, grasa de la piel, saliva, mucosidad nasal, aceite de las articulaciones y orina…'".

Vism VIII, 2, dice: "Repitiendo las palabras de este ejercicio, uno se familiarizará bien con la redacción, la mente no se precipitará aquí y allá, las diferentes partes se volverán distintas y aparecerán como una hilera de dedos, o una hilera de setos o postes. Ahora bien, así como uno repite el ejercicio con palabras, también debe hacerlo con la mente. La repetición en la mente forma la condición para la penetración de las marcas características... El que así ha examinado las partes del cuerpo en cuanto a color, forma, región, localidad y límites, y las considera una por una, y no demasiado apresuradamente, como algo repugnante, para tal persona, al contemplar el cuerpo, todas estas cosas al mismo tiempo aparecen perceptiblemente claras. Pero también cuando se mantiene la atención fijada en el exterior (es decir, en los cuerpos de otros seres), y cuando todas las partes aparecen claramente, entonces todos los hombres y animales que se mueven pierden la apariencia de seres vivos y aparecen como montones de muchas cosas diferentes. Y parece como si esos alimentos y bebidas, al ser tragados por ellos, fueran insertados en este montón de cosas. Ahora, mientras una y otra vez uno está concibiendo la idea '¡Repugnante! ¡Asqueroso!' –omitiendo a su debido tiempo varias partes–, gradualmente se alcanzará el logro de la concentración (*appanā-samādhi*, es decir, la concentración de *jhāna*). En relación con esto, la aparición de formas… se llama la imagen adquirida (*uggaha-nimitta*); el surgimiento de la repugnancia, sin embargo, la contraimagen (*paṭibhāga-nimitta*)".

kāya-kamma: 'acción corporal'; ver: *karma*, *kamma-patha*.

kāya-kammaññatā: *kāya-kammaññatā-lahutā*, *kāya-kammaññatā-mudutā*, *kāya-kammaññatā-pāguññatā*, *kāya-kammaññatā-passaddhi*, *kāya-kammaññatā-ujukatā*; ver: tabla II. Para *kāya-kammaññatā-passaddhi*, ver: *bojjhaṅga*.

kāya-lahutā: 'agilidad o ligereza de los factores mentales' (ver: *lahutā*).

> Nota de la fuente: No se encuentra en las partes más antiguas del Sutta Piṭaka; para esto y los factores de *kāya-mudutā*, *-kammaññatā*, *-pāguññatā*, *-ujukatā*, ver: *lahutā*.

kāya-passaddhi: 'serenidad o quietud de los sentidos' (PED); ver: *bojjhaṅga*.

kāya-sakkhi: 'testigo corporal', es uno de los siete nobles discípulos (ver: *ariyapuggala*, B.). Es alguien que "en su propia persona (lit., cuerpo) ha alcanzado las ocho liberaciones (*vimokkha*, q.v.), y, después de comprender sabiamente los fenómenos, las corrupciones se han extinguido parcialmente" (Pug 32). En AN 9:44 se dice: "Un monje, oh, hermano, alcanza la primera absorción (*jhāna*, q.v.), y tan lejos como llegue este dominio, a tal grado lo ha realizado en su propia persona. Así, el Bienaventurado llama a tal persona un testigo corporal en ciertos aspectos. (Luego se repite lo mismo con respecto a las siete absorciones superiores.) Además, oh, hermano, el monje logra la extinción de la percepción y la sensación (ver: *nirodha-samāpatti*), y, después de comprender sabiamente los fenómenos, todas las corrupciones se extinguen. Así, oh, hermano, el Bienaventurado llama a tal persona un testigo corporal en todos los aspectos".

kāya-viññatti: ver: *viññatti*.

kāyānupassanā: 'contemplación del cuerpo', es uno de los cuatro fundamentos de la atención plena; ver: *satipaṭṭhāna*

khalu-pacchā-bhattik'aṅga: ver: *dhutaṅga*.

khaṇa: 'momento'; ver: *cittakkhaṇa*.

> Nota de la fuente: Las tres fases en un momento de conciencia, es decir, *uppāda*, *ṭhiti*, *bhaṅga*, probablemente se mencionan por primera vez en los Comentarios; pero hay un paralelo cercano en dos textos de los *suttas* que pueden haber sido la fuente de esa enseñanza de un momento de conciencia en tres fases: "Hay tres características de lo que está condicionado (*saṅkhatassa lakkhaṇā*): un surgimiento (*uppādo*) es aparente, se manifiesta una desaparición (*vayo*), se manifiesta un cambio en lo existente (*ṭhitassa aññathattaṃ*: Com = envejecimiento)" (AN 3:47). Las mismas tres fases se mencionan en SN 22:37, donde se aplican a cada uno de los cinco *khandha*.

khandha: los cinco 'agregados (de existencia)' o 'agregados de apego' (*upādānakkhandha*); representaciones de alternativa: grupos, categorías de objetos adheridos. Éstos son los cinco aspectos en los que el Buda ha resumido todos los fenómenos físicos y mentales de la existencia, y que aparecen al hombre ignorante como su ego o personalidad, a saber:

K

(1) el agregado de corporeidad (*rūpa-kkhandha*)
(2) el agregado de las sensaciones (*vedanā-kkhandha*)
(3) el agregado de la percepción (*saññā-kkhandha*)
(4) el agregado de las formaciones mentales (*saṅkhāra-kkhandha*)
(5) el agregado de la conciencia (*viññāṇa-kkhandha*)

"Todo lo que existe de las cosas corpóreas, sean pasadas, presentes o futuras, internas o externas, burdas o sutiles, elevadas o bajas, lejanas o cercanas, todo eso pertenece al agregado de la corporeidad. Todo lo que existe de sensación… de percepción… de formaciones mentales… de conciencia… todo eso pertenece al agregado de conciencia". (SN 22:48.) Otra división es la de los dos grupos: mente (2-5) y corporeidad (1) (*nāma-rūpa*), mientras que en Dhammasaṅgaṇī, el primer libro del Abhidhamma, todos los fenómenos se tratan a través de tres grupos: conciencia (5), factores mentales (2-4), realidad corporal (1), en pāli: *citta*, *cetasika*, *rūpa*. Ver: Guía, cap. I.

Lo que se llama existencia individual en realidad no es más que un mero proceso de esos fenómenos mentales y físicos, un proceso que ha estado ocurriendo desde tiempos inmemoriales, y que también, después de la muerte, continuará por periodos inconcebiblemente largos. Estos cinco agregados, sin embargo, ni individual ni colectivamente constituyen ninguna entidad del ego real autodependiente o personalidad (*attā*), ni existe tal entidad aparte de ellos. Por lo tanto, la creencia en tal entidad del ego o personalidad, como real en el sentido último, resulta ser una mera ilusión.

> "Cuando todas las partes constituyentes están ahí,
> se utiliza la designación 'carruaje';
> del mismo modo, donde existen los cinco agregados,
> entonces hablamos de 'ser vivo'." (SN 5:10.)

Debe ponerse énfasis aquí en el hecho de que estos cinco grupos, hablando correctamente, simplemente forman una clasificación abstracta del Buda, pero que ellos como tales, es decir, como sólo estos cinco grupos completos, no tienen existencia real, ya que solamente los representantes individuales de estos agregados, en su mayoría variables, pueden surgir con cualquier estado de conciencia. Por ejemplo, con una misma unidad de conciencia sólo se puede asociar un solo tipo de sensación, digamos alegría o tristeza, y nunca más de uno. De manera similar, dos percepciones diferentes no pueden surgir en el mismo momento. Además, de los diversos tipos de cognición sensorial o conciencia, sólo uno puede estar presente a la vez, por ejemplo, ver, oír o conciencia interna, etcétera. De las cincuenta formaciones mentales, sin embargo, un número mayor o menor está siempre asociado con cada estado de conciencia, como veremos más adelante.

Algunos escritores sobre budismo que no han entendido que los cinco *khandha* son sólo agrupaciones clasificatorias, los han concebido como entidades compactas ('montones', 'paquetes'), mientras que, en realidad, como se indicó anteriormente, los grupos nunca existen como tales, es decir, nunca ocurren en una totalidad simultánea de todos sus constituyentes. También aquellos constituyentes individuales de un agregado que están presentes en cualquier proceso dado del cuerpo y la mente son de naturaleza evanescente, al igual que sus combinaciones variables. La sensación, la percepción y las formaciones mentales son solamente diferentes aspectos y funciones de una sola unidad de conciencia. Son para la conciencia lo que el enrojecimiento, la suavidad, la dulzura, etcétera, son para una manzana y tienen tan poca existencia separada como esas cualidades.

En SN 22:56 se encuentra la siguiente breve definición de estos cinco agregados:

"¿Qué es, oh monjes, el agregado de la corporeidad? Los cuatro elementos primarios (*mahā-bhūta* o *dhātu*) y la corporeidad que depende de ellos; esto se llama el agregado de corporeidad.

"¿Qué es, oh monjes, el agregado de las sensaciones? Hay seis clases de sensaciones: debido a la impresión [contacto (NT)] visual, a la impresión sonora, a la impresión olfativa, a la impresión gustativa, a la impresión corporal y a la impresión mental…

"¿Qué, oh monjes, es el agregado de la percepción? Hay seis clases de percepción: percepción de objetos visuales, de sonidos, de olores, de sabores, de impresiones corporales y de impresiones mentales...

"¿Qué es, oh monjes, el agregado de las formaciones mentales? Hay seis clases de estados volitivos (*cetanā*): con respecto a los objetos visuales, a los sonidos, a los olores, a los gustos, a las impresiones corporales y a los objetos mentales...

"¿Qué es, oh monjes, el agregado de la conciencia? Hay seis clases de conciencia: conciencia del ojo, conciencia del oído, conciencia de la nariz, conciencia de la lengua, conciencia del cuerpo y conciencia mental".

Sobre la inseparabilidad de los grupos se dice:

"Cualquier cosa, oh, hermano, que exista de sensación, de percepción y de formaciones mentales, estas cosas están asociadas, no disociadas, y es imposible separar unas de otras y mostrar su diferencia. Porque todo lo que uno siente, uno lo percibe; y todo lo que se percibe, de ello se es consciente" (MN 43).

Además: "Es imposible que alguien pueda explicar la terminación de una existencia y la entrada en una nueva existencia, o el crecimiento, aumento y desarrollo de la conciencia independientemente de la corporeidad, la sensación, la percepción y las formaciones mentales" (SN 12:53).

Para la inseparabilidad y condicionalidad mutua de los cuatro agregados mentales ver: *paccaya* (6, 7).

Respecto a la impersonalidad (*anattā*) y vacío (*suññatā*) de los cinco agregados, se dice en SN 22:49:

"Todo lo que hay de corporeidad, sensación, percepción, formaciones mentales y conciencia, ya sea pasado, presente o futuro, interno o externo, burdo o sutil, elevado o bajo, lejano o cercano, todo esto debe comprenderse según la realidad y la verdadera sabiduría como: 'Esto no me pertenece, esto no soy yo, éste no es mi yo'". Más adelante, en SN 22:95: "Supongamos que un hombre que no es ciego contemplara las muchas burbujas en el Ganges mientras están conduciendo a lo largo; y él debe observarlas y examinarlas cuidadosamente. Sin embargo, después de examinarlas cuidadosamente, le parecerán vacías, irreales e insustanciales. Exactamente de la misma manera contempla el monje todos los fenómenos corporales... sensaciones... percepciones... formaciones mentales... estados de conciencia, ya sean del pasado, presente o futuro... lejanos o cercanos. Y él los observa y los examina cuidadosamente; y, después de examinarlos cuidadosamente, le parecen vacíos, irreales e insustanciales".

Los cinco agregados se comparan, respectivamente, con un bulto de espuma, una burbuja, un espejismo, un tronco de plátano sin centro y un truco de magia (SN 22:95). Ver: el Khandha Saṃyutta (SN 22); Vism XIV, 224.

Resumen de los Cinco Agregados

I. Grupo de corporeidad (*rūpakkhandha*)

A. No Derivados (*no-upādā*); cuatro elementos:

elemento sólido o tierra	(*paṭhavī-dhātu*)
elemento líquido o agua	(*āpo-dhātu*)
calor o el elemento fuego	(*tejo-dhātu*)
movimiento o elemento viento	(*vāyo-dhātu*)

B. Derivados (*upādā*): veinticuatro fenómenos secundarios

Órganos de los sentidos físicos de: vista, oído, olfato, gusto, cuerpo
Objetos físicos de los sentidos: forma, sonido, olor, sabor (impactos corporales)

Los 'impactos corporales' (*phoṭṭhabba*) generalmente se omiten en esta lista, porque estos objetos físicos de sensibilidad corporal son idénticos al elemento sólido, al calor y al elemento de movimiento antes mencionados. Por lo tanto, su inclusión en la 'corporeidad derivada' sería una duplicación.

Femineidad	(*itthindriya*)
Virilidad	(*purisindriya*)
Base física de la mente	(*hadaya-vatthu*, q.v.)
Expresión corporal	(*kāya-viññatti*; ver: *viññatti*)
Expresión verbal	(*vacī-viññatti*)
Vida física	(*rūpa-jīvita*; ver: *jīvita*)
Elemento espacial	(*ākāsa-dhātu*, q.v.)
Ligereza física	(*rūpassa lahutā*)
Maleabilidad física	(*rūpassa mudutā*)
Adaptabilidad física	(*rūpassa kammaññatā*)
Crecimiento físico	(*rupasa upacaya*)
Continuidad física	(*rūpassa santati*; ver: *santāna*)
Desintegración	(*jara*, q.v.)
Transitoriedad	(*aniccatā*)
Nutrimento	(*āhāra*, q.v.)

II. Grupo de las sensaciones (*vedanā-kkhandha*)

Todas las sensaciones pueden, según su naturaleza, clasificarse en cinco clases:

Sensación corporal agradable: *sukha* = *kāyikā sukhā vedanā*
Sensación corporal dolorosa: *dukkha* = *kāyikā dukkhā vedanā*
Sensación mentalmente agradable: *somanassa* = *cetasikā sukhā vedanā*
Sensación mentalmente dolorosa: *domanassa* = *cetasikā dukkhā vedanā*
Sensación indiferente: *upekkhā* = *adukkha-m-asukhā vedanā*

III. Grupo de la percepción (*saññā-kkhandha*)

Todas las percepciones se dividen en seis clases: percepción de forma, sonido, olor, sabor, impresión corporal e impresión mental.

IV. Grupo de formaciones mentales (*saṅkhāra-kkhandha*)

Este grupo comprende cincuenta fenómenos mentales, de los cuales once son elementos psicológicos generales, veinticinco cualidades sanas (*sobhana*), catorce cualidades kármicamente perjudiciales. Ver: tabla II.

V. Grupo de la conciencia (*viññāṇa-kkhandha*)

Los *suttas* dividen la conciencia, según los sentidos, en seis clases: conciencia del ojo, del oído, de la nariz, de la lengua, del cuerpo y de la mente.

El Abhidhamma y los Comentarios, sin embargo, distinguen, desde el punto de vista kármico o moral, ochenta y nueve clases de conciencia. Ver: *viññāṇa* y la tabla I. La cualidad moral de la sensación, la percepción y la conciencia está determinada por las formaciones mentales.

khandha-parinibbāna: ver: *Nibbāna*.

khandha-santāna: ver: *santāna*

khanti: 'paciencia', 'tolerancia', es una de las diez perfecciones (*pāramī*, q.v.).

khayānupassanā: 'contemplación de la disolución', es uno de los dieciocho principales tipos de contemplación introspectiva (ver: *vipassanā*).

Khiḍḍā-padosikā devā: 'los seres celestiales corruptibles por los placeres', son una clase de *devas* (q.v.) de la esfera sensorial. Pierden su tiempo en la alegría, el juego y el gozo, y por eso se vuelven irreflexivos, y en su irreflexión caen de ese mundo (DN 1, 24).

khīṇāsava: 'aquel en quien se destruyen todas las corrupciones', es un término para el *arahant* o santo perfeccionado; ver: *āsava*.

kicca: 'función'. Con respecto a las catorce funciones de la conciencia, ver: *viññāṇa-kicca*.

kilesa: 'contaminaciones' [impurezas], son cualidades malsanas que contaminan la mente. Vism XXII, 49, 65: "Hay diez contaminaciones, llamadas así porque ellas mismas están contaminadas, y porque contaminan los factores mentales asociados con ellas. Éstos son: (1) avidez (*lobha*), (2) aversión (*dosa*), (3) ofuscación (*moha*), (4) engreimiento (*māna*), (5) nociones especulativas (*diṭṭhi*), (6) duda escéptica (*vicikicchā*), (7) letargo mental (*thīna*), (8) agitación (*uddhacca*), (9) desvergüenza (*ahirika*), (10) falta de temor moral o falta de conciencia moral (*anottappa*)". Para 1-3, ver: *mūla*; 4, ver: *māna*; 5, ver: *diṭṭhi*; 6-8, ver: *nīvaraṇa*; 9 y 10, ver: *ahirika-anottappa*.

Las diez se explican en Dhs §§ 1229-1239 y se enumeran en Vibh XII. No se encuentra ninguna clasificación de las *kilesa* en los *suttas* [sin embargo, ver: las listas enumeradas en MN 7, 8], aunque el término aparece con bastante frecuencia en éstos. Para el término relacionado, *upakkilesa* (q.v.) 'impurezas', se presentan diferentes listas [ver: MN 7, 8].

> Nota de la fuente: Las diez *kilesa* probablemente se enumeran y explican por primera vez en Dhs. Allí se les llama, sin embargo, *kilesa-vatthu*, cuyo nombre (*dasa-kilesa-vatthu*) ya se menciona en Paṭis I, 130, aunque allí no se enumeran ni se explican.

kilesa-kāma: 'sensualidad considerada como contaminación' (ver: *kilesa*), bien podría llamarse 'sensualidad subjetiva', en contraposición a 'sensualidad objetiva' (*vatthu-kāma*), es decir, los objetos sensuales (*kāma-guṇa*). Véase, *kāma*.

kilesa-parinibbāna: ver: *Nibbāna* (1).

kiñcana: 'algo', es decir, algo malo que se pega o se adhiere al carácter. 'Anexo malvado' es un término para las tres raíces malsanas (*mūla*). "Hay tres apéndices: el deseo o avidez (*lobha*) es un apéndice, la aversión (*dosa*) es un apéndice, la ofuscación (*moha*) es un apéndice" (DN 33). 'Libre de apéndices' (*akiñcana*) es un término para el perfectamente santo (*arahant*).

kiriya- (o kriya-) citta: 'conciencia funcional' o 'conciencia kármicamente inoperante', es un término para estados de conciencia que no son kármicamente saludables (*kusala*), ni perjudiciales (*akusala*), ni resultados kármicos (*vipāka*); es decir, funcionan independientemente del karma. Así también son llamados todos aquellos estados mentales mundanos en el *arahant* que están acompañados por dos o tres raíces nobles (no deseo, no aversión, no ofuscación); son en el *arahant* kármicamente neutrales y correspondientes a los estados kármicamente sanos de un *no arahant* (Ver: tabla I, 1-8 y 73-89), así como el elemento de conciencia mental sin raíz productor de alegría (*hasituppāda*) del *arahant* (tabla I, 72); además, ese elemento mental (*mano-dhātu*) que realiza la función de advertir (*āvajjana*) al objeto de los sentidos (tabla I, 70), y ese elemento mental-consciente (*manoviññāṇa-dhātu*) que realiza las funciones de decidir (*votthapana*) y advertencia al objeto mental (tabla I, 71). Los dos últimos elementos, por supuesto, ocurren en todos los seres.

Junto con la conciencia resultante del karma (*vipāka*), pertenece al grupo de "conciencia kármicamente neutral" (*avyākata*). Ver: tabla I (última columna).

> Nota de la fuente: Éste es un término que se usó por primera vez en el canon del Abhidhamma (por ejemplo, Dhs §§ 566-582). Tiene un lugar importante en los textos pos-canónicos del Abhidhamma, p. ejem., Vism XIV.

kolaṅkola: 'pasar de una familia noble a otra', es el nombre de uno de los tres tipos de *sotāpanna* (q.v.).

kriya-citta: *kiriya* (q.v.).

kukkucca: 'realización incorrecta' (ku + kṛta + ya), es decir, escrúpulos, remordimiento, inquietud de conciencia, preocupación; es una de las facultades mentales kármicamente malsanas (*akusala*) (tabla II) que, siempre que surge, se asocia con conciencia de aversión (descontento) (cuadros I y III, 30, 31). Es el "arrepentimiento por las cosas malas hechas y las cosas buenas descuidadas" (Com. a AN 1). La agitación y la preocupación (*uddhacca-kukkucca*), combinados, se cuentan como uno de los cinco impedimentos mentales (*nīvaraṇa*, q.v.).

kuppa-dhamma: 'susceptible de perturbación', es alguien que aún no ha alcanzado el pleno dominio sobre las absorciones. En Pug 3 se dice: "¿Qué persona es susceptible de perturbación? Tal persona obtiene los logros de la esfera de materialidad fina y la inmaterial (ver: *avacara*). Pero no logra obtenerlos cada vez que lo desea, o sin dificultad y esfuerzo; y no de acuerdo con su deseo con relación al lugar, objeto y duración, ni logra entrar o salir de ellos cuando desee. Así, es posible que en caso de que, en tal persona, mediante negligencia, los logros se tornen perturbados. Esta persona está sujeta a la perturbación".

kusala: 'kármicamente saludable' o 'rentable', sano, moralmente bueno (hábil). Las connotaciones del término, según As, son: de buena salud, intachable, productivo de resultado de karma favorable, hábil. Cabe señalar que los Comentarios excluyen el significado de 'hábil' cuando el término se aplica a estados de conciencia.

Se define en MN 9 como los diez cursos de acción sanos (ver: *kammapatha*). En términos psicológicos, 'kármicamente saludables', son todas aquellas voliciones kármicas (*kamma-cetanā*) y la conciencia y los factores mentales asociados con ellas que están acompañadas por dos o tres raíces sanas (ver: *mūla*), es decir, por la ausencia de deseo (*alobha*) y la ausencia de aversión (*adosa*), y en algunos casos también por no ofuscación (*amoha*: sabiduría, entendimiento). Dichos estados de conciencia se consideran 'kármicamente sanos', ya que son causas de resultados de karma favorables y contienen las semillas de un destino o renacimiento feliz. De esta explicación se deben notar dos hechos: (1) es la volición la que hace que un estado de conciencia, o un acto, sea 'bueno' o 'malo'; (2) el criterio moral en el budismo es la presencia o ausencia de las tres raíces sanas o morales (ver: *mūla*).

Las explicaciones anteriores se refieren a la conciencia sana mundana (*lokiya*, q.v.). Los estados saludables supramundanos (*lokuttara-kusala*), o sea, los cuatro caminos de santidad (ver: *ariya-puggala*), tienen como resultado sólo los cuatro frutos correspondientes; no constituyen karma ni conducen al renacimiento, y esto se aplica también a las buenas acciones de un *arahant* (tabla I, 73-80) y sus estados meditativos (tabla I, 81-89), que son todos kármicamente inoperantes (funcionales; ver: *kiriya*).

Kusala pertenece a una división triple de toda la conciencia, como se encuentra en el Abhidhamma (Dhs), en sano (*kusala*), malsano (*akusala*) y 'kármicamente neutral' (*avyākata*), que es la primera de las tríadas (*tika*) en la matriz del Abhidhamma (*mātikā*); ver: Guía, cap. I A; Vism XIV, 83 ff.

kusala-kamma-patha: 'curso de acción sano'; ver: *kamma-patha*.

K

kusala-mūla: las 'raíces sanas' o 'raíces de la acción sana' son el no deseo o ausencia de deseo o avidez (*alobha*), la ausencia de aversión (*adosa*) y la ausencia de ofuscación (*amoha*; ver: *mūla*). Son idénticos a *kusala-hetu* (ver: *paccaya*, 1).

kusala-vipāka: la 'resultante (mental) del karma saludable' (ver: *karma*).

L

L

lahutā: 'levedad, ligereza, agilidad'. Puede ser de tres tipos: de la materia (*rūpassa lahutā*; v. *khandha*, I), de los factores mentales (*kāya-lahutā*) y de la conciencia (*citta-lahutā*). Ver: tab. II.

> Nota de la fuente: Los términos *rūpassa-*, *kāya-* o *citta-* se encuentran por primera ocasión en el Abhidhamma canónico, especialmente en el Dhammasaṅgaṇī. Todos, con excepción de *pāguññatā*, se dan a entender en los *suttas* canónicos, p. ejem., *citte mudu-bhūte kammanīye* (MN 4); *lahu-saññañ ca kāye okkamitvā* (SN 51:22); *cittaṃ ujukaṃ akaṃsu* (SN 1:26; PTS). *Kāya-passaddhi* y *citta-passaddhi*, sin embargo, a este respecto, son bien conocidos en los antiguos textos de los *suttas*.

lakkhaṇa: 'característica'. Para las tres características de la existencia, ver: *ti-lakkhaṇa*.

lamentables, cursos (de existencia): *duggati*; ver: *gati*.

lazos, los cuatro: *gantha* (q.v.), *yoga* (q.v.).

lenguaje bajo [soez]: *tiracchāna-kathā* (q.v.).

ley: *dhamma* (q.v.).

liberación: ver: *vimutti*, *vimokkha*. Los ocho tipos de liberación, ver: *vimokkha*. Liberación de la mente, liberación a través del vacío, liberación ilimitada, etcétera, ver: *ceto-vimutti*.

liberación, deseo de: ver: *visuddhi* (VI, 6). Liberación a través de la sabiduría; *paññāvimutti* (q.v.).

liberación, tres puertas de (o portales de liberación): ver: *visuddhi* (VI, 8).

liberación inquebrantable: ver: *ceto-vimutti*.

liberación libre de deseo: ver: *vimokkha* (1) [*appaṇihita-vimokkha*].

liberación por vía de la vacuidad: ver: *ceto-vimutti*.

liberado en ambos sentidos: ver: *ubhato-bhāga-vimutta*, *ariya-puggala*.

liberalidad: *dāna* (q.v.), *cāga* (q.v.).

libre albedrío, problema del: ver: *paṭicca-samuppāda* (X).

ligereza (de corporeidad, factores mentales y conciencia): *lahutā* (q.v.).

limosna (voto de ir por; o hacerlo sin omitir ninguna casa): ver: *dhutaṅga*.

lobha: 'deseo, avidez'. Es una de las tres raíces malsanas (*mūla*) y un sinónimo de *rāga* y *taṇhā*.

lobha-carita: 'temperamento deseoso o ávido'; ver: *carita*.

logro de concentración: *appanā-samādhi* (q.v.); ver: *samādhi*.

logros: 'los ocho logros'; ver: *samāpatti*.

lohita-kasiṇa: *kasiṇa* roja, ver: *kasiṇa*.

loka: mundo, universo. Denota las tres esferas de la existencia comprendiendo el universo entero, es decir (1) el mundo sensorial (*kāma-loka*) o el mundo de los cinco sentidos; (2) el mundo de la materia sutil (*rūpa-loka*), correspondiente a las cuatro absorciones de la materia sutil (ver: *jhāna* 1-4); y (3) el mundo inmaterial (*arūpa-loka*), correspondiente a las cuatro absorciones inmateriales (ver: *jhāna* 5-8). El mundo sensorial comprende los infiernos (*niraya*), el reino animal (*tiracchāna-yoni*), el reino de los espíritus hambrientos (*peta-loka*), el mundo de los demonios (*asura-nikāya*), el mundo humano (*manussa-loka*) y los seis mundos celestiales inferiores (ver: *deva* I). En el mundo de la materia sutil (ver: *deva* II) aún existe la facultad de ver y de oír, las cuales, junto con otras facultades de los sentidos, son suspendidas temporalmente en las cuatro absorciones. En el mundo inmaterial (ver: *deva* III) no hay materia de ninguna especie, solamente los cuatro agregados mentales (ver: *khandha*) existen allí. No obstante que el término *loka* no es aplicado en los *suttas* a estos tres mundos, sino solamente el término *bhava*, 'existencia' (p. ejem., M. 43), no hay ninguna duda de que la enseñanza sobre los tres mundos pertenece al primer periodo, es decir, el periodo de los *suttas*, de las escrituras budistas, como lo muestran muchos pasajes relevantes.

loka-dhamma: condiciones del mundo. "Ocho cosas son llamadas condiciones del mundo, ya que surgen en conexión con la vida mundana: ganancia y pérdida, honor y deshonor, felicidad y miseria, elogio y culpa" (Vism XXII). Ver también: AN 8:5.

lokiya: 'mundano'. Son todos esos estados de conciencia y factores mentales que surgen tanto en las personas ordinarias como en los Nobles, y que no están asociados con el sendero y fruición supramundanas (ver: *lokuttara*) del *sotāpatti*, etcétera. Ver: *ariya-puggala*.

lokuttara: supramundano, ultramundano. Es un término para los cuatro senderos y cuatro fruiciones de la entrada en la corriente (*sotāpatti*), etcétera (ver: *ariya-puggala*), con el Nibbāna como noveno. De ahí que se habla de 'nueve cosas supramundanas' (*nava-lokuttara-dhamma*). Compare con *lokiya*.

lujuria: ver: *rāga*.

luz, kasiṇa de: ver: *kasiṇa*.

luz, percepción de: ver: *āloka-saññā*.

M

macchariya: 'Avaricia, tacañería'. "Oh monjes, hay cinco tipos de tacañería; con relación a un lugar de residencia, con relación a familias, con relación a ganancias, con relación a reconocimiento y con relación a aspectos mentales" (AN 9:49; Pug 56.).

mada: 'Infatuación'. "La infatuación es de tres tipos: infatuación con la juventud, infatuación con la salud, infatuación con la vida" (DN 33). "Infatuada con la juventud, infatuada con la salud e infatuada con la vida, la persona mundana ignorante persigue el curso inhábil en sus acciones de cuerpo, palabra y mente, y por lo tanto, cuando el cuerpo se disuelve, después de la muerte, pasa a un mundo inferior, a un curso de existencia desafortunado, a un estado de sufrimiento, al infierno" (AN 3:39).

madurado, el que ha: *gotrabhū* (q.v.).

magga: 'Vía'. 1. Las cuatro vías supramundanas (*lokuttara-magga*), ver: *ariya-puggala*. 2. El Noble Óctuple Sendero (*aṭṭhaṅgika-magga*) es la vía que conduce a la extinción del sufrimiento; ésta es la última de las Cuatro Verdades Nobles (*sacca*), propiamente:

1. Entendimiento correcto (*sammā-diṭṭhi*) 2. Intención correcta (*sammā-saṅkappa*)	III. Sabiduría (*paññā*)
3. Lenguaje correcto (*sammā-vācā*) 4. Acción correcta (*sammā-kammanta*) 5. Modo de subsistencia correcto (*sammā-ājīva*)	I. Moral (*sīla*)
6. Esfuerzo correcto (*sammā- vāyāma*) 7. Atención correcta (*sammā-sati*) 8. Concentración correcta (*sammā-samādhi*)	II. Concentración (*samādhi*)

1. Entendimiento o noción correcta (*sammā-diṭṭhi*) es el entendimiento de las Cuatro Verdades Nobles: acerca de la universalidad del sufrimiento (insatisfacción), de su origen, su cese, y la vía que conduce a ese cese. Ver: el discurso sobre el 'Entendimiento Correcto' (MN 9, traducción y Com. en *The Discourse on Right View*, Bhikkhu Ñāṇamoli, Wheel 377-379.).

2. Intención correcta (*sammā-saṅkappa*): intención libre de deseo sensorial, libre de aversión y libre de crueldad.

3. Lenguaje correcto (*sammā- vācā*): abstención de mentir, de calumniar, de lenguaje rudo y de lenguaje frívolo o inútil.

4. Acción corporal correcta (*sammā-kammanta*): abstención de matar, de robar, de conducta sexual incorrecta.

5. Modo de subsistencia correcto (*sammā-ājīva*): abstención de modos de subsistencia que dañan a otros seres, tales como comerciar en armas, en seres vivientes, en sustancias intoxicantes, en venenos; matanza de animales, pesca, milicia, engaño, perfidia, leer la suerte o el destino, trampa con pesas y medidas, usura, etcétera.

6. Esfuerzo correcto (*sammā-vāyāma*): el esfuerzo de evitar o superar el mal y las cosas malsanas, y de desarrollar y mantener las cosas sanas (ver: *padhāna*).

7. Atención correcta (*sammā-sati*): atención plena y conocimiento al contemplar el cuerpo, sensaciones, conciencia y objetos mentales (ver: *sati, satipaṭṭhāna*).

8. Concentración correcta (*sammā-samādhi*): concentración de la mente asociada con la conciencia sana (*kusala*), la cual a la larga puede alcanzar los [estados] de absorción (*jhāna*, q.v.). Ver: *samādhi.*

Dos tipos de concentración deben ser distinguidos: concentración mundana (*lokiya*) y supramundana (*lokuttara*). Esta última se encuentra asociada con aquellos estados de conciencia conocidos como las cuatro vías y frutos supramundanos (ver: *ariya-puggala*). Tal como se menciona en M. 117:

"Os lo digo, oh monjes, hay dos clases de entendimiento correcto: el entendimiento de que es bueno dar limosna y ofrendas, que tanto las acciones malas como las buenas darán fruto y serán seguidas de resultados... Esto, oh monjes, es el entendimiento que, no obstante, aún sujeto a los encadenamientos, es meritorio, reditúa en frutos mundanos y trae buenos resultados. Pero todo aquello que haya de sabiduría, de penetración, de entendimiento correcto conjunto con la vía –la vía santa que se persigue–, a esto se le llama el entendimiento correcto supramundano (*lokuttara-sammā-diṭṭhi*), el cual no es del mundo, sino supramundano y aunado a la vía".

Los eslabones de la vía restantes deben ser entendidos en forma similar.

Ya que muchos que han escrito acerca de la Vía Óctuple han malentendido su verdadera naturaleza, es apropiado añadir aquí algunos comentarios acerca de ella, ya que esta vía es fundamental para el entendimiento y práctica de la enseñanza del Buda.

En primer lugar, la expresión figurativa 'vía' no debe interpretarse como significando que uno tiene que avanzar paso a paso a lo largo de la enumeración hasta que, después de pasar sucesivamente por todas las ocho etapas, uno finalmente llega a su destino: Nibbāna. Si éste fuera realmente el caso, uno hubiera comprendido, en primer lugar, el entendimiento correcto y la penetración de la verdad, inclusive antes de poder aspirar a proceder hacia los siguientes pasos, intención y lenguaje correctos; y cada etapa previa sería el fundamento indispensable y condición para cada etapa sucesiva. En realidad, sin embargo, los eslabones tres a cinco, que constituyen el entrenamiento moral (*sīla*), son los primeros tres eslabones por cultivarse; después los eslabones seis a ocho, los cuales constituyen el entrenamiento mental (*samādhi*); y finalmente el entendimiento correcto, etcétera, constituyen la sabiduría (*paññā*).

Sin embargo, es verdad que el fundamento realmente inamovible y seguro de la vía es proveído solamente por el entendimiento correcto, el cual, iniciando desde el más minúsculo germen de fe y conocimiento, se desarrolla gradualmente, paso a paso, para dar lugar a introspección penetrante (*vipassanā*), y por ende forma la condición inmediata para la entrada a las cuatro vías y frutos supramundanos de santidad y para el logro del Nibbāna. Es sólo con respecto a esta forma más elevada de introspección supramundana que podemos decir que los eslabones restantes de la vía no son más que el resultado y el acompañamiento del entendimiento correcto.

Por lo que respecta a la Vía Óctuple mundana (*lokiya*), no obstante, sus eslabones pueden surgir sin el entendimiento correcto, el primer eslabón.

Aquí debe recalcarse que los eslabones de la vía no solamente no surgen uno después del otro, tal como se ha indicado, sino que también, por lo menos en parte, surgen simultáneamente como factores mentales inseparablemente asociados en un mismo estado de conciencia. Por ejemplo, bajo toda circunstancia, por lo menos cuatro eslabones se encuentran unidos inseparablemente con cualquier estado kármicamente hábil, propiamente dos, seis, siete y ocho, es decir, intención correcta, esfuerzo correcto, atención y concentración correctas (MN 117), de manera que, tan pronto como uno de estos eslabones surge, los tres restantes también lo hacen. Por otra parte, el entendimiento correcto no se encuentra necesariamente presente en cada estado hábil de conciencia.

Magga [la vía] es una de las veinticuatro condiciones (ver: *paccaya* 18).

Referencias: *The Noble Eightfold Path and its Factors Explained,* Ledi Sayadaw (Wheel 245-247); *The Buddha's Ancient Path,* Piyadassi Thera (BPS); *The Noble Eightfold Path,* Bhikkhu Bodhi (Wheel: 308-311).

maggāmagga-ñāṇadassana-visuddhi: 'Purificación mediante el conocimiento de lo que es la vía y lo que no es la vía', es una de las siete etapas de purificación introspectiva (*visuddhi* V, q.v.).

magga-paccaya: 'condición de vía', es una de las veinticuatro condiciones (*paccaya*, q.v.).

mahā-bhūta: los cuatro 'elementos primarios', es otro nombre para los cuatro elementos (*dhātu*) subyacentes en toda corporalidad; ver: *dhātu*.

Mahā-brahmāno: los 'grandes dioses', son una clase de seres celestiales en el mundo de la materialidad sutil; ver: *deva*, II.

mahaggata: lit., 'crecido grandiosamente', es decir, 'desarrollado', 'exaltado', 'supernormal'. Tal como lo es el estado de *mahaggata-citta*, es el estado de 'conciencia desarrollada', lograda en las absorciones de materialidad sutil e inmaterialidad (ver: *jhāna*); es mencionada en la contemplación de la mente del Satipaṭṭhāna Sutta (MN 10). Tomado como *mahaggatārammana*, es el 'objeto mental desarrollado' de esas absorciones y es mencionado en la 'tríada de objetos' del inventario del Abhidhamma y el Dhammasaṅgaṇī (ver: Guía, p. 6).

mahāpurisa-vitakka: los ocho 'Pensamientos de un Gran Hombre', descritos en AN 8:30 y DN 34.

mahā-vipassanā: los dieciocho 'tipos principales de introspección'; ver: *vipassanā*.

majjhimā paṭipadā: 'Vía Media', es el Noble Sendero Óctuple que evita los dos extremos de deseo sensorial y la auto mortificación, conduciendo a la iluminación y la liberación respecto al sufrimiento.

"El darse a la indulgencia en los placeres sensoriales (*kāma-sukha*), lo cual es bajo, común, vulgar, impuro, inútil, y también el darse a la auto mortificación (*atta-kilamatha*), lo cual es doloroso, impuro, inútil, ambos extremos el Perfecto ha evitado y ha encontrado la Vía Media (ver: *magga*), lo que causa que uno sea capaz de ambos ver y saber, y que conduce a la paz, al discernimiento, a la iluminación, a Nibbāna. El Noble Sendero Óctuple es la vía que conduce a la extinción del sufrimiento, propiamente: entendimiento correcto, intención correcta, lenguaje correcto, acción corporal correcta, modo de subsistencia correcto, esfuerzo correcto, atención y concentración correctas" (SN; LVI, 11).

mal humor, seres celestiales que sufren debido a: *mano-padosikadeva* (q.v.).

mala: 'manchas', es un nombre para las tres raíces kármicas de lo impuro (*akusala-mūla*); avidez o deseo, aversión y ofuscación (*lobha, dosa, moha*).

mala voluntad: *vyāpāda*, es sinónimo de *dosa* (ver: *mūla* y *paṭigha*); es uno de los diez encadenamientos (*saṃyojana*, q.v.), cinco impedimentos (*nīvaraṇa*, q.v.) y diez cursos de acción malsanos (ver: *kamma-patha*, I).

maleabilidad (de corporeidad, de factores mentales o de conciencia): *mudutā*; ver: *khandha* (Resumen de los Cinco Grupos, I, B) y la tabla II.

malentendido: ver: *parāmāsa*.

males, los diez: *micchattā* (q.v.).

malsano, kármicamente: *akusala* (q.v.).

māna: 'engreimiento', orgullo, es uno de los diez encadenamientos que atan a los seres a la existencia (ver: *samyojana*). Desaparece totalmente sólo al lograr el estado de *arahant* o perfección de santidad (ver: *asmi-māna*). Adicionalmente es una de las proclividades (ver: *anusaya*) e impurezas (ver: *kilesa*).

"La presunción de igualdad (*māna*), la presunción de inferioridad (*omāna*) y la presunción de superioridad (*atimāna*): este triple engreimiento debe ser superado. Ya que al superar este triple engreimiento el monje, mediante la total penetración del engreimiento, se dice que ha puesto fin al sufrimiento." (AN 6:49.)

"Aquellos ascetas y sacerdotes brahmanes que, apoyándose en esta naturaleza no permanente, miserable y transitoria de la corporalidad, sensaciones, percepciones, formaciones mentales y conciencia, creen: 'yo soy mejor', o 'yo soy igual', o 'yo soy peor', todos esto imaginan esto mediante el mal entendimiento de la realidad" (SN 22:49).

En realidad, no es posible encontrar una ego-entidad. Ver: *anattā*.

manasikāra: 'Atención, 'advertencia mental', 'reflexión'.

(1) Tomado como término psicológico, atención pertenece al grupo de formaciones mentales (*saṅkhāra-kkhandha;* ver: tab. II) y es uno de los siete factores mentales (*cetasika*) que se encuentran inseparablemente asociados con todos los estados de conciencia (ver: *cetanā*). En MN 9 es mencionado como uno de los factores representativos de la mente (*nāma*). Es la primera 'confrontación de la mente con un objeto' y 'liga los estados mentales asociados con el objeto'. Por lo tanto, es el factor prominente en dos clases específicas de conciencia, a saber: 'advertencia (ver: *āvajjana*) en las cinco puertas sensoriales' (tab. I, 70) y en la puerta sensorial de la mente (tab. I, 71). Estos dos estados de conciencia, traspasando el continuo vital subconsciente (*bhavaṅga*), forman la primera etapa en el proceso perceptual (*citta-vīthi*; ver: *viññāṇa-kicca*). Ver: Vis. XIV, 152.

(2) En un sentido más general, el término aparece frecuentemente en los *suttas* como *yoniso-manasikāra*, 'atención sabia (razonada o metódica; [propiamente dirigida])' o 'reflexión sabia'. En MN 2 se dice que contrarresta las corrupciones (*āsava,* q.v.); es una condición para el surgimiento del entendimiento correcto (ver: MN 43), de la Entrada en la Corriente (ver:

sotāpattiyaṅga) y de los factores de la iluminación (SN 46:2.49, 51). La 'atención no sabia' (*ayoniso-manasikāra*) conduce al surgimiento de las corrupciones (ver: MN 2) y al de los cinco impedimentos (SN 46:2.51).

manāyatana: 'Base mental', es un término colectivo para los diversos estados de conciencia, ver: *āyatana*.

manchas, las tres: *mala* (q.v.).

maṅgala: Significa, en términos de uso general, cualquier cosa considerada como 'auspiciosa', 'afortunada' o un 'buen augurio'. En contra de las nociones supersticiosas contemporáneas, el Buda, en el *Mahā-maṅgala Sutta* (Sn., vv. 258 ff.), enunció treinta y seis 'bendiciones' que son verdaderamente auspiciosas, es decir, conducentes a la felicidad, empezando con 'evitar las malas compañías' y finalizando con una 'mente serena'. Es uno de los *suttas* más populares en los países budistas y un texto fundamental de la ética budista laica. Trad. en *Everyman´s Ethics* (Wheel: 14). Ver: *Life´s Highest Blessings*, R. L. Soni (Wheel: 254-256).

mano: 'Mente', es utilizado en el Abhidhamma como sinónimo de *viññāṇa* (conciencia) y *citta* (estado de conciencia, mente). De acuerdo con el Comentario al Vism, algunas veces quiere decir subconciencia (ver: *bhavaṅga-sota*).

mano-dhātu: 'Elemento-mente' [o 'elemento mental'], es uno de los 18 elementos (ver: *dhātu* II). Este término, a diferencia de *manāyatana*, no se aplica a la conciencia en su totalidad, sino que designa solamente aquel elemento especial de la conciencia que inicialmente, al inicio del proceso de percepción sensorial, efectúa la función de advertencia (*āvajjana*; tab. I, 70) del objeto sensorial y entonces, después de haberse hecho consciente de él un par de veces, efectúa la función de recepción (*sampaṭicchana*; tab. I, 39, 55) en la conciencia. Ver: *viññāṇa-kicca*.

manodvārāvajjana: ver: *citta-vīthi*.

> Nota de la fuente: El término no se encuentra en las partes más antiguas del Sutta Piṭaka.

mano-kamma: 'acción mental'; ver: *karma, kammapatha*.

manomayā iddhi: ver: *iddhi*.

Manopadosika-deva: 'los seres celestiales corruptibles por su mal humor', son una clase de *devas* (q.v.) de la esfera sensorial. "Se pasan el tiempo enojándose unos con otros, poniéndose de mal humor, y de esta forma, al agotarse física y mentalmente, mueren en ese mundo" (DN 1; 24).

manopavicāra: 'complacencia mental'. Se mencionan dieciocho formas de complacencia: seis en felicidad (*somanassūpavicāra*), seis en pesar (*domanassa*), seis en indiferencia (*upekkhā*). "Percibiendo con el ojo una forma visual... escuchando con el oído un sonido... estando mentalmente consciente de un objeto, uno se complace en el objeto-productor-de-gozo, en el objeto-productor-de-pesar, en el objeto-productor-de-indiferencia..." (MN 137; AN 3:61). En el Com. a AN se dice que *upavicāra* es idéntico a *vitakka-vicāra* (q.v.).

mano-sañcetanā: 'volición mental'; ver: *āhāra*.

manoviññāṇa-dhātu: 'elemento de conciencia mental', uno de los dieciocho 'elementos' (ver: *dhātu* II). Este término es generalmente utilizado para designar el elemento de conciencia mental que efectúa las funciones de investigación (*santīraṇa*), determinación (*votthapana*), registro (*tadārammaṇa*), etcétera. Ver: tab. I, 40, 41, 56, 71, 72.

mantener: esfuerzo por mantener las cosas sanas; ver: *padhāna*.

Māra: (lit. 'el asesino') es la figura budista del 'Tentador'. A menudo se le llama 'Māra el Maligno' (*pāpimā māro*) o Namuci (lit. 'el no liberador', es decir, el oponente de la liberación). Aparece en los textos tanto como persona real (es decir, como deidad) y como la personificación del mal y de las pasiones, de la totalidad de la existencia mundana y de la muerte. Los textos en pāli, tardíos a menudo, hablan de un 'Māra quíntuple' (*pañca-māra*): 1. Māra como deidad (*devaputta-māra*); 2. El Māra de las impurezas (*kilesa-māra*); 3. El Māra de los agregados (*khandha-māra*); 4. El Māra de las formaciones kármicas (*kamma-māra*); y 5. Māra como la muerte (*maccu-māra*).

Como persona real, Māra es considerado como la deidad que reina en el cielo más elevado de la esfera sensorial (*kāmāvacara*), el cielo de los *paranimmitavasavatti deva*, las 'deidades que ejercen poder sobre las creaciones de otros' (Com. a MN 1). De acuerdo con la tradición, cuando el Bodhisatta se encontraba sentado bajo el árbol Bodhi, Māra intentó en vano obstruir su logro de la iluminación, inicialmente tratando de espantarlo mediante su horda de demonios, etcétera, y entonces mediante los atractivos de sus tres hijas. Este episodio es llamado 'la guerra de Māra' (*mārayuddha*). Durante siete años Māra siguió al Buda, tratando de encontrar alguna debilidad en Él; es decir, seis años previos a su iluminación y un año después de la misma (Snp. v. 446). También intentó inducir al Buda a que pasara al *parinibbāna* sin proclamar el Dhamma e inclusive, cuando el momento para el *parinibbāna* del Buda había llegado, lo azuzó a que procediera cuanto antes. Sin embargo, el Buda actuó con base en su propia introspección en ambos casos. Ver: DN 16.

Para (3) Māra como los agregados, ver: SN 23:1, 11, 12, 23. Ver: Padhāna Sutta (Sn. v. 425 ff.); Māra Saṃyutta (SN 4).

maraṇa: 'muerte', en uso ordinario significa la desaparición de la facultad vital confinada a una vida en particular, y con ello la desaparición del proceso vital psicofísico convencionalmente llamado 'hombre, animal, personalidad, ego, etcétera'. Estrictamente hablando, sin embargo, la muerte es la continuamente repetida disolución y desaparición de cada combinación físico-mental momentánea, y por lo tanto toma lugar a cada momento. Acerca de este aspecto de existencia momentánea se dice en Vism VIII:

"En sentido absoluto, los seres tienen sólo un muy corto momento de vida; la vida dura tanto como lo que dura un momento de conciencia singular. Así como la rueda de una carreta, ya sea en movimiento o estática, en toda ocasión descansa en sólo un punto único de su periferia, así la vida de un ser viviente dura solamente un solo momento de conciencia. Tan pronto como ese momento cesa, el ser también cesa. Ya que se dice: 'El ser del momento de conciencia pasado ha vivido, pero no vive ahora, ni vivirá en el futuro. El ser del futuro momento no ha vivido aún, ni vive ahora, pero vivirá en el futuro. El ser del momento presente no ha vivido, solamente vive ahora, pero no vivirá en el futuro'".

En otro sentido, el fin del proceso vital psicofísico del *arahant*, o santo perfeccionado, en el momento de su defunción puede ser llamado su final y última muerte, ya que hasta ese momento el proceso vital psicofísico aún se encontraba continuando de vida en vida.

La muerte, en sentido ordinario, combinada con la vejez, forma el decimosegundo eslabón en la fórmula del origen dependiente (*paṭiccasamuppāda*, q.v.).

Para la muerte como sujeto de meditación, ver: *maraṇānussati*; como función de la conciencia, ver: *viññāṇakicca*.

maraṇāsanna-kamma: ver: *karma*.

maraṇānussati: 'remembranza acerca de la muerte', es una de las diez remembranzas tratadas en detalle en Vism VIII:

"La remembranza de la muerte, cuando es desarrollada y practicada frecuentemente, produce gran recompensa, una gran bendición; tiene como objeto y objetivo la Inmortalidad. ¿Mas cómo debe ser desarrollada tal remembranza?

"Tan pronto como decline el día, o cuando la noche se desvanezca y el día aparezca, el monje debe reflexionar: 'Verdaderamente, existen muchas posibilidades de que muera: es posible que sea mordido por una serpiente, o picado por un escorpión o ciempiés, y por ende pueda perder la vida.

Pero esto sería un obstáculo para mí. O es posible que tropiece y caiga sobre el suelo, o que la comida ingerida por mí no vaya bien con mi salud; o la bilis, flema y punzantes [dolores ocasionados por] gases corporales se tornen en un trastorno u hombres o fantasmas me pueden atacar, y por ende puedo perder la vida. Pero esto sería un obstáculo para mí'. Entonces el monje debe considerar: '¿Acaso se encuentran presentes en mí aquellas cosas malas e impuras aún no subyugadas tales que, si muriese hoy o esta noche, me pudiesen conducir al sufrimiento?'. Ahora bien, si entiende que éste es el caso, entonces debe hacer uso de su máximo poder de resolución, energía, esfuerzo, tarea, perseverancia, atención y claridad mental con objeto de superar estas cosas malas e impuras" (AN 8:74).

En Vism VIII se dice: "Aquel que desea desarrollar esta meditación debe retirarse en soledad, y mientras viva en reclusión debe reflexionar sabiamente, a saber: '¡La muerte vendrá a mí! ¡La energía vital será interrumpida!'. O: '¡Muerte, muerte!'. Para aquel que propiamente no reflexione sabiamente la tristeza puede surgir al pensar en la muerte de una persona querida, de la misma forma en que una madre piensa en la muerte de su querido hijo. Por otra parte, reflexionando en la muerte de una persona desagradable, el gozo puede surgir, de la misma forma en la que sucede a los enemigos cuando piensan en la muerte de sus enemigos. Sin embargo, pensando en la muerte de una persona indiferente, no surge la emoción, tal como ocurre a la persona que se encarga de la cremación de los muertos cuando ve un cadáver. También es posible que surja miedo al reflexionar en la propia muerte... de la misma forma en la que al ver a un asesino con espada desenvainada uno se torna lleno de horror. Por tanto, cuando se vea aquí y allí seres aniquilados u otros seres muertos, uno debe reflexionar en la muerte de tales personas difuntas que en alguna ocasión vivieron en felicidad, y uno debe promover atención propia, emoción y conocimiento, y debe considerar: 'La muerte vendrá a mí, etcétera'. Sólo en aquel que considera en esta forma podrá reprimir los cinco impedimentos (*nīvaraṇa*, q.v.); y mediante la idea de la muerte la atención se tornará inquebrantable y el ejercicio alcanzará la concentración de acceso (*upacāra-samādhi*)".

De acuerdo con Vism VIII, uno puede reflexionar en la muerte de las siguientes formas: uno puede pensar en ella como un asesino con una espada desenvainada parado enfrente de uno; o uno puede tomar en cuenta que toda felicidad termina en la muerte; o que inclusive los más grandiosos seres en esta tierra están sujetos a la muerte; o que debemos compartir este cuerpo con todos esos innumerables gusanos y otros pequeños seres residentes en el mismo; o que la vida es algo dependiente de la inhalación y de la exhalación,

M

y que se encuentra sujeta a ello; o que la vida continúa sólo cuando los elementos, alimento, respiración, etcétera, se encuentran efectuando sus correspondientes funciones apropiadamente; o que nadie sabe cuándo, dónde y bajo qué circunstancias se manifestará la muerte, así como el no saber qué será de esperar en cuanto a nuestro destino después de la misma; o que la vida es muy corta y limitada. Tal como se ha dicho: "Corta, en efecto, es esta vida humana, limitada, fugaz, llena de miseria y tormento; es como una gota de rocío que se desvanece en cuanto surge el sol; como una burbuja de agua; como un surco trazado sobre el agua; como un torrente que arrastra todo lo que encuentra y que nunca cesa; como ganado camino al matadero, viendo la muerte cara a cara a cada momento" (AN 7:74).

"El monje devoto de esta remembranza de la muerte es infatigable todo el tiempo, logra la idea del disgusto con todas las formas de existencia, renuncia al deleite en la vida, detesta el mal, no acumula cosas, se encuentra libre de la avaricia con respecto a los requisitos para la vida, la idea de transitoriedad (*anicca*) se torna familiar; y, a través de perseverar en ella, la idea del sufrimiento (*dukkha*) y de la impersonalidad (*anattā*) se tornan presentes en él... Libre de temor y confusión morirá; y en caso de no lograr el Estado Inmortal en la vida presente, tras la disolución del cuerpo logra un curso de existencia feliz" (Vism VIII.). Ver: *Buddhist Reflections on Death*, V.F. Gunaratna (Wheel: 102-103) y *Buddhism and Death*, M.O.C. Walshe (Wheel: 260).

maravilla: ver: *pāṭihāriya*.

matar: ver: *karma*, *kamma-patha*, *sikkhā-pada*.

materia (corporeidad): ver: *khandha*, *rūpa-kalāpa*.

meditación: ver: *bhāvanā*, *jhāna*, *samādhi*.

meditaciones en el cementerio: ver: *sīvathikā*.

mensajero divino: *devadūta* (q.v.).

mensajeros divinos, los tres: *deva-dūta* (q.v.) [vejez, enfermedad y muerte].

mente y corporeidad [mente-materia]: *nāma-rūpa* (q.v.).

mente: *mano* (q.v.); ver: *nāma*.

mérito, las cuatro corrientes de: *puñña-dhārā* (q.v.). Para transferencia de mérito, ver: *patti-dāna*.

mérito reversible: *patti-dāna* (q.v.).

método correcto, el: *ñāya*, es un término para el Óctuple Sendero (ver: *magga*).

M

mettā: 'amor-bondad' [benevolencia amorosa, amor benevolente], es una de las cuatro moradas sublimes (*brahma-vihāra*, q.v.).

micchā-diṭṭhi: 'noción errónea'; 'entendimiento incorrecto', 'visión u opinión incorrecta', 'consideración incorrecta' –esta última definición no debe confundirse con 'consideración impropia', la cual es la traducción común de '*ayoniso manasikāra*' (lo opuesto de la consideración sabia)–.

micchā-magga, aṭṭhaṅgika: el 'sendero óctuple incorrecto', es decir: (1) Entendimiento incorrecto (*micchā-diṭṭhi*); (2) Intención incorrecta (*micchā-saṅkappa*); (3) Lenguaje incorrecto (*micchā-vācā*); (4) Acción corporal incorrecta (*micchā-kammanta*); (5) Modo de subsistencia incorrecto (*micchā-ājīva*); (6) Esfuerzo incorrecto (*micchā-vāyāma*); (7) Atención incorrecta (*micchā-sati*); (8) Concentración incorrecta (*micchā- samādhi*). De la misma forma que en el Noble Sendero Óctuple (*sammā-magga*), los ocho eslabones se incluyen en el grupo de las formaciones mentales (*saṅkhāra-kkhandha*; ver: *khandha*). Los eslabones 2, 6, 7 y 8 se encuentran inseparablemente unidos con cada estado de conciencia kármicamente inhábil. A menudo se encuentran presentes también 3, 4 o 5, algunas veces el eslabón número 1.

micchattā: 'cosas incorrectas, equivocadas o inhábiles', *micchā-magga* (q.v.)

miccha-vācā: 'lenguaje incorrecto', lenguaje falso (*musāvādā*), lenguaje calumnioso (*pisuṇā vācā*), lenguaje rudo o abusivo (*pharusā vācā*), lenguaje insulso o chismorreo (*samphappalāpa*).

middha: 'pereza'. Combinado con *thīna*, 'letargo', forma uno de los cinco impedimentos (*nīvarana*, q.v.). Ambos pueden estar asociados con la conciencia caracterizada por el deseo (ver: tab. III y I, 23, 25, 27, 29).

milagro: ver: *pāṭihāriya*.

milagro gemelo: *yamaka-pāṭihāriya* (q.v.).

miseria, contemplación de: *dukkhānupassanā*; ver: *ti-lakkhaṇa*.

moha: 'ofuscación', 'ilusión falsa', 'ceguera mental', 'necedad', 'confusión', son posibles términos para designar la tercera de las raíces de lo inhábil o malo (*mūla*, q.v.). El sinónimo mejor conocido es *avijjā* (q.v.), comúnmente traducido como 'ignorancia' o 'ausencia de conocimiento'.

moha-carita: 'de temperamento o naturaleza ofuscada o confundida'; ver: *carita*.

momento de acceso: ver: *javana*.

monástica, los frutos de la vida: *sāmañña-phala* (q.v.)

M

morada divina: ver: *vihāra* [*brahma-vihāra*].

moradas: *vihāra* (q.v.). Las cuatro moradas divinas: *brahma-vihāra* (q.v.). Las nueve moradas de los seres: *sattāvāsa* (q.v.).

moradas (o estados) sublimes: *brahma-vihāra* (q.v.).

moradas puras: *suddhāvāsa* (q.v.).

moralidad: *sīla* (q.v.). Contemplación sobre, ver: *anussati* (4).

moralidad natural: *pakati-sīla* (q.v.).

muccitu-kamyatā-ñāṇa: 'conocimiento consistente en el deseo de liberación'; ver: *visuddhi* (VI. 6).

muditā: 'alegría apreciativa (o empática)', es una de las cuatro moradas sublimes (*brahma-vihāra*, q.v.).

mudutā (*rūpa, kāya, citta*): 'elasticidad' (de corporalidad, factores mentales, conciencia); ver: *khandha* (I) y tab. II; ver: *lahutā*.

> Nota de la fuente: No se encuentra con este significado en las partes más antiguas del Sutta Piṭaka; ver: *lahutā*.

muerte: *maraṇa* (q.v.).

mūla: 'raíces', también llamado *hetu* (q.v.; ver: *paccaya*, 1), son aquellas condiciones que, mediante su presencia, determinan la calidad moral actual de un estado volitivo (*cetanā*) y la conciencia y factores mentales asociados con el mismo; en otras palabras, la cualidad del karma (q.v.). Existen seis tales raíces, tres son kármicamente sanas (ausencia de deseo, ausencia de aversión y ausencia de ofuscación: *alobha*, *adosa* y *amoha*) y tres son raíces malsanas (deseo, aversión y ofuscación: *lobha*, *dosa* y *moha*).

En AN 3:68 se dice que el deseo surge mediante la reflexión inapropiada en un objeto atractivo, la aversión surge mediante la reflexión inapropiada en un objeto repulsivo. De manera que el deseo (*lobha* o *rāga*) comprende todos los grados de 'atracción' hacia un objeto, desde la más mínima traza de deseo hasta las formas más burdas del egoísmo; mientras que la aversión (*dosa*) comprende todos los grados de 'repulsión', desde la más mínima traza de mal humor hasta el extremo más elevado de odio e ira. Las tres raíces de lo sano (*kusala*), ausencia de deseo (*alobha*) es una designación para la ausencia de egoísmo, generosidad, etcétera; la ausencia de aversión (*adosa*) designa amor bondadoso y buena voluntad (*mettā*); ausencia de ofuscación (*amoha*) es sinónimo de sabiduría (*paññā*).

"La percepción de lo impuro en el cuerpo debe ser desarrollada con objeto de superar el deseo (lujuria); benevolencia con objeto de superar el odio; sabiduría con objeto de superar la ofuscación" (AN 6:107).

"Matar, robar, actividad sexual ilícita, mentir, calumnia, lenguaje rudo, lenguaje frívolo, codicia, mala voluntad y nociones incorrectas (ver: *kammapatha*), estas cosas se deben ya sea al deseo, aversión u ofuscación" (AN 10:174).

"Cautivado por la lujuria (deseo), enfurecido por el odio, cegado por la ofuscación, abrumado, con mente atrapada, el hombre se dirige hacia su propia ruina, a la ruina de otros y a la ruina de ambos, y experimenta dolor y congoja. Así, sigue cursos malévolos en obras, palabra y pensamiento... Y en realidad no sabe la vía hacia su beneficio, o el beneficio de otros, o el beneficio de ambos. Estas cosas lo hacen ciego e ignorante, obstruyen su conocimiento, son dolorosas y no lo conducen hacia la paz".

La presencia o ausencia de las tres raíces de lo malsano forma parte de la contemplación de la mente en el *Satipaṭṭhāna Sutta* (MN 10). También son utilizadas para la clasificación de los estados de conciencia inhábiles (ver: tab. I). Ver: *The Roots of Good and Evil*, Nyanaponika Thera (Wheel 251-253).

multiforme, percepciones de lo: *nānatta-saññā*; ver: *jhāna* (5).

mundano: *lokiya* (q.v.).

mundo, el triple: *loka* (q.v.).

mundo humano: ver: *loka*, *gati*.

mundos inferiores, los cuatro: *apāya* (q.v.).

musāvādā: lenguaje falso; ver: *micchā-vācā*.

mutabilidad, contemplación de: *vipariṇāmānupassanā*: ver: *vipassanā*.

N

N

nacimientos sucesivos, karma madurando en: ver: *karma*.

nāma: (lit. 'nombre'): mente, mentalidad. Este término es generalmente usado como un nombre colectivo para los cuatro agregados mentales (*arūpino khandha*), es decir, sensación (*vedanā*), percepción (*saññā*), formaciones mentales (*saṅkhāra*) y conciencia (*viññāṇa*). En el cuarto eslabón (*nāma-rūpa*) de la fórmula del *Paṭicasamuppāda*, sin embargo, *nāma* implica solamente el *kamma* resultante (*vipāka*), sensación y percepción, y algunas pocas funciones mentales resultantes del *kamma* inseparables de cualquier conciencia. Como está dicho (MN 9; DN 15; SN 12:2): "Sensación (*vedanā*), percepción (*saññā*), volición (*cetanā*), contacto (*phassa*) y advertencia mental [atención (NT)] (*manasikāra*); esto, hermano, es denominado mente (*nāma*)". Con la adición de dos factores mentales adicionales, llamados facultad vital (*jīvita*) y concentración (*samādhi*), aquí 'fase estacionaria de la mente' (*cittaṭṭhiti*), en el Abhidhammattha Saṅgaha se dice que estos siete factores son los factores mentales inseparables de cualquier estado de conciencia. Para la lista completa de todas las cincuenta formaciones mentales del *saṅkhāra-kkhandha* (no incluye sensación y percepción), ver: tab. II.

nāma-kāya: los agregados mentales (diferenciados de *rūpa-kāya*, el agregado material). Éstos comprenden los cuatro agregados inmateriales de la existencia (*arūpino khandha*; ver: *khandha*). Esta doble agrupación, frecuente en los Comentarios, ocurre primero en DN 15, también en Paṭis (I, 183); *nāma-kāya* sólo es mencionado en Sn 1074.

nāma-rūpa: (lit. 'nombre y forma'), mente y materia. Es el cuarto eslabón del Origen Condicionado (ver: *paṭiccasamuppāda* 3, 4), donde está condicionado por la conciencia, y, por su parte, es la condición de la séxtuple base de los sentidos. En dos textos (DN 14, 15), que contienen variaciones del origen condicionado, se describe el condicionamiento mutuo entre conciencia y mente-y-cuerpo (ver también: SN 12:67), y la séxtuple base de los sentidos se dice que es una condición del contacto o impresión sensorial (*phassa*); ver también: Sn 872. La tercera de las siete purificaciones (ver: *visuddhi*), la purificación de la noción es definida en Vism XVIII como la "correcta visión de mente-y-cuerpo", y varios métodos para el discernimiento de mente-y-cuerpo por medio de la meditación introspectiva (*vipassanā*) son dados ahí. En este contexto, 'mente' (*nāma*) comprende todos los cuatro agregados mentales, incluyendo la conciencia. Ver: *nāma*. En los cinco agregados de la existencia (ver: *pañca-vohāra-bhava*), mente-y-cuerpo son inseparables e interdependientes; y esto ha sido ilustrado al compararlos con dos hojas de caña apoyadas una contra la otra: cuando una cae la otra caerá también; y con un hombre ciego con piernas robustas, cargando en sus hombros a un lisiado cojo con aguda visión: solamente con asistencia mutua pueden ellos moverse eficientemente (ver: Vism XVIII, 32 ff). Sobre su mutua dependencia, ver también: *paṭicca-samuppāda* (3). Con respeto a la impersonalidad y naturaleza dependiente de la mente y materia se ha dicho: "El sonido no es una cosa que habite dentro de un caracol y salga de vez en vez, pero debido a ambos, al caracol y al hombre que le sopla, surge el sonido. Así también, debido a la presencia de la vitalidad, calor y conciencia, el cuerpo puede ejecutar los actos de caminar, pararse, sentarse y acostarse, y los cinco órganos de los sentidos y la mente pueden ejecutar sus varias funciones" (DN 23). "Así como una muñeca de madera, aunque insustancial, sin vida e inactiva, por medio de cuerdas que la jalen puede moverse alrededor, pararse y parecer llena de vida y actividad, así también son la mente y cuerpo, como tales, algo vacío, sin vida e inactivo; pero por medio de su mutuo trabajo juntos esta combinación mental y corporal puede moverse, pararse y parecer llena de vida y actividad".

nānatta-saññā: percepciones de variedad. Éstas son explicadas en *jhāna*.

natthi-paccaya: condición de ausencia. Es una de las veinticuatro condiciones (ver: *paccaya*).

natthika-diṭṭhi: concepción nihilista; ver: *diṭṭhi*.

naturaleza aversiva, de: *dosa-carita*; ver: *carita*. [Es una de las tipologías de individuos.]

naturaleza especulativa, de: *vitakka-carita* (ver: *carita*).

naturaleza lujuriosa, de: *rāga-carita*; ver: *carita*.

naturaleza ofuscada, de: *moha-carita*; ver: *carita*.

nava-sattāvāsa: ver: *sattāvāsa*.

navaṅga-buddha-sāsana (o **navaṅga-satthu-sāsana**): ver: *sāsana*.

naya-vipassanā: ver: *kalāpa* (2).

nekkhamma: libre del deseo sensual, renuncia. A pesar de que aparentemente viene de *nir* + raíz *kram*, 'ir (hacia el estado sin hogar de un monje)', sin embargo, en los textos pāli se emplea como derivado de *kāma*, deseo sensual (lascivia), y siempre es un antónimo de *kāma*. Es una de las perfecciones (ver: *pāramī*). *Nekkhamma saṅkappa*, pensamiento libre de deseo sensual o pensamiento de renuncia, es una de las tres clases de Pensamiento Correcto o Intención Correcta (*sammā-saṅkappa*), el segundo componente del Noble Óctuple Sendero (ver: *magga*, 2); su antónimo es *kāma-saṅkappa*, pensamiento sensual.

nesajjikaṅga: es uno de los trece *dhutaṅga*.

neutral, kármicamente: *avyākata* (q.v.), sensaciones neutrales; ver: *vedanā*.

n'eva-saññā-n'āsaññāyatana: la esfera de la ni-percepción-ni-no-percepción. Es el nombre de la cuarta absorción de la esfera inmaterial (*arūpāvacara*), un estado de seminconsciencia, el cual es superado únicamente por el estado de completa interrupción de la mente, llamado 'estado de cese de la sensación y percepción' [*saññā-vedayita-nirodha*] (ver: *nirodha-samāpatti*). Ver: *jhāna* (8).

n'eva-sekha-n'āsekha: ni en entrenamiento ni más allá del entrenamiento; es decir, ni aprendiz ni maestro. Así es llamado el ser ordinario (ver: *puthujjana*), porque ni está persiguiendo el triple entrenamiento (ver: *sikkhā*) en moralidad, cultura mental y sabiduría, en el nivel de los primeros tres senderos de santidad, ni ha completado su entrenamiento como un *arahant*. Ver: *sekha*.

neyya: que requiere guía. Se dice de una persona que "siguiendo consejos y preguntando, a través de la consideración sabia, y de frecuentar amigos con mente noble, teniendo relación con ellos, asociándose con ellos, gradualmente llega a penetrar la verdad" (Pug. 162). Compare con *ugghaṭitaññū*.

neyyattha-dhamma: una enseñanza o doctrina cuyo significado es implícito o tiene que ser inferido, en contraste con una enseñanza o doctrina con un significado explícito o evidente (*nītattha-dhamma*). En AN 1:60 (PTS) se dice: "Aquel que declare a un *sutta* con significado implícito como un *sutta* con significado explicito (y a la inversa), tal persona hace una falsa declaración con respecto al Bendito". Ver: *paramattha*.

Nibbāna: (Skt. *nirvāna*), lit. 'extinción' (*nir* + raíz *vā*, apagarse, extinguirse); de acuerdo con los Comentarios, 'liberación del deseo' (*nir* + *vāna*). Nibbāna constituye la meta más elevada y última de todas las aspiraciones budistas, es decir, la extinción absoluta de ese deseo de vida manifestado como avidez, aversión e ignorancia, y convulsivamente aferrándose a la existencia; y por ello, también la última y absoluta liberación de todo renacimiento futuro, vejez, enfermedad y muerte, de todo sufrimiento y miseria. Compare con *parinibbāna*.

"Extinción de la avidez, extinción del odio, extinción de la ignorancia; esto se denomina Nibbāna" (SN 38:1). Los dos aspectos de Nibbāna son:

(1) La completa extinción de impurezas (*kilesa-parinibbāna*), también denominado *sa-upādi-sesa-nibbāna* (ver: It. 41), es decir, 'Nibbāna con los agregados que aún persisten' (ver: *upādi*). Esto ocurre al alcanzar la condición de *arahant* o perfecta santidad (ver: *ariya-puggala*).

(2) La completa extinción de los agregados de la existencia (*khandha-parinibbāna*), también llamada *an-upādi-sesa-nibbāna* (ver: It 41, AN 4:118), es decir, 'Nibbāna sin los agregados que persisten; en otras palabras, el descanso o más bien el 'no-continuar-más' de estos procesos físico-mentales de la existencia. Esto ocurre con la muerte de un *arahant*. Ver: Nibbāna.

Algunas veces ambos aspectos ocurren en un mismo momento, es decir, a la muerte de un *arahant*; ver: *sama-sīsī*.

"Esto, monjes, verdaderamente es la paz; esto es lo más elevado, es decir, el fin de todas las formaciones, el abandono de todo sustrato del renacimiento, el desvanecimiento del deseo, el desapego, la extinción, Nibbāna." (AN 3:32.)

"Embelesado con deseo sensual (*rāga*), enfurecido con enojo (*dosa*), cegado por la ignorancia (*moha*), abrumado, con mente entrampada, el hombre se inclina hacia su propia ruina, a la ruina de otros, a la ruina de ambos, y experimenta dolor y aflicción mental. Pero si el deseo sensorial, aversión e ignorancia son abandonados, el hombre no se inclina ni hacia su propia ruina, ni a la de otros, ni a la de ambos, y no experimenta dolor y aflicción mental. Así es Nibbāna visible en esta vida, inmediato, invitante, atractivo y comprensible por el sabio" (AN 3:55).

"Así como una roca maciza permanece inamovible por el viento, de la misma manera ni las formas visibles, ni los sonidos, ni los olores, ni los sabores, ni las impresiones táctiles, ni lo deseable, ni lo indeseable, pueden hacerlo vacilar. Estable es su mente, la liberación es alcanzada" (AN 6:55).

"Verdaderamente, existe lo no nacido, no originado, no creado, no formado. Si no existiera lo no nacido, no originado, no creado, no formado, no sería posible escapar del mundo de lo nacido, lo originado, lo creado, lo formado" (Ud. 83).

Uno no debería dejar de recalcar enfática e insistentemente el hecho de que no sólo para la realización del Nibbāna, sino también para su entendimiento teórico, es una condición preliminar indispensable comprender plenamente la verdad de *anattā*, impersonalidad e insustancialidad de todas las formas de existencia. Sin tal entendimiento, necesariamente tendríamos una concepción errónea de Nibbāna –de acuerdo con que la propia inclinación sea materialista o metafísica–, ya sea como la aniquilación de un yo o como un estado eterno de existencia en el cual un yo o ego entra o con el cual se une. Por ello se ha dicho:

"Mero sufrimiento existe, no sufriente se encuentra.
El hecho es, pero no hay hacedor del hecho.
Nibbāna es, pero no la persona que entra en ella.
El sendero es, pero no hay viajero que en éste sea visto" (Vism XVI, 90).

Publicaciones: Para textos sobre el Nibbāna, ver: PD § 36 ff; Vism XVI. 64 ff; *Anattā and Nibbāna*, Nyanaponika Thera (Wheel 11); *The Buddhist Doctrine of Nibbāna*, Ven. P. Vajiranana y F. Story (Wheel 165-166).

nibbatti: surgimiento, renacimiento. Es un sinónimo de *paṭisandhi*.

nibbedha-bhāgiya-sīla (-samādhi, -paññā): moralidad (concentración, sabiduría) relacionada con penetración; ver: *hāna-bhāgiya-sīla*.

nibbidānupassanā-ñāṇa: conocimiento de la contemplación del disgusto. Es uno de los dieciocho principales tipos de penetración introspectiva; ver: *vipassanā* (4), *samatha-vipassanā* (2), *visuddhi* (VI, 5).

nicca-saññā (-citta, -diṭṭhi): percepción (conciencia, noción) de la permanencia. Es una de las cuatro perversiones (*vipallāsa*).

nīla-kasiṇa: *kasiṇa* azul; ver: *kasiṇa*.

nimitta: marca, signo, imagen, objetivo, objeto, causa, condición. Estos significados son usados en, y adaptados a, muchos contextos de los cuales únicamente los doctrinales son mencionados aquí.

(1) 'Imagen mental' obtenida en la meditación. En plena claridad, aparecerá en la mente mediante la práctica exitosa de ciertos ejercicios de concentración, y entonces aparecerá tan vívidamente como vista por el ojo. El objeto percibido al mero inicio de la concentración se denomina signo preliminar (*parikamma-nimitta*). La aún inestable y no clara imagen, la cual surge cuando la mente alcanza un grado débil de concentración, se denomina signo adquirido (*uggaha-nimitta*). La enteramente clara e inamovible imagen que surge con un grado superior de concentración se denomina signo conceptuado (*paṭibhāga-nimitta*). Tan pronto como surja esta imagen, la concentración de acceso [o proximidad] (*upacāra-samādhi*) es alcanzada. Para mayores detalles, ver: *kasiṇa*, *samādhi*.

(2) 'Signo de kamma' (*kamma-nimitta*) y 'signo de destino' (*gati-nimitta*); éstos surgen como objetos mentales de la última conciencia kármica antes de morir (*maraṇāsanna-kamma*); ver: *kamma* (3).

(3) Los usos (1) y (2) son de los Comentarios. En los *suttas* el término ocurre, p. ejem., como:

(4) 'Apariencia exterior' de uno que tiene control de los sentidos; se dice que "él no es capturado por la apariencia general" de un objeto (*na nimittaggāhī*; MN 38, DN. 2; expl. Vism I, 54 ff; ver: *sīla*).

(5) 'Objeto'; los seis objetos, es decir, visual, etcétera (*rūpa-nimitta*; SN 22:3). También, cuando al explicar *animitta-cetovimutti*, liberación de la mente sin signo (ver: *cetovimutti*, *vimokkha*), se dice "*sabba-nimittānam amanasikārā*"; se refiere a los seis objetos sensoriales (Com. a MN 43), y por lo tanto puede ser traducido 'no poniendo atención a ningún objeto' (o ideas-objeto). Un objeto placentero o hermoso (*subha-nimitta*); es una condición para que surja el impedimento del deseo sensorial; un objeto repelente (*paṭigha-nimitta*), para el surgimiento del impedimento de la aversión; la contemplación de la impureza de un objeto (*asubha-nimitta*; ver: *asubha*) es un antídoto contra el deseo sensual.

(6) En Paṭis II, en una serie repetitiva de términos, *nimitta* aparece junto con *uppādo* (origen de la existencia), *pavattaṃ* (continuidad de la existencia), y podría ser traducido como 'condición de la existencia' (ver: PD § 194 ff.).

Nimmāna-rati: es el nombre de una clase de divinidades de la esfera de los sentidos; divinidades que disfrutan de sus propias creaciones; ver: *deva*.

nippapañca: ver: *papañca*.

nipphanna-rūpa: materia concretamente producida. Es idéntica a *rūpa-rūpa*, materia material, es decir, materia real, en contraste con 'materia no concretamente producida' (*anipphanna-rūpa*), consistente en meras cualidades o modos de materia, p. ejem., transitoriedad, etcétera, las cuales son también enumeradas entre los veintiocho fenómenos del grupo de la materia. Ver: *khandha*, Resumen I; Vism XIV, 73.

niraya: lit. 'camino hacia abajo'. El mundo infernal, comúnmente traducido como 'infierno', es uno de los cuatro cursos inferiores de la existencia (*apāya*). Los budistas están muy conscientes de que, de acuerdo con la ley universal de la transitoriedad, una vida en el infierno, así como en el cielo, no puede durar eternamente, sino que, después de agotar el karma que ha causado la respectiva forma de renacimiento, necesariamente será seguida otra vez por una nueva muerte y un nuevo renacimiento, de acuerdo con el karma almacenado.

nirodha: extinción; ver: *nirodha-samāpatti*, *anupubba-nirodha*.

nirodha-samāpatti: el estado de cese (SN 14:11), también denominado *saññā-vedayita-nirodha*, extinción de la sensación y la percepción, es la suspensión temporal de toda conciencia y actividad mental, que sigue inmediatamente después del estado de seminconsciencia llamado esfera de ni-percepción-ni-no-percepción (ver: *jhāna*, 8). Las precondiciones absolutamente necesarias para conseguir este estado se dice que son tanto el perfecto dominio de todas las ocho absorciones (*jhāna*) como el previo logro del estado de *anāgāmī* o *arahant* (ver: *ariya-puggala*).

De acuerdo con el Vism XXIII, la entrada en este estado ocurre de la siguiente manera: por medio de la tranquilidad mental (*samatha*) y de la visión introspectiva (*vipassanā*) uno pasa a través de todas las ocho absorciones, una después de la otra, hasta la esfera de la ni-percepción-ni-no-percepción, y después uno entra en el estado de cese. Si, digamos, de acuerdo con el Vism, el discípulo (*anāgāmī* o *arahant*) pasa a través de la absorción únicamente por medio de la tranquilidad, es decir, concentración, él únicamente alcanzará la esfera de ni-percepción-ni-no-percepción, y luego llega a un estancamiento; si, por otro lado, procede únicamente con visión introspectiva, él alcanzará la fruición (*phala*) del *anāgāmī* o *arahant*. Aquel, sin embargo, que por medio de ambas facultades pasa de absorción en absorción y, habiendo hecho los preparativos necesarios, lleva la esfera de 'ni-percepción-ni-no-percepción' a un final, tal persona alcanza el estado de cesación. Mientras el discípulo está pasando a través de las ocho absorciones, él, cada vez que emerge de la absorción alcanzada, contempla con su visión introspectiva todos los fenómenos mentales que constituyen esa absorción especial como transitorios, insatisfactorios e impersonales. Después él nuevamente entra a la próxima absorción superior, y así, después de cada absorción practicando visión introspectiva, finalmente alcanza el estado de ni-percepción-ni-no percepción, y, después, el cese completo. Este estado, de acuerdo con los Comentarios, puede durar siete días o aún más. Inmediatamente al emerger de este estado, sin embargo, en el *anāgāmī* surge la fruición del estado de *anāgāmī* (*anāgāmī-phala*); en el *arahant* surge la fruición del estado de *arahant* (*arahatta-phala*).

Con respecto a la diferencia existente entre un monje en este estado de cesación, por un lado, y una persona muerta, por el otro, MN 3 dice: "En aquel que está muerto, y su vida ha llegado a un final, las funciones corporales (inhalación-exhalación de la respiración), verbales (pensamiento o idea-concepto y pensamiento discursivo) y mentales (ver: *saṅkhāra*, 2) han sido suspendidas y se han detenido; la vida está agotada, el calor vital extinguido, las facultades destruidas. También en el monje que ha alcanzado la cesación de percepción y sensación (*saññā-vedayita-nirodha*), las funciones corporales, verbales y mentales han sido suspendidas y se han detenido, pero la vida no está agotada, el calor vital no está extinguido y las facultades no están destruidas".

Para detalles, ver: Vism XXIII; para textos, ver: PD § 206.

nirodhānupassanā: contemplación del cese. Es uno de los dieciocho tipos principales de penetración (ver: *vipassanā*). Ver: *ānāpānasati* (15).

nirutti-paṭisambhidā: el conocimiento analítico del lenguaje. Es uno de los cuatro conocimientos analíticos (ver: *paṭisambhidā*).

nirvāṇa (Skr): Nibbāna (q.v.).

nissaraṇa-pahāna: escape mediante el abandono. Es uno de los cinco tipos de victoria (ver: *pahāna*).

> Nota de la fuente: En el Tipiṭaka sólo se encuentra en el Paṭisambhidāmagga.

nissaya: fundamento, base. Los dos fundamentos erróneos de la moralidad son el deseo (*taṇhā-nissaya*) y las concepciones erróneas (*diṭṭhi-nissaya*). De ahí que haya dos bases erróneas de la moralidad: (1) moralidad basada en el deseo (*taṇhā-nissita-sīla*) y (2) moralidad basada en nociones (*diṭṭhi-nissita-sīla*).

"Basada en el deseo es esa moralidad por el deseo de una existencia feliz, p. ejem., '¡que mediante esta moral me convierta en un dios o una divinidad!'" (AN 9:172). "Basada en concepciones es esa moralidad que ha sido inducida por la noción de que a través de la observancia de ciertas reglas morales puede alcanzarse la purificación". (Vism I.)

> Nota de la fuente: En el Tipiṭaka *taṇhā-nissaya* y *-nissita* se encuentran solamente en el Niddesa; sin embargo, *diṭṭhi-nissaya* ya se encuentra mencionado en MN 22 y DN 28.

nissaya-paccaya: condición de apoyo. Es una de las veinticuatro condiciones (ver: *paccaya*, 8).

nītattha-dhamma: una enseñanza o doctrina con significado explícito o evidente, en contraste con una doctrina con significado inferido (ver: *neyyattha-dhamma*). Ver también: *paramattha*.

nīvaraṇa: impedimento. Son cinco factores que son obstáculos para la mente y ciegan la visión mental. En su presencia no se puede alcanzar la concentración de acceso (*upacāra-samādhi*) y plena concentración (*appanā-samādhi*), y se es incapaz de discernir claramente la verdad. Éstos son:

(1) deseo sensorial (*kāmacchanda*)
(2) mala voluntad (*vyāpāda*)
(3) letargo y torpeza mental (*thīna-middha*)
(4) agitación y preocupación (*uddhacca-kukkucca*)
(5) duda escéptica (*vicikicchā*)

En los hermosos símiles en AN 5:193 el deseo sensorial es comparado con agua mezclada con múltiples colores; la mala voluntad o aversión, con agua

N

hirviendo; el letargo y torpeza mental, con agua cubierta con musgo; la agitación y preocupación, con agua agitada azotada por el viento; y la duda escéptica, con agua turbia y lodosa. Así como en tal agua no podemos recibir el propio reflejo, así también, cuando estos cinco impedimentos mentales están presentes, no podemos discernir claramente nuestro propio beneficio, ni el de otros, ni el de ambos.

Respecto a la suspensión temporal de los cinco impedimentos al entrar en la primera absorción, el típico *sutta* o texto (p. ejem., AN 9:40) dice así:

"Él ha desechado el deseo sensorial; permanece con un corazón libre de deseo sensorial; él limpia su corazón del deseo sensorial.

"Él ha desechado la aversión; permanece con un corazón libre de aversión, abrigando amor y compasión hacia todos los seres vivientes, él limpia su corazón de la aversión.

"Él ha desechado el letargo y torpeza mental; permanece libre de letargo y torpeza mental; percibiendo luz, con mente atenta, con clara conciencia, él limpia su mente de letargo y torpeza.

"Él ha desechado la agitación y la preocupación; permanece con mente libre de perturbación, con el corazón lleno de paz; él limpia su mente de la agitación y preocupación.

"Él ha desechado la duda escéptica; permanece libre de duda, lleno de confianza en el bien; él limpia su corazón de la duda.

"Él ha descartado estos cinco impedimentos, y ha llegado a conocer estas paralizantes impurezas de la mente. Y alejado de las impresiones sensoriales, alejado de cosas malsanas, él entra en la primera absorción, etcétera." Sobreponerse a estos cinco impedimentos por medio de las absorciones es, como ya se ha señalado, una mera suspensión temporal, llamada 'abandonar mediante supresión' (*vikkhambhana-pahāna*). Estos impedimentos desaparecen para siempre al entrar en los cuatro senderos supramundanos (ver: *ariya-puggala*), es decir, la duda escéptica al alcanzar el estado de *sotāpatti*; deseo sensorial, aversión y preocupación al alcanzar el estado de *anāgāmī*; letargo y torpeza mental; y agitación al alcanzar el estado de *arahant*.

Para su origen y su conquista, ver: AN 1:2; 6:21; SN 46:51.

Ver: *The Five Mental Hindrances,* Nyanaponika Thera (Wheel 26).

niyāma: proceso, ley, orden fijo con respecto a todas las cosas; compare *tathatā*. *Pañca-niyāma* es un término de los Comentarios que significa la 'quíntuple ley' u 'orden natural' que gobierna: (1) temperatura, estaciones y otros acontecimientos físicos (*utu-niyāma*) [leyes físico-químicas y energéticas]; (2) los procesos biológicos inherentes a los seres vivientes y las leyes de la genética (*bīja-niyāma*); (3) el karma (*kamma-niyāma*); (4) la mente (*citta-niyāma*), p. ejem., la ley de la secuencia de las funciones de la conciencia (ver: *viññāṇa-kicca*) en el proceso cognitivo; (5) ciertos acontecimientos en conexión con el Dhamma (*dhamma-niyāma*), p. ejem., los acontecimientos típicos que ocurren en las vidas de los Budas. [La ley superior que abarca y rige por encima de las leyes anteriores.]

> Nota de la fuente: Las palabras compuestas *utu-*, *bīja-*, *kamma-*, *cita-* y *dhamma-niyāma* aparecen por primera ocasión en los Comentarios. *Niyāmatā*, sin embargo, se encuentra frecuentemente en los textos antiguos de los *suttas*, p. ejem., *ṭhitā va sā dhātu dhammaṭṭhitatā dhamma niyāmatā*... (AN III 134, etcétera).

niyata-micchā-diṭṭhi: noción errónea con destino fijo. Son las nociones de la no causalidad de la existencia (*ahetuka-diṭṭhi*), ineficiencia de las acciones (*akiriya-diṭṭhi*) y nihilismo (*natthika-diṭṭhi*). Para detalles, ver: *diṭṭhi* y MN 60, Com (Wheel 98-99).

> Nota de la fuente: Este término se encuentra por primera vez en el Paṭṭhāna del Abhidhamma; sin embargo, como *micchādiṭṭhi niyatā*, se encuentra por primera vez en el Dhammasaṅgaṇī. Como nombre para el décimo y último de los *akusala-kamma-pathas*, desempeña una función prominente en los Comentarios.

niyata-puggala: individuo con destino fijo. Puede ser ya sea un individuo que ha cometido uno de los cinco 'hechos abyectos con resultado inmediato' (ver: *ānantarika-kamma*) o alguien que sigue 'nociones erróneas con destino fijo' (*niyata-micchā-diṭṭhi*), o alguien que ha alcanzado uno de los cuatro estados de santidad (ver: *ariya-puggala*). Sobre el último compare con el frecuente pasaje: "Aquellos discípulos en quienes los tres encadenamientos (creencia en la personalidad, duda escéptica y adherencia a las meras reglas y rituales; ver: *saṃyojana*) han sido abandonados, todos han entrado en la corriente, han escapado para siempre de los estados desafortunados; fijo es su destino (*niyata*), asegurada su iluminación final".

no desaparición, condición de: *avigata-paccaya*, es una de las veinticuatro condiciones (*paccaya*, q.v.).

no inducida, conciencia: ver: *asaṅkhārika-citta*.

no violencia: ver: *avihiṃsā*.

no yo: ver: *anattā*.

no-upādā-rūpa: materia no derivada. Designa los cuatro elementos primarios (*mahābhūtā* o *dhātu*), distinguiéndolos de la 'materia derivada' (*upādā-rūpa*), como por ejemplo los órganos sensoriales, etcétera. Compare con *khandha*, I.

noble poder: *ariya-iddhi*; ver: *iddhi*.

Nobles Verdades, las Cuatro: *ariya-saccā*; ver: *sacca*. El doble conocimiento de las Nobles Verdades; ver: *sacca-ñāṇa*.

noción nihilista: *natthika-diṭṭhi*; ver: *diṭṭhi*.

nueve aspectos de la Buddhasāsana: *navaṅga-buddha-sāsana*, ver: *sāsana*.

nueve moradas de seres: ver: *sattāvāsa*.

nutrimento: ver: *ojā*, *āhāra*. El nutrimento es una de las veinticuatro condiciones (*paccaya*, q.v.); corporeidad producida por el alimento, ver: *samuṭṭhāna*.

Ñ

ñāṇa: entendimiento, conocimiento, comprensión, inteligencia, penetración. Es un sinónimo de *paññā*; ver también: *vipassanā*.

> Nota de la fuente: Uno de los nueve tipos de conocimiento introspectivo que constituye el *paṭipadā-ñāṇadassana-visuddhi* (ver: Vism XXI); los siguientes seis son, como tales, enumerados y explicados por primera ocasión en Paṭis, propiamente: *udayabbayānupassanā-ñāṇa* (I, 54-57), *bhaṅgānupassanā- ñāṇa*, (*ibid.*, 57 ff.), *bhayatupaṭṭhāna-ñāṇa* (*ibid.*, 59 ff.), *muccitukamyatā-ñāṇa*, *paṭisaṅkhā-ñāṇa* y *saṅkhārupekkhā-ñāṇa* (*ibid.*, 60-65). Los términos *udayabbaya* y *bhaṅga*, en conexión con los cinco grupos de la existencia, sin embargo, son a menudo encontrados en los antiguos textos de los *suttas*. De los tres tipos de conocimiento restantes, *ādīnavānupassanā*, *nibbidānupassanā* y *anuloma-ñāṇa*, los primeros dos ocurren a menudo en los antiguos textos de los *suttas*, mientras que *anuloma-ñāṇa*, no obstante ser mencionado sólo brevemente en el Abhidhamma canónico (en el Paṭṭhāna), representa una parte prominente de los textos exegéticos.

ñāṇadassana-visuddhi: purificación del conocimiento y visión. Es la última de las siete purificaciones y un nombre para el conocimiento del sendero (*magga-ñāṇa*), es decir, la penetrante realización de los senderos de 'entrada en la corriente', 'un retorno', 'no retorno' y 'estado de *arahant*'. En Vism XXII se proporciona una detallada explicación de esto (ver: *visuddhi*, VII). En AN 4:41 *ñāṇadassana* aparentemente significa el ojo divino (*dibbacakkhu*, ver: *abhiññā*), producido a través de la concentración de la mente en la luz.

ñāṇa-vipphārā iddhi: el poder del conocimiento penetrante. Es uno de los poderes espirituales (ver: *iddhi*).

ñāta-pariññā: entendimiento completo (o comprensión) de lo conocido. Es uno de los tres tipos de entendimiento pleno (*pariññā*).

ñāya: recto método. A menudo es usado como un nombre para el Noble Óctuple Sendero (ver: *magga*), p. ejem., en el Satipaṭṭhāna Sutta (MN 10, DN 22).

O

O

obhāsa: resplandor de luz, aura. Aparece en momentos durante profunda introspección (*vipassanā*). Puede convertirse en una 'impureza de la introspección' (*vipassanūpakkilesa*); compare con *visuddhi*, V.

objeto: *ārammaṇa* (q.v.); como condición, ver: *paccaya* (2).

objeto mental: *dhamma*; ver: *āyatana*. Contemplación del, ver: *satipaṭṭhāna* (4).

objeto visible: ver: *āyatana*.

obstáculos, los diez obstáculos de la meditación: *palibodha* (q.v.); para los cinco obstáculos u obstáculos mentales, ver: *nīvaraṇa*.

obstinación mental: *ceto-khila* (q.v.).

obstinaciones mentales, las cinco: *ceto-khila* (q.v.); ver MN.16.

odāta-kasiṇa: *kasiṇa* blanca; ver: *kasiṇa*.

ofuscación [engaño, confusión, ilusión]: ver: *moha*, *avijjā* [ignorancia].

ogha: inundación [torrente]. Es un nombre para las cuatro corrupciones (ver: *āsava*).

oído y ojo divinos: ver: *abhiññā* [dos de los poderes psíquicos].

ojā: esencia nutritiva, nutrimento; es sinónimo de *āhāra*. Es una de las ocho partes inseparables constitutivas o cualidades de toda materia: solidez, cohesión, temperatura, movimiento, color, olor, sabor y esencia nutritiva. Ésta es la octava, con la esencia nutritiva como octavo (factor) (*ojaṭṭhamaka-kalāpa*), también denominada 'óctuplo puro' (*suddhaṭṭhaka-kalāpa*); es la más primitiva combinación material. Para mayores detalles ver: *rūpa-kalāpa*.

ojo: cinco clases, ver: *cakkhu*. Órgano visual, ver: *āyatana*.

ojo-órgano: ver: *āyatana*.

okkanti: concepción, lit. 'descenso'. Designa la aparición del embrión en el vientre materno, es decir, el inicio del proceso de nacimiento (ver: *jāti*). "Mediante la concurrencia de tres circunstancias surge el embrión. Cuando el padre y la madre se han unido, y la madre está en su tiempo, y el '*gandhabba*' (metafóricamente 'el ser que llega allí'; en referencia a la energía kármica [aunada al continuo de conciencia asociado con los correspondientes factores mentales]), bajo estas tres circunstancias aparece el embrión." (MN 38.)

omāna: presunción de inferioridad, ver: *māna*.

opapātika: lit. 'accidental' (de *upapāta*, accidente; no de *upapatti*, como dice el diccionario de la PTS); nacimiento espontáneo. Es decir, nacido sin la instrumentación de los padres. Esto se aplica a todas las divinidades, seres celestiales y seres infernales, espíritus (*peta*) y demonios (*asura*). "Después de la desaparición de los cinco encadenamientos inferiores (ver: *saṃyojana*), (el *anāgāmī*) aparece en un mundo espiritual (*opapātika*)..."

opuesto: 'superar por el opuesto', ver: *pahāna*.

orambhāgiya-saṃyojana: los encadenamientos inferiores. Las cinco ataduras iniciales que atan a la existencia inferior; ver: *saṃyojana*.

órgano auditivo: ver: *āyatana*.

órgano gustativo: ver: *āyatana*.

órgano olfativo: ver: *āyatana*.

órganos de los sentidos y objetos: ver: *āyatana*, *dhātu*.

origen de la corporeidad: ver: *samuṭṭhāna*.

origen dependiente: *paṭicca-samuppāda* (q.v.).

ottappa: temor moral; ver: *hiri-ottappa*.

oyente (discípulo): *sāvaka* (q.v.).

P

P

pabbajjā: lit. 'ir hacia adelante' o, enunciado en forma más completa, 'el ir adelante (o avanzar) de la vida hogareña a la vida sin hogar', propio de un monje (*agārasmā anagāriyaṁ pabbajjā*); consiste en cortar los lazos familiares y sociales con el objeto de vivir la vida de pureza monástica, para lograr el objetivo de la liberación final indicado por el Iluminado. Por ende, el vocablo *pabbajjā* se usa para designar la admisión como *sāmaṇera* o novicio, es decir, como candidato para ingresar a la Orden de Bhikkhus o monjes.

paccavekkhana-ñāṇa: 'conocimiento retrospectivo', se refiere a la imagen mental recordada tras haber sido obtenida en la práctica de la concentración o a cualquier experiencia interna de ocurrencia reciente, como, por ejemplo, cualquier estado de absorción (*jhāna*, q.v.) o el logro de cualquier vía o fruto supramundano, etcétera (ver: *ariya-puggala*). Tal como se dice: "Al final del [proceso] de conciencia marcado por el fruto de la vía, la conciencia se sumerge en la corriente del estado fundacional de la conciencia (*bhavaṅga-sota*, q.v.). Entonces, interrumpiendo la corriente de existencia, surge la advertencia mental (*manodvārāvajjana*) en el umbral de la mente, con objeto de ver en retrospectiva el momento mental de la vía recién surgida. Ahora bien, tan pronto como esta etapa haya concluido, siete momentos de conciencia impulsiva (*javana-citta*) fugazmente se suceden uno a otro mientras sucede la visión retrospectiva de la vía. Una vez que se sumergen nuevamente en la corriente subconsciente surgen, con el propósito de ver retrospectivamente el fruto de la vía, los momentos de advertencia e impulsión, durante cuyo surgimiento el monje ve retrospectivamente la vía, ve retrospectivamente el fruto, ve retrospectivamente el abandono de las impurezas, ve retrospectivamente las impurezas que aún permanecen, ve retrospectivamente Nibbāna como objeto... 'Esta bendición he logrado', 'Esta y aquella impureza aún permanecen en mí'. 'Este objeto he aprehendido en mi mente', etcétera". (Vism XXII).

paccavekkhana-visuddhi: 'pureza reflexiva', es un nombre aplicado a la consideración sabia en el uso de los cuatro requisitos permitidos para el monje, es decir, túnicas, comida, alojamiento y medicinas; ver: *sīla* (4).

paccaya: 'condición', es algo en lo que alguna otra cosa, la llamada 'cosa condicionada', es dependiente, y sin la cual la última no puede ser. Múltiples son las formas en las que algo, o alguna ocurrencia, puede ser condición para alguna otra cosa u ocurrencia. En el Paṭṭhāna, el último libro del Abhidhamma

Piṭaka (el cual comprende seis extensos volúmenes en la edición tailandesa), estos veinticuatro modos de condicionalidad se enumeran y explican, y subsecuentemente se aplican a toda ocurrencia o fenómeno físico y mental concebible, con lo que su naturaleza condicionada es demostrada.

Los primeros dos volúmenes del Paṭṭhāna han sido traducidos al inglés por el venerable U Nārada (Mūlapaṭṭhāna Sayadaw), de Birmania, con el título *Conditional Relations* (publicado por la Pali Text Society, Londres, 1969, 1981). Para una sinopsis de esta obra ver: Guía, VII.

Los 24 modos de condicionalidad son:

(1)	Raíz	Condición de,	*hetu*	*paccaya*
(2)	Objeto	"	*āramaṇa*	"
(3)	Predominancia	"	*adhipati*	"
(4)	Proximidad	"	*anantara*	"
(5)	Contigüidad	"	*samanantara*	"
(6)	Conacimiento	"	*sahajāta*	"
(7)	Mutualidad	"	*aññamañña*	"
(8)	Soporte	"	*nissaya*	"
(9)	Soporte decisivo	"	*upanissaya*	"
(10)	Prenacimiento	"	*purejāta*	"
(11)	Posnacimiento	"	*pacchājāta*	"
(12)	Repetición	"	*āsevana*	"
(13)	Karma	"	*kamma*	"
(14)	Resultado kármico	"	*vipāka*	"
(15)	Nutrimento	"	*āhāra*	"
(16)	Facultad	"	*indriya*	"
(17)	Jhāna	"	*jhāna*	"
(18)	Vía	"	*magga*	"
(19)	Asociación	"	*sampayutta*	"
(20)	Disociación	"	*vippayutta*	"
(21)	Presencia	"	*atthi*	"
(22)	Ausencia	"	*natthi*	"
(23)	Desaparición	"	*vigata*	"
(24)	No desaparición	"	*avigata*	"

(1) Condición de raíz (*hetu-paccaya*) es aquella condición que semeja la raíz de un árbol. De la misma forma en que un árbol descansa sobre su raíz, y permanece con vida siempre y cuando su raíz no sea destruida, similarmente todos los estados kármicamente sanos y malsanos son enteramente dependientes de la simultaneidad y presencia de sus raíces respectivas, es decir, avidez (*lobha*), aversión (*dosa*), ofuscación (*moha*), ausencia de avidez (*alobha*), ausencia de aversión (*adosa*) y ausencia de ofuscación (*amoha*). Para las definiciones de estas seis raíces ver: *mūla*.

"Las raíces son una condición por vía de raíz para los fenómenos mentales asociados con una raíz y para los fenómenos corporales ahí producidos (por ejem., la expresión corporal)" (Paṭṭh.).

(2) Condición de objeto (*āramaṇa paccaya*) es llamada algo que, como objeto, forma la condición para la conciencia y los fenómenos mentales. Así, el objeto físico de la vista consistente en color y luz ('onda luminosa') es la condición necesaria y el *sine qua non* para el surgimiento de la conciencia visual (*cakkhu-viññāṇa*), etcétera; sonido ('onda sonora') lo es para la conciencia auditiva (*sota-viññāṇa*), etcétera; por añadidura, cualquier objeto que surge en la mente es la condición para la conciencia mental (*mano-viññāṇa*). El objeto mental puede ser cualquier cosa, ya sea corporal o mental, pasado, presente o futuro, real o imaginario.

(3) Condición de predominancia (*adhipati-paccaya*), es el término que designa cuatro cosas, de cuya preponderancia y predominancia dependen los fenómenos mentales asociados con ellas, propiamente: intención concentrada (*chanda*, q.v.), energía concentrada (*viriya*, q.v.), conciencia concentrada (*citta*) e investigación concentrada (*vīmaṃsā*). Sin embargo, en un mismo estado de conciencia sólo uno de estos cuatro fenómenos puede ser a su vez predominante. "Cuandoquiera que tales fenómenos como la conciencia y los concomitantes mentales surjan mediante el dar predominancia a una de estas cuatro cosas, entonces este fenómeno es condición por vía de predominancia para los otros fenómenos" (Paṭṭh.), Cf. *iddhi-pāda*.

(4-5) Condiciones de proximidad y contigüidad (o condición de inmediatez) (*anantara-* y *samanantara-paccaya*) –ambas siendo idénticas–, se refieren a cualquier estado de conciencia y fenómenos mentales asociados con las mismas, que son las condiciones para la etapa inmediatamente subsiguiente en el proceso de conciencia. Por ejemplo, en el proceso visual, la conciencia visual es para el elemento mental inmediatamente por seguir –efectuando la función de recibir el objeto visual– una condición por vía de contigüidad; y de la misma forma lo es este elemento mental para el siguiente elemento de conciencia, efectuando la función de investigar el objeto, etcétera. Cf. *viññāṇa-kicca*.

(6) Condición de conacimiento (*sahajāta-paccaya*), a saber, condición por vía de surgimiento simultáneo, es un fenómeno que, con respecto a otro fenómeno, constituye una condición de tal forma que, simultáneamente con su surgimiento, también el otro fenómeno surge. Así, por ejemplo, en el mismo preciso momento cada uno de los cuatro agregados mentales (sensación, percepción, formaciones mentales y conciencia) es para los tres otros grupos una condición por vía del conacimiento o co-surgimiento; o, por otra parte, cada uno de los cuatro elementos físicos (sólido, líquido, calor y movimiento) es tal condición para los otros tres elementos. Solamente en el momento de la concepción en el vientre materno la corporalidad (la base física de la mente) sirve como condición para los cuatro agregados mentales por vía del conacimiento.

(7) Condición por medio de mutualidad (*aññamañña-paccaya*). Todos los fenómenos recién mencionados asociados y fenómenos mentales de conacimiento, así como los cuatro elementos físicos, son, desde luego, al mismo tiempo también condicionados por vía de mutualidad. Así también lo son los cuatro elementos, y también la mentalidad-corporalidad en el momento de la concepción.

(8) Condición de soporte (*nissaya-paccaya*). Esta condición se refiere ya sea al fenómeno de prenacimiento (s. 10) o de conacimiento (s. 6) que asiste a otros fenómenos a manera de fundamento o base, tal como los árboles tienen la tierra como su sustento o base, o como la pintura al óleo tiene como base el lienzo. En esta forma los cinco órganos sensoriales y la base física de la mente son, para las correspondientes seis clases de conciencia, una condición de prenacimiento (es decir, previamente surgida) por medio de soporte. Adicionalmente, todos los fenómenos de conacimiento (s. 6) son mutualmente condicionados (s. 7) por cada uno de ellos por vía de soporte.

(9) Condición de soporte decisivo (o condición de inducción) (*upanissaya-paccaya*) es de tres tipos, a saber: (a) por vía de objeto (*ārammanūpanissaya-paccaya*), (b) por vía de proximidad (*anantarūpanissaya-paccaya*) y (c) soporte decisivo natural (*pakatiupanissaya*). Estas condiciones actúan como inducción poderosa o razón contundente.

(a) Cualquier cosa pasada, presente o futura, corporal o mental, real o imaginaria, puede, como objeto de nuestro pensamiento, tornarse en soporte decisivo o inducción poderosa hacia estados mentales morales, inmorales o kármicamente neutros. Las cosas malsanas, por medio de pensamiento equivocado acerca de ellas, se tornan en una inducción hacia la vida inmoral; mediante el pensamiento correcto se tornan en una inducción hacia la vida moral. Pero las cosas sanas pueden ser una inducción no solamente hacia las cosas buenas, sino hacia las malas también, tales como la arrogancia, la vanidad, la envidia, etcétera.

(b) Es idéntica a la condición de proximidad (número 4).

(c) Fe, virtud, etcétera, producidas en la propia mente, o la influencia del clima, comida, etcétera, en el propio cuerpo y mente, pueden actuar como condiciones naturales y de soporte decisivo. La fe puede inducir en forma natural la generosidad, la virtud, el entrenamiento mental, etcétera; el deseo puede inducir el robo, el odio, el homicidio; clima y comida inadecuadas pueden inducir mala salud; los amigos inducen al progreso o deterioro espiritual.

(10) Condición de prenacimiento (*purejāta-paccaya*), se refiere a algo que surgió previamente y que forma la base para algo que surgirá más tarde. Por ejemplo, los cinco órganos de los sentidos físicos, y la base física de la mente, habiendo ya surgido al momento del nacimiento, forman la condición para la conciencia que surgirá más tarde y para los fenómenos mentales con los que se asocia.

(11) Condición de posnacimiento (*pacchā-jāta-paccaya*), se refiere a la conciencia y los fenómenos con ella asociados, ya que son –tal como lo son las sensaciones de hambre– una condición necesaria para la conservación de este cuerpo que ya ha surgido.

(12) Condición de repetición (*āsevana-paccaya*), se refiere a la conciencia kármica en la que cada vez los momentos impulsivos precedentes (*javana-citta,* q.v.) son para todos los subsecuentes una condición por vía de repetición y frecuencia, tal como al aprender de memoria, mediante la repetición constante, la recitación más adelante se torna más y más fácil.

(13) Condición kármica (*kamma-pacaya*). El *kamma* prenatal (es decir, las voliciones kármicas, *kamma-cetanā*, en un nacimiento previo) es la condición generadora (causa) de los cinco órganos de los sentidos, la conciencia sensorial quíntuple y los otros fenómenos corporales kármicamente producidos en un nacimiento posterior. La volición kármica es también una condición por vía de *kamma* para los fenómenos mentales de conacimiento asociados con la misma, pero estos fenómenos no son de ninguna forma resultantes kármicos.

(14) Condición de resultante kármica (*vipāka-paccaya*). Los resultantes kármicos de los cinco tipos de conciencia sensorial son la condición por vía de resultante kármica para los fenómenos corporales y mentales de conacimiento.

(15) Condición de nutrimento (*āhāra-paccaya*). Ver: los cuatro nutrimentos: *āhāra*.

(16) Condición de facultad (*indriya-paccaya*). Esta condición se aplica a las veinte facultades (*indriya,* q.v.), dejando fuera las número 7 y 8 de las veintidós facultades. De estas veinte facultades, los órganos sensoriales físicos (1-5), en su capacidad como facultades, forman una condición sólo para los fenómenos

no corporales (conciencia visual, etcétera), la vitalidad física (6) y todas las restantes facultades para los fenómenos mentales y corporales en conacimiento.

(17) Condición jhánica (*jhāna-paccaya*), es un nombre para los siete llamados factores 'jhánicos', y éstos forman una condición para los fenómenos corporales y mentales de conocimiento; éstos son: (1) Aplicación de la mente (*vitakka*), (2) sustentación de la mente [o pensamiento discursivo] (*vicāra*), (3) interés [gozoso] (*pīti*), (4) felicidad (*sukha*), (5) tristeza (*domanassa*), (6) ecuanimidad (*upekkhā*), (7) concentración (*samādhi*). (Para las definiciones ver los términos pāli.)

1, 2, 3, 4 y 7 se encuentran en las cuatro clases de conciencia con deseo (ver: tab. I, 22-25); 1, 2, 5, 7, en las conciencias con aversión (*ibid.*, 30, 31); 1, 2, 6, 7, en las clases de conciencia ofuscada (*ibid.*, 32, 33).

Esta condición no sólo se aplica a jhāna exclusivamente, sino también al impacto de intensificación general ('absorbente') de estos siete factores.

(18) Condición de Vía (*magga-paccaya*), se refiere a los doce factores de la vía, ya que éstos son –para los fenómenos mentales hábiles e inhábiles asociados con ellas– la vía de escape de tal o cual constitución mental, propiamente: (1) Conocimiento (*paññā=sammādiṭṭhi*, entendimiento correcto), (2) aplicación inicial de la mente (hábil o inhábil) (*vitakka*), (3) lenguaje correcto (*sammā-vācā*), (4) acción corporal correcta (*sammā-kammanta*), (5) modo de subsistencia correcto (*sammā-ājīva*), (6) energía (hábil o inhábil) (*viriya*), (7) atención plena (hábil o inhábil) (*sati*), (8) concentración (*samādhi*) (hábil o inhábil), (9) nociones incorrectas (*micchādiṭṭhi*), (10) lenguaje incorrecto (*micchā-vācā*), (11) acción corporal incorrecta (*micchā-kammanta*), (12) modo de subsistencia incorrecto (*micchā-ājīva*). Ver: *magga*.

(19) Condición de asociación (*sampayutta-paccaya*), se refiere a los grupos mentales (*khandha*) que son conascientes (ver: 6) y mutuamente condicionados (ver: 7), "ya que se apoyan entre ellos por virtud de su asociación, por tener una base física común, un objeto común, y por su surgimiento y cese simultáneo" (Paṭṭh. Com.).

(20) Condición de disociación (*vippayutta-paccaya*), se refiere a tales fenómenos que apoyan a otros fenómenos por virtud de no tener la misma base física (tal como el ojo, etcétera) ni el mismo objeto. De esta forma, los fenómenos corporales son una condición para los fenómenos mentales por vía de disociación, ya sean o no sean conacimiento. Lo mismo se aplica para los fenómenos mentales que condicionan a los fenómenos corporales.

(21) Condición de presencia (*atthi-paccaya*), se refiere a un fenómeno –ya sea de pre o conacimiento–, el cual, a través de su presencia, es una condición para otros fenómenos. Esta condición se aplica a las condiciones 6, 7, 8, 10, 11.

(22) Condición de ausencia (*natthi-paccaya*), se refiere a la conciencia, etcétera, que ha justamente transcurrido, y que por ende forma la condición necesaria para la etapa de conciencia inmediatamente por seguir al darle la oportunidad de que surja. Ver: número 4.

(23) Condición de desaparición (*vigata-paccaya*). Es idéntica al número 22.

(24) Condición de no desaparición (*avigata-paccaya*). Es idéntica al número 21.

Estas veinticuatro condiciones deben ser conocidas a fondo para lograr un entendimiento detallado de la famosa fórmula del origen dependiente (*paṭiccasamuppāda*, q.v.). Ver: Fund., cap. III; Guía, cap. VII.

Ver: *The Significance of Dependent Origination,* Nyanatiloka Thera (Wheel 140).

Nota de la fuente: Este término ocurre a menudo en los antiguos textos de los *suttas* en expresiones tales como *ko hetu, ko paccayo, yaṃ yad eva paccayaṃ paṭicca uppajjati viññāṇaṃ*, etcétera, o como adverbio ablativo en *avijjā paccayā saṅkhārā*. Todas las veinticuatro *paccaya* son por primera vez enumeradas, explicadas y aplicadas a los fenómenos de la existencia en el Paṭṭhāna del Abhidhamma canónico. De estas veinticuatro *paccaya*, cinco son ya mencionadas en Paṭis (II, 49-54, 59 ff., 72-77), propiamente, *sahajāta-paccaya, aññamañña-paccaya, nissaya-paccaya, sampayutta-paccaya* y *vippayutta-paccaya.*

(1) *Hetu* ya se usa en los textos del Sutta Piṭaka como 'condición' de manera general e indefinida, como sinónimo de *paccaya*. Sin embargo, en el sentido de *kusala* y raíces *akusala* (*mūla*; ver: MN 9) sólo se encuentra en el canon y Comentarios del Abhidhamma.

(2) Ārammaṇa tiene en los textos del Sutta Piṭaka sólo el significado de 'fundamento' o 'base', o 'dependiente de', por ejemplo, MN 21: *tadārammaṇañca sabbalokaṃ mettāsahagatena cetasā pharitvā...* o DN 33; SN 22.53: *viññāṇaṃ... rūpārammaṇaṃ... vedanārammaṇaṃ...* Como término para los seis objetos, *rūpārammaṇa, saddārammaṇa*, etcétera, se usa por primera vez en el Abhidhamma canónico, aunque la enseñanza de la dependencia de las seis clases de *viññāṇa* de los seis objetos de los sentidos es una parte integral de los *suttas.* Véase, por ejemplo, MN 38: *cakkhuñca paṭicca rūpe ca uppajjati viññāṇaṃ sotañca paṭicca sadde ca...* etcétera.

(3) *Adhipati,* como término filosófico, aparece por primera vez en el Abhidhamma canónico (esp. Paṭṭh). Los cuatro *adhipati* son llamados en los *suttas iddhipāda* (por ejemplo, SN 51:11). En los antiguos textos de los *suttas,* tres *adhipateyya* son, sin embargo, mencionados: *atta-*, *loka-* y *dhamma-* (AN 3:38).

(4) y (5) *Anantara-* y *samanantara-paccaya* ocurren, como *paccaya*, por primera vez en el Abhidhamma canónico (esp. Paṭṭh). Sin embargo, en forma velada, encontramos el primer término en los antiguos textos del Sutta Piṭaka (por ejemplo, Ratana Sutta en Khp y Sn): *samādhim-ānantarikaññamāhu*: la concentración (asociada con el *arahatta-magga*), que se llama la condición 'inmediata' (para *arahatta-phala*).

(6) y (7) *Sahajāta* y *aññamañña-paccaya*. Aunque estos términos, como tales, no se encuentran en los textos más antiguos de los *suttas*, todavía la enseñanza del condicionamiento conaciente y mutuo de los cuatro grupos mentales (*vedanā, saññā, saṅkhāra, viññāṇa*) se enseña en los textos antiguos, por ejemplo, MN 28, 43; SN 22, etcétera.

(8) *Nissaya-paccaya* se menciona en Paṭis; véase el primer párrafo de estas notas.

(9) *Upanissaya-paccaya*. Aunque este término no se encuentra en los *suttas*, la enseñanza expresada en él se encuentra, sin embargo, con frecuencia allí, a veces incluso en la forma de *upanisā* (aparentemente una contracción de *upanissaya*), por ejemplo, SN 12:23: *Yam pi'ssa taṃ bhikkhave khayasmiṃ khaye ñāṇaṃ, taṃ sa-upanisaṃ vadāmi, no anupanisaṃ*. Los términos *pakati-*, ārammaṇa- y *anantara-upanissaya* son desarrollos posteriores de los Comentarios del Abhidhamma.

Todos los términos restantes se encuentran sólo en los textos del Abhidhamma, aunque la sustancia es, tal vez en todos los casos, ya vista en los antiguos textos de los *suttas*.

paccaya-sannissita-sīla: 'moral consistente en el sabio uso de los requisitos [básicos] del monje'; ver: *sīla* (4).

pacceka-bodhi: 'iluminación independiente'; ver: siguiente def. y *bodhi*.

pacceka-buddha: 'uno iluminado en forma independiente' o iluminado en forma separada o individual (= *pacceka*) (las definiciones de Buda 'Silencioso' o 'Privado' no son muy adecuadas). Éste es un término que se aplica a un *arahant* (ver: *ariya-puggala*) que ha logrado Nibbāna sin haber escuchado la doctrina de un Buda a través de otros. Comprende las Cuatro Verdades Nobles individualmente (*pacceka*), independiente de cualquier maestro, por su propio esfuerzo. Sin embargo, no posee la capacidad de proclamar efectivamente las enseñanzas a otros, por lo que no se torna en un 'Maestro de Dioses y Humanos', un Buda Perfecto o Universal (*sammā-sambuddha*) –los *Pacceka-buddhas* se describen como parcos en lenguaje, amantes de la soledad–. De acuerdo con la tradición, no surgen cuando la enseñanza de un Buda Perfecto es conocida. Con objeto de lograr su rango espiritual después

P

de muchos eones de esfuerzo, deben haber mencionado su aspiración [de tornarse *Pacceka-buddhas* en el futuro] ante un Buda Perfecto.

Las referencias canónicas son pocas: Pug 29 (definición); AN 2:56; en MN 116 se dan los nombres de varios *Pacceka-buddhas*; en DN 16 se dice que son dignos [de que se les erija] una *thūpa* (*dagoba* [*o estupa*]); el Sutta de la Fortuna Atesorada (Nidhikhaṇḍa Sutta, Khp.) menciona *pacceka-bodhi*; el C. Nidd. atribuye a *Pacceka-buddhas* individuales los versos del Sutta del Rinoceronte (Khaggavisāṇa Sutta, Snp.). Ver: *bodhi*.

Ver: *The Paccekabuddha*, Tia Kloppenborg (Wheel 305-307).

pacchājāta-paccaya: 'condición de posnacimiento', es una de las veinticuatro condiciones (*paccaya*, q.v.).

paciencia: *khanti* (q.v.).

paciencia o tolerancia: *khanti*; una de las diez perfecciones (*pāramī*, q.v.).

pādakajjhāna: 'absorción formadora de cimiento', es una absorción utilizada como fundamento o punto de partida para los poderes espirituales superiores (*abhiññā*, q.v.), o la introspección (*vipassanā*, q.v.) que conduce a las vías supramundanas (ver: *ariya-puggala*). El fundamento de los primeros es la cuarta absorción [cuarta *jhāna*]; sin embargo, para el logro del conocimiento introspectivo, cualquier nivel de absorción es adecuado. Para mayores detalles ver: *samatha-vipassanā*.

> Nota de la fuente: Este término no se encuentra en el Tipiṭaka, pero es frecuentemente usado en los textos exegéticos. La idea, sin embargo, expresada allí está implicada en muchas partes de los textos antiguos de los *suttas*, p. ejem., AN 9:36, en donde se muestra cómo las *jhānas*, una después de la otra, pueden servir como base o fundamento (como objeto mental) para *vipassanā*. En muchos de los textos antiguos de los *suttas* también se muestra cómo la cuarta *jhāna* forma la base para el logro de los cinco poderes espirituales superiores (*abhiññā*).

pada-parama: 'uno para el que las palabras son el máximo logro'. "Quienquiera, no obstante haber aprendido mucho, hablado mucho, aprendido muchas cosas de memoria y capaz de discurrir, no ha penetrado la verdad; tal hombre es llamado de esta forma" (Pug. 163).

padhāna: 'esfuerzo'. Los cuatro esfuerzos correctos (*sammā-padhāna*) forman la etapa número 6 del Noble Óctuple Sendero (es decir, *sammā-vāyāma*, ver: *magga*) y son: (1) El esfuerzo de evitar (*saṃvara-padhāna*), (2) el esfuerzo por superar (*pahāna*), (3) el esfuerzo por desarrollar (*bhāvanā*) y (4) el esfuerzo por mantener (*anurakkhaṇa*), es decir, (1) el esfuerzo de evitar estados malsanos (*akusala*), tales como pensamientos malsanos, etcétera; (2) de superar estados malsanos; (3) de desarrollar estados saludables (*kusala*), tales como los siete factores de la iluminación (*bojjhaṅga*, q.v.); y (4) de mantener presentes los estados puros.

"El monje promueve su voluntad para *evitar* el surgimiento de cosas malsanas e inhábiles que no han surgido aún... para *superarlas*... para *desarrollar* aquellas cosas sanas y hábiles que aún no han surgido... y para *mantenerlas*, sin permitir que desaparezcan, sino llevándolas a su crecimiento, a la maduración y la perfección total del desarrollo. Y para esto hace esfuerzo, fomenta su energía, ejercita su mente y lucha" (AN 4:13).

> (1) "¿Y cuál es, oh monjes, el esfuerzo por evitar? Percibiendo alguna forma, o un sonido, o un olor, o un sabor, o una impresión física o mental, el monje no se adhiere a su totalidad o a alguna de sus partes. Y lucha por protegerse de aquello a través de lo cual cosas malas o impuras pudiesen surgir, tales como el deseo o la pesadumbre, si permaneciese sin guardar sus sentidos; y de esta forma supervisa sus sentidos y los restringe. Éste es llamado el esfuerzo por evitar.
>
> (2) "¿Y cuál es el esfuerzo por superar? El monje no retiene ningún pensamiento de deseo sensorial, o cualesquiera otros estados malsanos e impuros que pudiesen haber surgido; los abandona, los disipa, los destruye, causa su desaparición. Esto es llamado el esfuerzo por superar.
>
> (3) "¿Y cuál es el esfuerzo por desarrollar? El monje desarrolla los factores de la iluminación, inclinado hacia la soledad, hacia el desapego, hacia la extinción y culminando en la liberación, propiamente: atención plena (*sati*), investigación de las categorías del dhamma (*dhamma-vicaya*), energía (*viriya*), interés gozoso (*pīti*), tranquilidad (*passaddhi*), concentración (*samādhi*) y ecuanimidad (*upekkhā*). Esto es llamado el esfuerzo por desarrollar.
>
> (4) "¿Y cuál es el esfuerzo por mantener? El monje mantiene firmemente en su mente un objeto favorable para la concentración, tal como la imagen mental de un esqueleto, un cadáver: infestado con gusanos, un cadáver: de color negro-azuloso, un cadáver: en estado de putrefacción, un cadáver: lleno de orificios, un cadáver: hinchado. Esto es llamado el esfuerzo por mantener" (A. IV, 14).

padhāniyaṅga: 'elementos de esfuerzo', son las siguientes cinco cualidades: fe, salud, sinceridad, energía y sabiduría (MN 85, 90; AN 5:53). Ver: *pārisuddhi-padhāniyaṅga*.

pāguññatā: 'competencia o habilidad'. Propiamente la habilidad de los concomitantes mentales (*kāya*) y de la conciencia (*citta*), los cuales son dos fenómenos asociados con todos los estados de conciencia hábiles. Ver: tab. II.

P

Nota de la fuente: Por primera vez encontrado en el Dhammasaṅgaṇī del Abhidhamma canónico; ver: *lahutā*.

pahāna: 'superación' [abandono]. Hay cinco clases de superación: (1) Superación por represión (*vikkhambhana-pahāna*), por ejemplo, la suspensión temporal de los cinco impedimentos (*nīvaraṇa*, q.v.) durante las absorciones; (2) superación mediante opuestos (*tadaṅga-pahāna*); (3) superación por destrucción (*samuccheda-pahāna*); (4) superación mediante tranquilización (*paṭipassaddhi-pahāna*); y (5) superación mediante escape (*nissaraṇa-pahāna*).

(1) Entre éstos, "superación por represión' es el rechazar las cosas adversas, tales como los cinco impedimentos (*nīvaraṇa*, q.v.), etcétera, mediante esta o aquella concentración mental (*samādhi*, q.v.), tal como un recipiente arrojado sobre una superficie de agua cubierta de musgo empuja el musgo hacia los lados...

(2) 'Superación mediante opuestos' es la superación mediante la oposición de esto o aquello que ha de ser superado, mediante este o aquel factor de conocimiento perteneciente a la visión introspectiva (*vipassanā*, q.v.), tal como una lámpara encendida disipa la oscuridad de la noche. En esta forma, la creencia en la personalidad (*sakkāyadiṭṭhi*, ver: *diṭṭhi*) es superada mediante la determinación de los fenómenos corporales y mentales... la noción de la no causalidad de la existencia mediante la investigación de las condiciones... la idea de eternidad mediante la contemplación de la transitoriedad... la idea de felicidad [mundana, inherente en la existencia] mediante la contemplación del sufrimiento...

(3) Si mediante el conocimiento de la noble vía (ver: *ariyapuggala*) los encadenamientos y otras cosas malsanas no son capaces de continuar más, tal como un árbol es destruido por un rayo, entonces tal dominio es llamado 'dominio mediante destrucción'" (Vism XXII, 110 f.).

(4) Cuando, tras la desaparición de los encadenamientos al haber entrado en las vías, los encadenamientos, desde el momento de la obtención del fruto (*phala*) en adelante, se tornan para siempre extintos y aquietados, tal dominio se llama 'dominio mediante tranquilización'.

(5) La 'superación mediante escape' es idéntica a la extinción y el Nibbāna (Paṭis I. 27).

Nota de la fuente: Los cinco términos, tales como *vikkhambhana*, etcétera, no se encuentran en los textos antiguos de los *suttas*, pero son enumerados y explicados ya en Paṭisambhidāmagga (II, 179 ff.).

pahāna-pariññā: ver: *pariññā*.

pakati-sīla: 'moralidad natural o genuina', se distingue de las reglas de conducta establecidas para los laicos o los monjes. Estas últimas son las llamadas 'moral prescrita' (*paññattisīla*). Ver: *sīla*.

pakati-upanissaya: 'inducción directa'; ver: *paccaya*.

palibodha: 'obstáculos', es el término utilizado para las siguientes cosas si constituyen una obstrucción para el monje en la práctica estricta de un sujeto de meditación: un monasterio muy lleno de gente, viajes, parientes, asociación con laicos, regalos, alumnos, reparaciones en el monasterio, enfermedad, estudio, poderes mágicos. Este último, sin embargo, puede tornarse en un obstáculo sólo en el desarrollo de visión introspectiva (*vipassanā*, q.v.). Ver: Vis. III, 29 ff.

> Nota de la fuente: Este grupo de diez se encuentra por primera vez en los Comentarios y es explicado en Vism III.

paṃsukūlik'aṅga: el 'voto de vestir sólo túnicas hechas de trapos desechados' es una de las reglas ascéticas de purificación; ver: *dhutaṅga*.

pāṇātipāta veramaṇī: 'el abstenerse de matar seres vivientes' es el primero de los cinco preceptos morales a los que se compromete todo budista; ver: *sikkhāpada*.

pañcadvārāvajjana: 'advertencia a las cinco puertas sensoriales'; ver: *viññāṇa-kicca*.

pañca-sīla: ver: *sikkhāpada*.

pañca-vokāra-bhava: 'existencia de cinco agregados', es un nombre para la existencia en la esfera sensorial (*kāmāvacara*) o en la esfera de la materialidad sutil (*rūpāvacara*, ver: *avacara*), ya que todos los cinco agregados de existencia (*khandha*, q.v.) se encuentran allí. En la esfera inmaterial (*arūpāvacara*, ver: *avacara*), sin embargo, solamente se encuentran los cuatro agregados mentales, y el mundo de los seres inconscientes (*asañña-satta*, q.v.) sólo se encuentra en el agregado de la corporalidad. Ver: *eka-vokāra-bhava* y *catu-pañca-vokāra-bhava*; ver también: *avacara*. Ver: *vokāra*.

pañhā-byākaraṇa: 'modos de contestar preguntas'. "Existen, oh monjes, cuatro formas de contestar preguntas: hay preguntas que requieren una respuesta directa, preguntas que requieren una explicación, preguntas que deben ser contestadas a su vez mediante la formulación de una pregunta y preguntas que deben ser rechazadas (por estar formuladas equivocadamente)". Ver: DN 33; AN 3:68; AN 4:42.

paññā: 'entendimiento, conocimiento, sabiduría, conocimiento introspectivo', abarca un campo [de definición] muy amplio. El conocimiento budista específico o sabiduría, no obstante, como parte del Noble Sendero Óctuple (*magga*, q.v.) conducente a la liberación, es la introspección (*vipassanā*, q.v.), es decir, aquel conocimiento intuitivo que hace surgir las cuatro etapas de santidad y el logro de Nibbāna (ver: *ariyapuggala*), y que consiste en la penetración de la transitoriedad (*anicca*, q.v.), insatisfacción (*dukkha*, v. *sacca*) e impersonalidad (*anattā*) de todas las formas de existencia. Para mayores detalles ver: *tilakkhaṇa*.

Con respecto a la condición de sus surgimientos, uno distingue tres tipos de conocimiento: conocimiento basado en el pensamiento (*cintā-mayā-paññā*), conocimiento basado en el aprendizaje (*suta-mayā-paññā*) y conocimiento basado en el desarrollo mental (*bhāvanā- mayā-paññā*) (DN 33).

"'Basado en el pensamiento' es aquel conocimiento que uno ha adquirido mediante el propio proceso de pensamiento, sin haberlo aprendido de otros. 'Basado en el aprendizaje' es aquel conocimiento que uno ha escuchado de otros y que por ende es adquirido mediante aprendizaje. 'Basado en el desarrollo mental' es ese conocimiento que uno ha adquirido mediante desarrollo mental de esta o aquella forma, y que ha alcanzado la etapa de concentración total (*appanā*, q.v.)" (Vism XIV).

La sabiduría es una de las cinco facultades mentales [o uno de los cinco poderes espirituales] (ver: *bala*), uno de los tres tipos de entrenamiento (*sikkhā*, q.v.) y una de las perfecciones (ver: *pāramī*). Para mayores detalles ver: *vipassanā* y la exposición detallada en Vism XIV, 1-32.

paññā-vimutti: 'liberación mediante sabiduría' (o mediante 'entendimiento'), significa, de acuerdo con el Com. al AN 5:142, la sabiduría asociada con el fruto de santidad completa (*arahatta-phala*). En Pug. 31 y similarmente en MN 70 se dice: "Un monje puede no haber alcanzado en su propia persona las ocho liberaciones (= *jhāna*, q.v.), pero mediante su sabiduría las corrupciones se han extinguido en él. Tal persona es llamada 'liberada mediante sabiduría'" (*paññā-vimutta*). Com. a Pug.: "Puede ser una de cinco personas: ya sea un practicante de introspección 'a secas' (*sukkha-vipassako*, q.v.) o uno que ha logrado la santidad después de haber emergido de una de las [cuatro] absorciones". Ver: SN 12:70.

El término es a menudo relacionado con *ceto-vimutti* (q.v.), 'liberación de la mente'.

paññatti-sīla: 'moral prescrita', es un nombre para las reglas de disciplina de monjes o laicos prescritas por el Buda, y se distinguen de la moral natural o genuina (*pakati-sīla*; ver: *sīla*).

P

papañca (Skr. *prapañca*): en uso doctrinal significa la [proliferación], expansión, diferenciación, 'carácter difuso' o 'multiplicidad' del mundo; y puede también referirse al 'mundo de los fenómenos' en general y a la actitud mental mundanal. En AN 4:173 se dice: "Tan lejos como se extiende el campo de las impresiones sensoriales séxtuples, hasta allá llega el mundo de lo difuso (o el mundo de los fenómenos; *papañcassa gati*); tan lejos como el mundo de lo difuso se extiende, hasta allá se extiende el campo del contacto sensorial séxtuple. Mediante el completo desvanecimiento y cese del campo del contacto sensorial séxtuple, se da el cese y el aquietamiento del mundo de lo difuso (*papañca-nirodho papañca-vūpasamo*)". El término opuesto, *nippapañca*, es un nombre para Nibbāna (SN 53), en el sentido de 'libertad con respecto a la multiplicidad 'samsárica''. Dhp. 254: "La humanidad se deleita en la multiplicidad del mundo, los Perfeccionados se encuentran libres de tal multiplicidad" (*papañcabhiratā pajā, nippapañcā tathāgatā*). El octavo de los 'pensamientos de un gran hombre' (*mahā-purisa-vitakka*; AN 8:30) dice: "Este Dhamma es para aquel que se deleita en lo no difuso (lo no mundano, Nibbāna); no para aquel que se deleita en lo mundano (*papañca*)". Con respecto al sentido psicológico de 'diferenciación', ver: MN 18 (Madhupiṇḍika Sutta): "Cualquiera sea aquello que el hombre concibe (*vitakketi*), eso es en lo que prolifera (*papañceti*); y aquello en lo que prolifera, por esa razón, surgen en él ideas y consideraciones de proliferación (*papañca-saññā-saṅkhā*)". Acerca de este texto y el término *papañca*, ver: doctor Kurt Schmidt, en *German Buddhist Writers* (Wheel 74-75, p. 61 ff.). Ver: DN 21 (*Sakka's Quest*; Wheel 10, p. 12 ff).

En los Comentarios a menudo encontramos una triple clasificación, *taṇhā-, diṭṭhi-, māna-papañca*, lo que probablemente significa la multiplicidad del mundo creada por el deseo, las nociones erróneas y el egocentrismo. Ver: MN 123; AN 4:173; AN 6:14, Sn 530, 874, 916.

Ñāṇananda Bhikkhu, en *Concept and Reality: An Essay on Papañca and Papañca-saññā-sankhā* (Kandy, 1971, Buddhist Publication Society), sugiere que el término se refiere a la "tendencia humana hacia la proliferación en el ámbito de los conceptos" y propone la definición de "proliferación conceptual", la cual aparenta ser convincente en el contexto psicológico, en acuerdo con dos de los textos citados arriba, AN 4:173 y MN 18. La clasificación triple de *papañca* por vía del deseo, nociones erróneas y egocentrismo es explicada por el autor como tres aspectos o modos de la máxima de las conceptualizaciones ilusorias, el concepto del ego.

parāmāsa: 'adherencia', apego, 'percepción errónea' es, de acuerdo con Vism XXII, un nombre para las nociones erróneas; en ese sentido ocurre en Dhs § 1174 ff. Ver: *sīlabbata-parāmāsa*.

paramattha (*-sacca*, *-vacana*, *-desanā*): 'verdad (o término, exposición) que es verdad en el sentido más alto (o fundamental)', en contraste con la 'verdad convencional' (*vohāra-sacca*), la cual es también llamada 'verdad comúnmente aceptada' (*sammuti-sacca*; en Skr: *saṁvṛti-satya*). El Buda, al explicar su doctrina, algunas veces utilizó lenguaje convencional y algunas veces el modo de expresión filosófico que está de acuerdo con la introspección libre de ilusión acerca de la realidad. En ese sentido fundamental, la existencia es un mero proceso de fenómenos físicos y mentales, dentro de los que o más allá de los que se pueda encontrar alguna ego-entidad o alguna sustancia inherente. Así pues, cuando los *suttas* hablan de un hombre, mujer o persona, o del renacimiento de un ser, esto no debe tomarse como válido en un sentido fundamental, sino como una mera convención de lenguaje (*vohāra-vacana*).

Una de las características principales del Abhidhamma Piṭaka, que la distinguen de la mayor parte del Sutta Piṭaka, es que no emplea lenguaje convencional, sino que se ocupa sólo de cosas fundamentales o realidades en el más alto sentido (*paramattha-dhammā*). Sin embargo, también en el Sutta Piṭaka hay muchas exposiciones en términos de lenguaje fundamental (*paramattha-desanā*), propiamente cuando estos textos tratan acerca de los agregados (*khandha*), elementos (*dhātu*) o bases sensoriales (*āyatana*) y sus componentes, y en aquellos casos en los que las tres características (*ti-lakkhaṇa*, q.v.) se aplican. Sin embargo, la mayoría de los textos en los *suttas* usa el lenguaje convencional, en la forma apropiada dependiendo del contexto práctico o ético, ya que "no sería correcto decir que 'los agregados' sienten pena, etcétera".

Debe ser notado, sin embargo, que los enunciados del Buda formulados en lenguaje convencional son llamados 'verdad' (*vohāra-sacca*); son correctos en su propio nivel, lo cual no contradice el hecho de que tales enunciados finalmente se refieren a procesos transitorios e impersonales.

Las dos verdades –convencional y fundamental– aparecen en esa forma sólo en los Comentarios, pero están implicados en una distinción de los *suttas* como 'significado explícito (o directo) (*nītattha*, q.v.) y 'significado implícito' (que debe ser inferido) (*neyyattha*). Por otra parte, el Buda repetidamente mencionó sus reservas cuando utilizaba lenguaje convencional, por ejemplo, en DN 9: "Éstos son meros nombres, expresiones, modos de lenguaje, designaciones en uso común en el mundo, los cuales el Perfeccionado (Tathāgata) utiliza sin malinterpretarlos". Ver también: SN 1.25.

El término *paramattha*, en el sentido aquí utilizado, aparece en el primer párrafo del Kathāvatthu, una obra del Abhidhamma Piṭaka (ver: Guía, p. 62). (Ver: *vohāra*.)

Las discusiones en los Comentarios acerca de estas verdades (Com. a DN 9 y MN 5) no han sido aún traducidas en su totalidad. En relación con éstas ver: K.N. Jayatilleke, *Early Buddhist Theory of Knowledga* (Londres, 1963), pp. 361 ff.

En el budismo Mahāyāna la escuela Mādhyamika ha dado un lugar prominente a la enseñanza de los dos tipos de verdad.

> Nota de la fuente: No se encuentra con este significado en las partes más antiguas del Sutta Piṭaka. Ver: nota de la fuente en relación con *vohāra-desanā*.

pāramī (o **pāramitā**): 'perfección'. Diez cualidades conducentes a la Budeidad: (1) La perfección de la generosidad (o liberalidad; *dāna-pāramī*), (2) moral (*sīla-p*), (3) renuncia (*nekkhamma-p*), (4) sabiduría (*paññā-p*), (5) energía (*viriya-p*), (6) paciencia (o tolerancia; *khanti-p*), (7) veracidad (*sacca-p*), (8) resolución (*adhiṭṭhāna-p*), (9) benevolencia amorosa (*mettā-p*), (10) ecuanimidad (*upekkhā-p*).

Estas cualidades fueron desarrolladas y llevadas a su madurez por el Bodhisatta en sus existencias pasadas, y su forma de practicarlas se ilustra en muchas de las Historias de los Nacimientos (Jātaka), de las cuales, sin embargo, solamente los versos se consideran parte del canon. Aparte de estas últimas, las diez *pāramitās* se mencionan en otras dos obras canónicas probablemente apócrifas, el Buddhavaṃsa (en la historia de Sumedha) y en el Cariyāpiṭaka. Una extensa y metódica exposición de las *pāramitās* se encuentra en la sección de conclusión de la Sección Miscelánea (*pakiṇṇakakathā*) del Comentario al Cariyāpiṭaka.

En Vism IX se dice que mediante el desarrollo de los cuatro estados sublimes –benevolencia amorosa, compasión, goce altruista y ecuanimidad (ver: *brahmā-vihāra*)– uno puede alcanzar estas diez perfecciones, a saber: "Tal como a los Grandes Seres (*mahā-satta*; un sinónimo a menudo encontrado en las escrituras Mahāyāna para el término Bodhisatta (q.v.), es decir, 'Ser [destinado] a iluminarse' o Ser destinado a la Budeidad), les concierne el bienestar de los seres vivientes, no tolerando el sufrimiento de los seres, deseando larga duración en los más elevados estados de felicidad de los seres y siendo imparciales y justos hacia todos los seres, por lo tanto (1) dan limosna (*dāna*, q.v.) a todos los seres de manera que sean felices, sin investigar si son dignos de ofrendas o no. (2) Mediante el evitar hacerles ningún daño, observan la moral (*sīla*, q.v.). (3) Con objeto de llevar la moral a la perfección, se entrenan en la renuncia (*nekkhamma*). (4) Con objeto de entender claramente lo que es de beneficio y lo que es en perjuicio para los seres purifican su sabiduría (*paññā*). (5) Por el bienestar y felicidad de

P

otros constantemente ejercitan su energía (*viriya*). (6) Habiéndose tornado en héroes mediante energía suprema están, sin embargo, llenos de tolerancia (*khanti*) hacia las múltiples faltas de los seres. (7) Una vez que han prometido dar o hacer algo, no rompen su promesa ('veracidad', 'honestidad'; *sacca*). (8) Con resolución inquebrantable (*adhiṭṭhāna*) trabajan por el bien y la bienaventuranza de los seres. (9) Con inquebrantable benevolencia amorosa (*mettā*) ayudan a todos los seres. (10) Por razón de su ecuanimidad (*upekkhā*) no esperan nada a cambio" (Vism IX, 24).

En las escrituras Mahāyāna, en donde las *pāramitās* ocupan un lugar mucho más prominente, una lista de seis que difiere en parte de la anterior es mencionada: liberalidad, moral, paciencia, energía, meditación y sabiduría.

Referencias: *Ten Jātaka Stories* (ilustrando las 10 *pāramitās*), I. B. Horner (Londres, 1957, Luzac & Co.); Buddhavaṃsa & Cariyāpiṭaka, traducción de I. B. Horner (Minor Anthologies III, Sacred Books of the Buddhists, PTS). Nārada Thera, *The Buda & His Teachings,* cap. 41, Pāramī (BPS). El tratado acerca de las perfecciones proveniente del Comentario al Cariyāpiṭaka ha sido traducido (al inglés) en *The Discourse on the All-Embracing Net of Views* (Brahmajāla Sutta, con Com.), traducción de Bhikkhu Bodhi (BPS).

Nota de la fuente: Sólo los Comentarios versan sobre este tema, además de las tres obras apócrifas: Buddhavaṃsa, Cariyāpiṭaka y Jātaka.

Paranimmita-vasavatti-deva: 'seres celestiales con poder sobre las creaciones de otros', constituye una clase de seres celestiales en la esfera sensorial (*kāma-loka*). Se dice que Māra es quien preside sobre esos seres. Ver: *loka, deva* I.

parassa ceto-pariya-ñāṇa: 'penetración de la mente de otros', es uno de los poderes superiores (*abhiññā*, q.v.).

pari-nibbāna: 'Nibbāna completo' [Nibbāna final], es un sinónimo de Nibbāna; este término, por tanto, no se refiere exclusivamente a la extinción de los cinco agregados del apego durante la muerte de un *arahant*, no obstante que el término a menudo se utiliza para esta condición. Ver: Nibbāna.

paricchinnākāsa-kasiṇa: '*Kasiṇa* del espacio limitado' = *kasiṇa* del espacio; ver: *kasiṇa*.

Nota de la fuente: Este término es usado en los Comentarios para designar el término *ākāsa-kasiṇa*, el cual es usado en los textos más antiguos de los *suttas*.

parihāna-dhamma: 'susceptible de declive (deterioro, decadencia)'. "Ahora bien, alguien alcanza los logros (absorciones: *jhāna*, q.v.) de las esferas de materialidad sutil o inmateriales (ver: *avacara*). Pero no las alcanza de acuerdo con su deseo, y lo hace no sin dificultad y esfuerzo; y no en acuerdo con su deseo en cuanto a lugar, objeto y duración; no es capaz de entrar en ellos o no es capaz de salir de ellos. Por lo tanto, es muy posible que tal monje, debido a negligencia, pueda perder estos logros. Tal persona, se dice, es susceptible de declive.

parikamma: 'momento preparatorio'; ver: *javana*.

parikamma-nimitta: 'imagen preparatoria'; ver: *nimitta, kasiṇa*.

parikamma-samādhi: 'concentración preparatoria', es la concentración inicial y aún no desarrollada de la mente; ver: *samādhi*.

pariññā: 'entendimiento completo' o comprensión completa. Hay tres tipos de entendimiento completo mundano (*lokiya-pariññā*), propiamente: entendimiento completo de lo conocido (*ñāta-pariññā*), entendimiento completo como investigación (*tīraṇa-pariññā*) y entendimiento completo como superación (*pahāna-pariññā*). En Vism XX, 3 se dice:

"El entendimiento completo de lo conocido es el conocimiento consistente en el discernimiento de las características específicas de tal y cual fenómeno, tales como: 'La corporalidad tiene la característica de ser oprimida; la sensación tiene la característica de ser sentida, etcétera'.

"El entendimiento completo como investigación es aquella sabiduría introspectiva (*vipassanā-paññā*; ver: *vipassanā*) que tiene las tres características generales (transitoriedad, insatisfacción e impersonalidad) como sus objetos y que surge cuando se atribuye una característica general a los objetos (físicos o mentales), como, por ejemplo: 'La corporalidad es inconstante, las sensaciones son inconstantes, etcétera'.

"Entendimiento completo como superación es aquella sabiduría introspectiva que tiene las características generales arriba mencionadas como sus objetos, y surge después de haber superado la idea de permanencia, etcétera."

> Nota de la fuente: *Pariññā, ñāta-pariññā, tīraṇa-pariññā, pahāna-pariññā*, pertenecen a los textos exegéticos; sin embargo, ya se implican en Paṭis I. 87: *Abhiññā-paññā ñātatthe ñāṇam, pariññāpaññā tīraṇatthe ñāṇam, pahāna-paññā pariccāgatthe ñāṇam... ye ye dhamma abhiññātā honti, te te dhammā ñātā honti... tīritā... pahīnā.*

pārisuddhi-padhāniyaṅga: los cuatro 'elementos de esfuerzo para lograr la pureza', son: esfuerzo para la pureza de la moral (*sīla-pārisuddhi-padhāniyaṅga*), esfuerzo para la pureza de la mente (*citta*), esfuerzo para la pureza de entendimiento (*diṭṭhi*) y esfuerzo para la pureza de liberación (*vimutti*). Ver: AN 4:194. Otros nueve factores se enumeran en DN 34, propiamente las siete 'etapas de purificación' (ver: *visuddhi*) y el esfuerzo para

P

la pureza del conocimiento superior (*vijjā-pariññā*) y del esfuerzo para la pureza de la liberación (*vimutti-pariññā*).

pārisuddhi-sīla: 'moral consistente en pureza', es cuádruple: restricción con respecto al código disciplinario de los monjes [*vinaya*], restricción sensorial, pureza de modo de subsistencia, moral con respecto a los cuatro requisitos [alojamiento, vestido, comida y medicinas] del monje; para mayores detalles ver: *sīla*.

parittābha y **paritta-subha**: son dos clases de seres celestiales de la esfera de la materialidad sutil; ver: *deva* (II).

pariyatti: 'el aprendizaje de la doctrina', la 'expresión de la doctrina'. En el 'progreso del discípulo' (q.v.), se distinguen tres etapas: teoría, práctica y logro, es decir: (1) aprender la expresión de la doctrina (*pariyatti*), (2) practicar la doctrina (*paṭipatti*), (3) penetración (*paṭivedha*) y logro del objetivo de la doctrina.

> Nota de la fuente: Acerca de *pariyatti, paṭipatti, paṭivedha*, el primero de estos tres términos fundamentales, especialmente en este agrupamiento triple, pertenece a los textos de los Comentarios, no obstante que la idea expresada allí es a menudo encontrada en los *suttas* en expresiones tales como: "*dhammaṃ pariyāpuṇāti suttaṃ geyyaṃ veyyākaraṇaṃ...*". Los otros dos términos se encuentran en forma separada en los *suttas*.

pasāda-rūpa: 'corporalidad sensitiva', es un nombre para los cinco órganos físicos de los sentidos que responden a los estímulos sensoriales. Ver: *āyatana*.

passaddhi-sambojjhaṅga: 'tranquilidad como factor de la iluminación', consiste en la tranquilidad de los factores mentales (*kāya-passaddhi*) y tranquilidad de la conciencia (*citta-passaddhi*). Ver: *bojjhaṅga*; ver: tab. II.

pasión por la vida: ver: *mada*.

paṭhavī-dhātu: 'elemento tierra' o 'elemento sólido'. Es cognoscible mediante las sensaciones de presión, contacto físico, calor, dolor, etcétera. Acerca de los cuatro elementos ver: *dhātu, khandha*.

paṭhavī-kasiṇa: '*kasiṇa* de la tierra' (ver: *kasiṇa*).

paṭibhāga-nimitta: ver: *nimitta, kasiṇa, samādhi*.

paṭibhāna-paṭisambhidā: 'el conocimiento analítico de la inteligencia presta', ver: *paṭisambhidā*.

paṭicca-samuppāda: 'origen dependiente', es la doctrina de la condicionalidad de todos los fenómenos físicos y mentales, una doctrina que, junto con la de la impersonalidad (*anattā*, q.v.), forma la condición indispensable para el entendimiento real y comprensión plena de la enseñanza del Buda. Muestra la naturaleza condicionada y dependiente de aquel flujo ininterrumpido de múltiples fenómenos psicofísicos de la existencia convencionalmente llamados 'ego', o 'persona', o 'animal', etcétera.

Mientras que la doctrina de la impersonalidad, o *anattā*, procede en forma analítica mediante la disección de la existencia en sus constituyentes fundamentales, es decir, en sus fenómenos o elementos insustanciales y meramente vacíos, la doctrina del origen dependiente, por otra parte, procede en forma sintética, mostrando que todos estos fenómenos se encuentran, de una forma u otra, condicionalmente relacionados unos con otros. De hecho, el Abhidhamma Piṭaka, en su totalidad, tiene que ver básicamente con estas dos doctrinas: la de la fenomenología –implicando impersonalidad– y la condicionalidad de toda la existencia. El primer método se aplica en el Dhammasaṅgaṇī, el primer libro del Abhidhamma Piṭaka; el segundo o método sintético es tratado en el Paṭṭhāna, el último libro del Abhidhamma Piṭaka. Una sinopsis de estas dos obras se encuentra en: Guías I y VII.

No obstante que este tema ha sido frecuentemente tratado por autores occidentales, la mayoría ha malentendido completamente el verdadero significado y objetivo de la doctrina del origen dependiente, e inclusive los doce términos han sido traducidos erróneamente.

La fórmula del origen dependiente es la siguiente:

- *Avijjā-paccayā saṅkhārā*: "A través de la ignorancia están condicionados los *saṅkhāras*", es decir, las voliciones productoras del renacimiento (*cetanā*) o 'formaciones kármicas'.
- *Saṅkhārā-paccayā viññāṇaṃ*: "A través de 'las formaciones kármicas' (en la vida previa) está condicionada la conciencia (en la vida presente)".
- *Viññāṇa-paccayā nāma-rūpaṃ*: "A través de la conciencia se condicionan los fenómenos físicos y mentales ([mentalidad-materialidad] *nāma-rūpa*)", es decir, aquello que hace nuestra la así llamada existencia individual.
- *Nāma-rūpa-paccayā saḷāyatanaṃ*: "A través de la [mentalidad-materialidad] están condicionadas las seis bases sensoriales", es decir, los cinco órganos sensoriales físicos y la conciencia como el sexto.
- *Saḷāyatana-paccayā phasso*: "A través de las seis bases sensoriales se condiciona el contacto (sensorial mental)".

- *Phassa- paccayā-vedanā*: "A través del contacto se condiciona la sensación".
- *Vedanā-paccayā taṇhā*: "A través de la sensación se condiciona el deseo o avidez".
- *Taṇhā-paccayā upādānaṃ*: "A través del deseo se condiciona el apego".
- *Upādāna-paccayā bhavo*: "A través del apego se condiciona el proceso de la existencia [el devenir, el *kamma* que da lugar al ser] consistente en el proceso vital activo y pasivo, es decir, el proceso kármico productor del renacimiento (*kamma-bhava*) y su resultado, el proceso del renacimiento (*upatti-bhava*)".
- *Bhava-paccayā jāti*: "A través del proceso (kármico, productor del renacimiento) de existencia se condiciona el renacimiento".
- *Jāti-paccayā jarāmaraṇaṃ*, etcétera: "A través del renacimiento se condicionan la vejez, la enfermedad y la muerte (junto con la pena, la lamentación, el dolor, la congoja y la desesperanza). Así es como surge toda esta masa de sufrimiento nuevamente en el futuro".

El siguiente diagrama muestra la relación de dependencia entre tres vidas sucesivas:

Pasado	(1) Ignorancia (*avijjā*) (2) Formaciones kármicas (*saṅkhārā*)	Proceso kármico (*kamma-bhava*) 5 causas: 1, 2, 8, 9, 10
Presente	(3) Conciencia (*viññāṇa*) (4) Mentalidad-materialidad (*nāma-rūpa*) (5) Seis bases sensoriales (*saḷāyatana*) (6) Contacto (*phassa*) (7) Sensación (*vedanā*)	Proceso del renacimiento (*upapatti-bhava*) 5 resultantes: 3-7
	(8) Deseo (*taṇhā*) (9) Apego (*upādāna*) (10) Proceso de existencia (*bhava*)	Proceso kármico (*kammabhāva*) 5 causas: 1, 2, 8, 9, 10
Futuro	(11) Renacimiento (*jāti*) (12) Vejez y muerte (*jarā-maraṇa*)	Proceso del renacimiento (*upapatti-bhava*) 5 resultantes: 3-7

Antes de estudiar la siguiente exposición, se sugiere que el lector examine cuidadosamente el texto de la entrada acerca de las veinticuatro condiciones (ver: *paccaya*). Para entender en forma completa *paṭiccasamuppāda* debe conocer los modos principales de condicionamiento, tales como el soporte decisivo, conacimiento, prenacimiento, etcétera.

Las siguientes obras deben ser consultadas para estudiar el tema con mayor detalle: Vism XVII; Fund. III; Guía (cap. VII y apéndice); *Dependent Origination*, Piyadassi Thera (Wheel 15); *The Significance of Dependent Origination* (Wheel 140).

(1)

"Con la ignorancia como condición surgen las formaciones kármicas [volitivas]" (*avijjā-paccayā saṅkhārā*), o sea, todas las acciones hábiles e inhábiles (*kamma*, q.v.) de cuerpo, lenguaje y mente son condicionadas por la ignorancia. Formaciones kármicas [volitivas] se refiere a las voliciones hábiles e inhábiles (*cetanā*) o actividades volitivas, en resumen: *kamma* (q.v. y Fund. II).

Debido a las múltiples concepciones erróneas en Occidente, es necesario repetir aquí que *kamma* (q.v.), como término técnico, nunca significa otra cosa sino acción moral o inmoral, es decir, las actividades volitivas arriba mencionadas o formaciones kármicas, que causan resultados ya sea en la vida presente o siendo las causas del destino futuro y el renacimiento. De esta forma, *kamma*, como término filosófico, nunca significa el resultado de una acción –como a menudo se le malinterpreta por autores occidentales.

Ahora bien, ¿en qué forma son condicionadas las formaciones volitivas por la ignorancia? Por lo que concierne a las formaciones kármicas inhábiles asociadas con el deseo, el odio y la ofuscación (*lobha, dosa, moha*), éstas son siempre y en toda circunstancia condicionadas (simultáneamente) a través de la ignorancia, estando ésta inseparablemente asociada con las mismas. Así, la ignorancia es para las formaciones kármicas inhábiles una condición por vía de conacimiento (*sahajāta-paccaya*), asociación (*sampayutta-paccaya*), presencia (*atthi-paccaya*), etcétera. Adicionalmente, la ignorancia puede ser para aquéllas una condición por vía de soporte decisivo o inducción (*upanissaya-paccaya*), si por ejemplo la ignorancia acoplada con el deseo induce a un hombre a cometer obras malas, tales como matar, robar, contacto sexual incorrecto, etcétera. En estos casos, por lo tanto, la ignorancia es una condición de 'soporte decisivo natural' o 'inducción directa' (*pakati-upanissaya-paccaya*). Puede también tornarse una inducción indirecta –por vía de objeto (*ārammaṇūpanissaya-paccaya*)– de nuestro pensamiento. Esto sucede si, por ejemplo, alguien recuerda un estado previo de ignorancia combinado con deleite sensorial, y al hacerlo surgen estados kármicamente inhábiles, tales como deseo sensorial, congoja, etcétera.

Para las formaciones kármicas hábiles (*kusala*), la ignorancia puede ser solamente una condición por vía de soporte decisivo (*upanissaya*), nunca por vía de conacimiento (*sahajāta*), etcétera, ya que lo conaciente hábil en ese preciso momento, desde luego, no puede estar asociado con ningún fenómeno malsano, tal como la ignorancia. La ignorancia es una condición de 'soporte decisivo natural' o 'inducción directa' (*pakatupanissya*), por ejemplo, si inducido por ignorancia y vanidad, uno se esfuerza a lograr las absorciones (*jhāna*), y por ende, finalmente, mediante perseverancia logra esos estados mentales sanos. La ignorancia puede también ser condición de 'soporte decisivo' o 'inducción por medio de un objeto' (*ārammaṇūpanissaya*) para las formaciones kármicas hábiles si, por ejemplo, uno reflexiona en la ignorancia como la raíz de toda la miseria en el mundo, y así finalmente logra la visión y entrada en una de las cuatro vías supramundanas de la santidad.

Para el término 'ignorancia' ver: *avijjā*; para 'formaciones kármicas ver: *saṅkhārā*.

(2)

"Dependiente de las formaciones volitivas se condiciona [o surge] la conciencia" (*saṅkhārā-paccayā viññāṇaṁ*). Esta proposición nos enseña que las formaciones kármicas hábiles e inhábiles son las causas del renacimiento futuro en la esfera apropiada (*gati*). Las formaciones kármicas de la vida previa condicionan el retoñar en una nueva matriz maternal de un nuevo conjunto de agregación psicofísico de los cinco agregados del apego (ver: *khandha*), los que aquí se representan mediante la conciencia (*viññāṇa*). Sin embargo, todas las conciencias de resultante kármico (*vipāka*), tal como la conciencia visual (el ver), etcétera, así como los fenómenos mentales asociados a ellas (sensaciones, etcétera), son kármicamente neutras. Debe ser entendido que, ya desde el primer momento de la concepción en la matriz de una madre, esta conciencia resultante kármica entra en funcionamiento.

En contra del malentendido por parte del doctor Paul Dahlke, en el sentido de que *paṭiccasamuppāda* es "un solo momento kármico de experiencia personal" y de la 'simultaneidad' de todos los doce eslabones de esta fórmula, debo aseverar aquí en forma distintiva que la interpretación de *paṭiccasamuppāda* dada aquí comprende tres vidas sucesivas y que no sólo está de acuerdo con todas las diferentes escuelas de budismo y todos los antiguos Comentarios, sino que también es completamente idéntica a las explicaciones ya dadas en los *suttas* canónicos. Así, por ejemplo, se dice *verbatim* en el Nidāna Saṃyutta (SN 12:51): "Una vez que la ignorancia (1) y el apego (9) se extinguen, no se producen formaciones kármicas ni meritorias, ni demeritorias, ni imperturbables (2 = 10), y por ende ninguna conciencia

(3 = 11) surgirá nuevamente en una matriz materna nueva". Y más adelante: "Ya que, si la conciencia no fuera a aparecer en la matriz materna, en ese caso ¿surgiría la mentalidad y corporalidad?". Ver: diagrama (*vide supra*).

La intención del Buda al enseñar *paṭiccasamuppāda* fue la de enseñar a la sufriente humanidad cómo, dependiendo de la ignorancia y ofuscación, esta presente existencia y su sufrimiento han surgido, y cómo mediante la extinción de la ignorancia -y del deseo y apego así condicionados- no seguirá ya más el renacimiento, y por ende se habrá logrado el aquietamiento del proceso de la existencia y con ello el fin del sufrimiento.

(3)

"Dependiente de la conciencia como condición surge la mentalidad-corporalidad" (*viññāṇna-paccayā nāma-rūpam*). Esta proposición implica que sin la conciencia no pueden existir los procesos físicos y mentales de la existencia. Lo que debe entenderse aquí como mentalidad (*nāma*) son los fenómenos mentales de resultante kármica (*vipāka*), tales como la sensación (*vedanā*), la percepción (*saññā*), la volición (*cetanā*: significando volición no kármica), el contacto sensorial (*phassa*), la advertencia (*manasikāra*) (MN 9; SN 12:2). Para los siete fenómenos mentales básicos inseparablemente asociados con cada estado de conciencia, ver: *nāma*. Por corporalidad (*rūpa*) se entienden los cuatro elementos físicos (ver: *dhātu*) y la corporalidad dependiente de ellos (ver: *khandha*, I).

La mentalidad siempre está condicionada mediante la conciencia; es decir, la conciencia (*viññāṇa*) es para la mentalidad (*nāma*) una condición por vía de conacimiento (*sahajāta*), mutualidad (*aññamañña*), asociación (*sampayutta*), etcétera, ya que los cuatro agregados mentales forman una unidad inseparable en todo momento.

La conciencia (*viññāṇa*) es para la corporalidad (*rūpa*) una condición por vía de conacimiento solamente en el momento de la concepción, después es una condición por vía de posnascencia (*pacchājāta-paccaya*; *paccaya* 11) y nutrimento (*āhāra*), es decir, como soporte. De la misma forma en que el hambre que surge repetidamente es una condición y soporte para el cuerpo previamente surgido, de la misma forma la conciencia que surge después es una condición y soporte para el mantenimiento de este cuerpo previamente surgido.

(4)

"Dependiente de la mentalidad-corporalidad se condicionan las seis bases sensoriales" (*nāma-rūpa paccayā saḷayatanaṃ*). Las seis bases son un nombre para los cinco órganos sensoriales físicos y, como sexto, la base mental (*manāyatana*), o sea, la conciencia.

La mentalidad (*nāma*; ver: 3) es una condición por vía de posnacimiento para las cinco bases físicas (*āyatana*) u órganos de los sentidos. Ver: parte final de 3.

La mentalidad (*nāma*), es decir, sensaciones, etcétera, es una condición por vía de conacimiento, etcétera, para la sexta base o conciencia, ya que siempre se asocia con ella inseparablemente.

Corporalidad (*rūpa*), refiriéndose aquí a los cuatro elementos, es una condición por vía de soporte (*nissaya*) para las cinco bases físicas u órganos sensoriales (*āyatana*).

Corporalidad (*rūpa*), refiriéndose aquí a los cinco órganos de los sentidos, es para la sexta base (*āyatana*), es decir, la conciencia, una condición por vía de soporte y prenacimiento (*purejāta-paccaya*).

(5)

"Dependiente de las seis bases sensoriales se condiciona [o surge] el contacto (sensorial y mental)" (*saḷāyatana-paccayā phasso*), pues sin las cinco bases físicas u órganos sensoriales no puede haber contacto sensorial; y sin la sexta base, la base de la mente o conciencia no puede presentarse el contacto mental.

Así pues, las cinco bases físicas, el ojo, etcétera son para los correspondientes cinco contactos sensoriales (contacto visual, etcétera) una condición por vía de soporte (*nissaya*) y prenacimiento (*purejāta*), mientras que la sexta, la base mental (conciencia), es para el contacto mental una condición por vía de conacimiento, asociación, mutualidad, etcétera.

(6)

"Dependiente del contacto se condiciona [o surge] la sensación" (*phassa-paccayā vedanā*), es decir, los contactos sensoriales y mentales son para las sensaciones asociadas a éstos una condición por vía de conacimiento, asociación, mutualidad, etcétera.

(7)

"Dependiente de la sensación se condiciona [o surge] el deseo" (*vedanā-paccayā taṇhā*). Cualquier sensación (resultante kármica), ya sea agradable, desagradable o neutra, corporal o mental, pasada o presente, puede tornarse una condición de soporte decisivo para el deseo por vía de objeto (*āramaṇūpanissaya*). Inclusive las sensaciones físicas y mentales dolorosas pueden, mediante el deseo de liberarse de ellas, tornarse en una condición de soporte decisivo para el deseo por medio de objeto (*āramaṇūpanissaya*).

P

(8)

"Dependiente del deseo se condiciona [o surge] el apego" (*taṇhā–paccayā upādānaṃ*). 'Apego' se explica como una forma intensificada del deseo. Es de cuatro tipos: (1) apego a la sensualidad, (2) apego a nociones erróneas, (3) apego a reglas y rituales, y (4) apego a la creencia de la personalidad. El deseo sensorial es para (1) una condición de soporte decisivo natural (*pakati-upanissaya*). Para (2-4) el deseo es una condición por vía de conacimiento, mutualidad, raíz (*hetu*), etcétera. Puede ser también una condición de soporte decisivo natural. Por ejemplo, mediante el deseo de un renacimiento en esferas celestiales, etcétera, la gente a menudo puede ser inducida a apegarse a ciertas reglas y rituales, con el propósito de alcanzar por este medio el objeto de sus deseos.

(9)

"Dependiente del apego se condiciona [o surge] el proceso de la existencia" (*upādāna-paccayā bhavo*), es decir, el proceso kármico activo de la existencia ya sea sano o malsano (*kamma-bhava*), así como el resultante kármico (*vipāka*) pasivo, el llamado 'proceso de renacimiento' (*upapatti-bhava*). El proceso kármico (*kamma-bhava*) comprende las cinco causas kármicas: ignorancia, formaciones kármicas, deseo, apego y proceso kármico (ver: 1, 2, 8, 9, 10 en el diagrama); el proceso de renacimiento (*upapatti-bhava*) comprende los cinco resultados kármicos (ver: 3-7 en el diagrama).

Se refiere aquí al proceso kármico, en términos correctos, como el nombre colectivo para la volición kármica generatriz (*kamma-cetanā*) y todos los fenómenos mentales asociados con él, mientras que el segundo eslabón (las formaciones kármicas) designa solamente a la volición kármica (ver: *āyūhana*). Ambos, sin embargo –por ejemplo, la segunda y décima proposiciones–, prácticamente establecen una y la misma cosa, propiamente, que el karma es la causa del renacimiento, tal como veremos en la décima proposición.

El apego (*upādāna*) puede ser el inductor de soporte decisivo (*upanissaya*) para muchos tipos de karma hábil e inhábil. El apego sensorial (*kāmūpādāna*), apego a objetos sensoriales, por ejemplo, puede ser un inductor directo de asesinato, robo, contacto sexual incorrecto con el sexo opuesto, malas palabras y malos pensamientos, etcétera. El apego a las reglas y rituales (*sīlabbatūpādāna*) puede conducir a la autocomplacencia, fanatismo, crueldad, etcétera. El apego es también una condición por vía de conacimiento, asociación, etcétera, para el *kamma* malsano asociado con esos actos.

P

(10)

"Dependiente del proceso de la existencia surge [o se condiciona] el renacimiento" (*bhava-paccaya jāti*), es decir, mediante el proceso kármico hábil e inhábil (*kamma-bhava*) se condiciona el proceso de renacimiento (*upapatti-bhava*). La segunda y décima proposiciones, como ya se mencionó anteriormente, prácticamente enseñan una y la misma cosa, propiamente, que el karma es la causa del renacimiento; en otras palabras, que la volición kármica (*cetanā*) es la semilla de la cual surge la nueva vida, de la misma forma en que de la semilla del mango surge un nuevo árbol de mango.

Por tanto, las cinco causas kármicas (ignorancia, etcétera) del nacimiento pasado son la condición de los resultados kármicos del nacimiento actual; y las cinco causas kármicas del nacimiento actual son la condición para los cinco resultados kármicos del próximo nacimiento (ver diagrama). Como se dice en Vism XVII:

> "Cinco causas hubo en el pasado,
> Cinco frutos encontramos en la vida presente;
> Cinco causas producimos ahora,
> Cinco frutos cosechamos en la vida futura".

Ahora bien, así como en este proceso de fenómenos mentales y corporales en continuo cambio no se puede encontrar nada que pase de un momento al siguiente, así tampoco hay ninguna entidad, ego o personalidad duradera dentro de este proceso de existencia que pueda transmigrar de una vida a la siguiente (ver: *nāma-rūpa*, *anattā*, *paṭisandhi*, *khandha*). "Ningún ser ni alma viviente pasó de la vida anterior a esta vida y, sin embargo, este embrión actual no podría haber entrado en existencia sin las causas anteriores" (Vism XVII). "Muchas cosas pueden servir para ilustrar este hecho, como por ejemplo el eco, la luz de una lámpara, la impresión de un sello o la imagen producida por un espejo" (*Ibid.*).

"Quienquiera que esté a oscuras con respecto a las cosas que surgen condicionalmente y no comprenda que el karma se origina en la ignorancia, etcétera, piensa que debe ser su ego el que sabe o no sabe, actúa y hace actuar, y que surge en el renacimiento. O piensa que los átomos, o un creador, con la ayuda de este proceso embrionario, debe haber formado este cuerpo, o que es el ego dotado de facultades el que tiene impresiones, siente, desea, se aferra, continúa y vuelve a entrar en la existencia en un nuevo nacimiento. O piensa que todos los seres han nacido fortuitamente o por casualidad" (Vism XVII).

Ahora bien, al escuchar que el budismo enseña que todo en el mundo está determinado por las condiciones, algunos podrían llegar a la conclusión de que el budismo enseña algún tipo de fatalismo y que el hombre no tiene libre albedrío o que la voluntad no es libre.

El problema de *si el hombre tiene libre albedrío* no existe para el budista, ya que sabe que, aparte de estos fenómenos físicos y mentales en constante cambio, no se puede encontrar una entidad tal como el *hombre*, y que el *hombre* es simplemente un nombre que no se relaciona con ninguna realidad. Y la cuestión de *si la voluntad es libre* debe rechazarse por la razón de que la voluntad o volición es un fenómeno mental que se manifiesta sólo por un momento y que, como tal, no tenía existencia alguna en el momento anterior. Porque de una cosa que no es, o que todavía no es, no se puede, propiamente hablando, preguntar si es o no libre. La única pregunta admisible sería si el surgimiento de la *voluntad* es independiente de las condiciones o si está condicionado. Pero la misma pregunta se aplicaría igualmente a todos los demás fenómenos psíquicos, así como a todos los fenómenos físicos, es decir, a todo suceso cualquiera. Y la respuesta sería: si surge la voluntad, si surge la sensación o si surge cualquier otro fenómeno mental o físico, el surgimiento de cualquier cosa: depende de condiciones, y sin condiciones nada jamás puede surgir o entrar en existencia.

Según el budismo, todo lo mental o físico sucede de acuerdo con leyes y condiciones; y si fuera de otra manera reinaría el caos y el azar ciego. Pero tal cosa es imposible y contradice todas las leyes del pensamiento. Ver fondo cap. III (fin).

(11)

"Dependiente del proceso del renacimiento surge [o se condiciona] la vejez y la muerte" (*jatipaccayā jarā-maraṇaṃ*). Sin nacimiento no es posible que haya vejez ni muerte, o sufrimiento y miseria. Por ende, el renacimiento es una condición de soporte decisivo (*upanissaya*) para la vejez, muerte, etcétera.

El Buda ha dicho (DN 15): "Profundo, Ānanda, es este origen dependiente, y se muestra también profundo. Es debido a la carencia de entendimiento, a la incapacidad de penetrar esta ley, que este mundo se asemeja a una borla de hilo enredado, a un nido de ave, a un matorral de carrizos o juncos, y que los humanos no escapan de [renacimiento en] los estados inferiores de existencia, de la vía de la perdición y la aflicción, sufriendo debido al ciclo de renacimientos". Por otra parte (MN 28): "Aquel que entiende el origen dependiente, entiende el Dhamma; y aquel que entiende el Dhamma, entiende el origen dependiente".

P

paṭigha: 1. En sentido ético significa 'repugnancia', enojo, resentimiento, aversión, y es un sinónimo de *vyāpāda*, 'mala voluntad' (ver: *nīvaraṇa*) y *dosa*, 'aversión' (ver: *mūla*). Es una de las tendencias [o proclividades] latentes (*anusaya*, q.v.).

2. 'Reacción (sensorial)'. Se aplica al acto cognitivo por vía de los cinco sentidos y aparece en los siguientes contextos:

(a) Como *paṭigha-saññā*, 'percepción de reacción sensorial', de la cual se dice que se encuentra ausente en las absorciones inmateriales (ver: *jhāna* 5). Definiciones adicionales son: 'percepción resistente', 'percepción refleja'.

(b) Como *paṭigha-samphassa*, 'impresión (mental) causada por la reacción sensorial quíntuple' (DN 15); ver: *phassa*;

(c) Como *sappaṭigha-rūpa*, 'corporalidad reactiva', y *appaṭigha*, 'sin reacción', la cual es una clasificación del Abhidhamma de la corporalidad, que se encuentra en Dhs. 659, 1050. *Sappaṭigha* son llamados los cinco órganos sensoriales reaccionando (o respondiendo) a las estimulaciones sensoriales; y también los objetos sensoriales físicos en el sentido de que inciden (o hacen impacto) en los órganos sensoriales. Toda la demás corporalidad es *appaṭigha*, no reactiva y no afectada. Estos dos términos han sido anteriormente traducidos en forma variada como resistente y no resistente, responsivo y no responsivo, con impacto y sin impacto.

pāṭihāriya: 'milagro', maravilla [super poder]. Se atribuyen tres maravillas al Buda: la maravilla de [los poderes] mágicos [sobrenaturales] (*iddhi-pāṭihāriya*), la maravilla del leer las mentes de otros (*ādesanā-pāṭihāriya*) y la maravilla de la instrucción (*anusāsanī-pāṭihāriya*). En DN 11 el Buda dice que ve peligro en las primeras dos y por lo tanto las aborrece. En AN 3:61 la 'maravilla de la instrucción' es llamada la que es 'más noble y sublime'. Para *iddhi-pāṭihāriya*, ver: DN 25. Ver también: *yamaka-pāṭihāriya*.

paṭikkūla-saññā: ver: *kāyagatā-sati*.

pātimokkha: 'código disciplinario', es el nombre del código reglamentario de los monjes, que es recitado ante la comunidad de monjes con ordenación completa (*bhikkhu*) en los días de luna llena y en cada luna nueva.

Ver: *The Patimokkha*, texto en pāli romanizado, traducido por Ñāṇamoli Thera (Bangkok, 1966, Mahāmakut Buddhist Bookshop).

pātimokkha-saṃvara-sīla: 'moral consistente en la restricción [o autocontrol] con respecto al código disciplinario' (*Pātimokkha*, ver: prec.). Para detalles, ver: *sīla*.

P

paṭinissaggānupassanā: 'contemplación en el abandono', es uno de los dieciocho tipos de introspección (*vipassanā*, q.v.). Adicionalmente ver: el decimosexto ejercicio de *ānāpāna-sati* (q.v.).

paṭipadā: 1. 'Camino', 'vía'; por ejemplo, en: *dukkhanirodha-gāminī-paṭipadā*, 'la vía que conduce a la extinción del sufrimiento' (= cuarta Verdad Noble); *majjhima paṭipadā*, 'la vía media'.

1. 'Progreso' (ver también: *paṭipadā-ñāṇadassana-visuddhi*): hay cuatro modos de progreso hacia la liberación: (1) Progreso penoso con comprensión lenta (*dukkhā paṭipadā dandhābhiññā*). (2) Progreso penoso con comprensión rápida. (3) Progreso agradable con comprensión lenta. (4) Progreso agradable con comprensión rápida. En AN 4:162 se dice:

(1) "Alguna persona posee por naturaleza avidez excesiva, odio excesivo, ofuscación excesiva, y por lo tanto siente dolor y pena; y también las cinco facultades mentales [o espirituales]: confianza, energía, atención plena, concentración y sabiduría (ver: *indriya* 15-19) son poco desarrolladas en esa persona, y por esa razón alcanza, sólo en forma lenta, la inmediatez (*ānantariya*, q.v.) de la destrucción de todas las corrupciones [mentales].

(2) "Alguna persona posee por naturaleza avidez excesiva, etcétera, pero las cinco facultades mentales han sido desarrolladas en esa persona, y por esa razón alcanza en forma rápida la inmediatez de la destrucción de todas las corrupciones.

(3) "Alguna persona por naturaleza no posee avidez excesiva, etcétera, pero las cinco facultades mentales no han sido desarrolladas en esa persona, y por esa razón alcanza, sólo en forma lenta, la inmediatez de la destrucción de todas las corrupciones.

(4) "Alguna persona por naturaleza no posee avidez excesiva, etcétera, y las cinco facultades mentales han sido desarrolladas en esa persona, y por esa razón alcanza, en forma rápida, la inmediatez de la destrucción de todas las corrupciones".

Ver: AN 4:162, 163, 166-169; Dhs § 176 ff.; AsTr, 243, 291, 317.

paṭipadā-ñāṇadassana-visuddhi: 'purificación mediante conocimiento y visión de la vía de progreso', forma la sexta etapa [introspectiva] de la purificación (*visuddhi*).

paṭipannako: 'el que ha logrado la vía' es aquel que ha alcanzado una de las cuatro vías de santidad supramundana (ver: *ariya-puggala*).

Nota de la fuente: Ocurre por primera vez en Pug 17 y Kath 216.

P

paṭipassaddhi-pahāna: 'superación de las impurezas [mentales] mediante la tranquilización' (ver: *pahāna*).

paṭipatti: 'práctica' o 'emprendimiento' de la enseñanza en distinción al mero conocimiento teórico de su formulación verbal (*pariyatti*, q.v.).

Nota de la fuente: ver: *pariyatti*.

paṭisambhidā: 'conocimiento analítico' o 'discriminación', es de cuatro tipos: Conocimiento Analítico del Significado Verdadero (*attha*), de la Ley (*dhamma*), del Lenguaje (*nirutti*) y de Habilidad Mental Rápida (*paṭibhāna*).

Una traducción de alternativa al cuarto término (*paṭibhāna*), propuesto por Bhikkhu Ñāṇamoli, es: perspicacia (tanto en expresión como en conocimiento).

(1) El Conocimiento Analítico del Significado Verdadero (*attha*) es el conocimiento respecto a la base sensorial.

(2) El Conocimiento Analítico de la Ley (*dhamma*) es el conocimiento respecto a la ley.

(3) El Conocimiento Analítico del Lenguaje (*nirutti*) es el conocimiento del lenguaje respecto a los puntos (1) y (2).

(4) El Conocimiento Analítico de la Habilidad Mental Rápida (*paṭibhāna*) es el conocimiento [en conjunto] acerca de los tres primeros tipos de conocimiento. (Vibh. XV).

(1) *Attha* (Skr. *artha*, de raíz derivada *ar*, significando 'alcanzar'; resultado, significado, propósito, sustancia verdadera) designa, en resumen, el fruto (*phala*) de una causa (*hetu*); ya que el fruto de una causa resulta de la adherencia a la causa, y es alcanzado y efectuado de esa forma, por lo tanto, es llamado un resultado (*attha*). En particular, sin embargo, cinco cosas se consideran como *attha*, propiamente: todo lo que depende de condiciones, Nibbāna, el significado de las palabras, el resultado kármico y la conciencia funcional. Cuando alguien reflexiona en ese significado, cualquiera que sea su conocimiento comprendido dentro de la categoría concerniente con el significado (o resultado), es el Conocimiento Analítico del Significado.

(2) *Dhamma* (Skr. *dharma*, de raíz derivada *dhar*, al significar soportar, soporte, condición, ley, fenómeno, cosa) es, en resumen, un nombre para 'condición' (*paccaya*). En particular, sin embargo, cinco cosas son consideradas como Dhamma, propiamente: cada causa (*hetu*) producente de un resultado, el Noble Óctuple Sendero, la palabra hablada, lo kármicamente hábil e inhábil. Cuando alguien reflexiona en esa ley, cualquiera sea su conocimiento comprendido dentro de la categoría concerniente con la ley (o causa), es el Conocimiento Analítico de la Ley.

En el Vibhaṅga se dice que: "El conocimiento del sufrimiento es el Conocimiento Analítico del Significado Verdadero (*attha*), el conocimiento de su origen es el Conocimiento Analítico de la Ley (Dhamma). El conocimiento de la causa es el Conocimiento Analítico del Significado Verdadero (*attha*). Que el monje conozca la ley, los *suttas*, etcétera, esto es llamado el Conocimiento Analítico de la Ley (Dhamma); sin embargo, si entiende el significado de esto o del lenguaje [entonces], es llamado el Conocimiento Analítico del Significado Verdadero (*attha*)".

(3) "'El conocimiento del lenguaje concerniente a esas cosas' significa: el lenguaje concerniente a la realidad, y el modo sin fallo de la expresión concerniente al verdadero Significado y la Ley".

(4) "'El conocimiento acerca de los tipos de conocimiento' es el conocimiento que tiene a todos los conocimientos como objeto y los considera. Alternativamente, el Conocimiento Analítico de la Habilidad Mental Rápida (*paṭibhāna*) significa el conocimiento de los tres tipos de conocimiento mencionados arriba, en todos sus detalles, con sus objetos, funciones, etcétera" (Vism XIV).

Respecto a las siete cualidades que conducen al logro de los cuatro Conocimientos Analíticos, ver: A VII, 37. Ver: Vism XIV, 21ff.; Vibh XV; Paṭis: Paṭisambhidākathā.

paṭisandhi: lit. 'reunión, reenlace', es decir, renacimiento, es una de las catorce funciones de la conciencia (*viññāṇa-kicca*, q.v.). Es un tipo de conciencia de resultante kármica y surge en el momento de la concepción, es decir, con la formación de una nueva vida en la matriz de la madre. Inmediatamente después pasa al fondo del Continuo Subconsciente de Existencia (*bhavaṅga-sota*, q.v.), y, condicionado de esa forma una y otra vez, surgen los correspondientes estados de subconsciencia. Por lo tanto, es en realidad esta Conciencia de Renacimiento lo que determina el carácter latente de una persona.

"Ni ha transmigrado esta Conciencia (de renacimiento) de la existencia anterior a esta actual existencia, ni surgió sin tales condiciones, como karma, las formaciones kármicas, la propensión, el objeto, etcétera. Que esta conciencia no haya venido de la existencia anterior a esta actual existencia, y sin embargo que ha llegado a la existencia por medio de condiciones incluidas en la existencia anterior, tal como karma (q.v.), etcétera, este hecho se puede ilustrar por varias cosas, tales como el eco, la luz de una lámpara, la impresión de un sello o la imagen producida por un espejo. De la misma forma en que el reverberar del eco es condicionado por un sonido, etcétera, y en ninguna parte ha ocurrido una transmigración del sonido, de la misma forma sucede con esta conciencia. Más adelante se dice: 'En este proceso continuo, ninguna igualdad [respecto a la naturaleza de la conciencia] y ninguna divergencia puede ser encontrada'. Porque, si hubiese identidad completa (entre las diversas etapas), entonces, de la misma forma la leche nunca podría tornarse en requesón. Y, si hubiese desigualdad completa, entonces el requesón no podría nunca venir de la leche. Si en una continuidad de existencia ocurre cualquier resultado kármico, entonces este resultado kármico ni pertenece a ningún otro ser, ni viene de cualquier otro (*kamma*), ya que la igualdad absoluta y la diferenciación se excluyen aquí" (Vism, XVII 164 ff.).

En Milindapañha se dice:

"¿Ahora bien, venerable Nāgasena, el que renace, es el mismo que el que ha muerto, o es otro?"

"Ni el mismo, ni otro (*na ca so na ca añño*)".

"Deme un ejemplo".

"¿Qué piensa, oh rey: '¿Es usted ahora –como persona adulta– la misma que usted había sido cuando fue un tierno, joven y pequeño bebé?'".

"No, venerable señor. Otra persona era el bebé pequeño, joven y tierno, pero una persona absolutamente diferente soy ahora como hombre adulto..."

"¿Acaso, durante el primer tercio nocturno, una lámpara es la que quema su mecha, otra la que lo hace en el tercio medio y otra durante el último tercio de la noche?"

"No, venerable señor. La luz durante la noche entera depende de una y la misma lámpara".

"De la misma forma, oh rey, se liga junta la cadena de los fenómenos. Un fenómeno surge, otro desaparece; sin embargo, todos se ligan juntos, uno después del otro, sin interrupción. De esta manera uno alcanza el estado final de conciencia no como la misma persona ni como otra persona".

Según la naturaleza de su Conciencia de Renacimiento, los seres se dividen en los siguientes tres grupos:

1. *Ahetu-paṭisandhika*: Un 'ser que renace sin condiciones de raíz', es uno cuya conciencia en el momento del renacimiento no fue acompañada por cualesquiera de las tres condiciones de raíz nobles, a saber: ausencia de deseo, ausencia de aversión, ausencia de ignorancia (ver: *mūla*), es decir, ausencia de egoísmo, amabilidad, inteligencia. Tales seres se encuentran en los cuatro mundos inferiores (*apāya*, q.v.), en cuyo caso la función de renacimiento es ejercitada por la clase de conciencia enumerada en tab. I como la número 56. Pero si tales seres renacen en la esfera sensorial como seres humanos, serán lisiados, sordos, mentalmente deficientes, etcétera.

(Conciencia de Renacimiento = tab. I, número 41.)

2. *Dvihetu* (o *duhetu*)-*paṭisandhika*: Un 'ser que renace solamente con dos condiciones de raíz (nobles)', es decir: ausencia de deseo y ausencia de aversión (Conciencia de Renacimiento = tab. I, números 44, 45, 48 o 49).

3. *Tihetu-paṭisandhika*: Un 'ser que renace con tres condiciones de raíz (nobles)'. Tal puede encontrarse solamente entre los humanos (Conciencia de Renacimiento = tab. 1, números 42, 43, 46 o 47) y los seres divinos de orden más elevado.

En lo que respecta a estos tres tipos de renacimiento, vea AsTr. II, 354-379 (ver: *paṭisandhika*).

En los *suttas* los términos para el renacimiento son principalmente *punabbhava* (q.v.), 'existencia renovada' y *abhinibbatti,* 'que surge'; o ambos combinados como *punabbhavābhinibbatti* (ver: *paṭisandhi*).

Referencias: Vism XVII, 133 ff., 164 ff., 189 ff., 289 ff.; Vism XIX, 22 ff.

Karma *and Rebirth*, Nyanatiloka Thera (Wheel 9). *The Case for Rebirth*, Francis Story (Wheel 12-13). *Survival and* Karma *in Buddhist Perspective*, K. N. Jayatilleke (Wheel 141-143). *Rebirth Explained*, V. F. Gunaratna (Wheel 167-169).

Nota de la fuente: El término es principalmente proveniente del Comentario; pero aparece varias veces en uno de los libros tardíos del Sutta Piṭaka, el Paṭisambhidā-Magga (Paṭis I, 11 ff., 52, 59 ff.; II, 72 ff.). El término usual de los *suttas* para 'renacimiento' es *punabbhava* ('volver a ser').

paṭisandhika: *ahetu-paṭisandhika*, *dvihetu-paṭisandhika*, y *tihetu-paṭisandhika* (nota de la fuente), son términos exclusivamente provenientes de los Comentarios. Para el término *paṭisandhi-citta*, ver: *citta-vīthi.*

paṭisaṅkhāna-bala y **bhāvanā-bala**: 'Poder de Reflexión' y 'Poder del Desarrollo Mental'. Acerca de estos dos poderes se dice en AN 2:10:

"¿Y cuál, monjes, es el poder de la reflexión? Si, oh monjes, alguien piensa de la siguiente forma: 'La mala conducta en obras, palabras y pensamientos verdaderamente produce malos frutos, tanto en esta vida, así como en la vida próxima', y, como consecuencia de esta consideración, él abandona la mala conducta en obras, palabras y pensamientos, sigue buena conducta y mantiene su corazón puro, éste, oh monjes, es el poder de la reflexión.

"¿Y cuál, oh monjes, es el poder del desarrollo mental? Si, oh monjes, un monje desarrolla los factores de la iluminación (*bojjhaṅga*, q.v.), se inclina hacia la soledad, hacia la reclusión, hacia la extinción, y concluyendo en la liberación, propiamente: la atención plena, la investigación de la ley, la energía, el goce extático, la tranquilidad, la concentración y la ecuanimidad, éste, oh monjes, es el poder del desarrollo mental".

paṭisaṅkhānupassanā-ñāṇa: 'conocimiento que consiste en Contemplación Reflexiva', es uno de los nueve conocimientos que constituyen la 'Purificación por Conocimiento y Visión de la Vía de Progreso' (*paṭipadā-ñāṇadassanavisuddhi*; ver: *visuddh*i VI) y uno de los dieciocho principales tipos de penetración introspectiva (*mahā-vipassanā*; ver: *vipassanā*).

paṭivedha: la 'penetración ', significa la realización de la Verdad del Dhamma, según lo distinguido de la mera adquisición de su fraseología (*pariyatti*) o la práctica (*paṭipatti*) de ella, es decir, la comprensión directa tal como se distingue de mera teoría y práctica. Ver: *pariyatti.*

> Nota de la fuente: ver: *pariyatti.*

patta-piṇḍik'aṅga: el 'ejercicio del que come sólo en el cuenco', es uno de los trece ejercicios ascéticos de purificación (*dhutaṅga*, q.v.); consiste en el voto de usar solamente el cuenco de limosnas como fuente para comer y el rechazo de cualquier otro recipiente.

patti-dāna: lit. el 'dar de lo adquirido', es decir, 'transferencia de mérito'. Sin embargo, en los textos más antiguos se menciona muy raramente (por ejemplo, AN 7:50); es, sin embargo, una costumbre extendida en todos los países budistas. Se considera que el mérito moral, especialmente el que es adquirido por dar limosnas, se puede transferir a otros, al parecer por razón de que las propias buenas acciones pueden tornarse a otros, especialmente a parientes y amigos que han muerto y renacido en el 'reino de los espíritus hambrientos', lo cual es un estímulo para la generación de estados mentales felices y moralmente sanos. La transferencia de mérito se aboga (sin embargo, sin mencionar el término *patti-dāna*) en el Tirokuḍḍa Sutta (Khp. y Petavatthu) y su Comentario (Khp. Tr.). Es una de las diez 'bases de la acción meritoria' (*puññakiriyavatthu*, q.v.), llamada allí el *pattānuppadāna.*

> Ver: *The Doctrine of Reversible Merit,* F. L. Woodward. *Buddhist Review* (Londres), vol. I (1914), p. 38.

penetración: ver: *paṭivedha*, *pariyatti*. Para el poder de penetrar (*vipphāra*) conocimiento y concentración, ver: *iddhi*. Para moralidad combinada con penetración (*nibbedha*), ver: *hāna-bhāgiya-sīla*, etcétera. Para penetración (*pariya*) de la mente de los demás, ver: *abhiññā.*

pensamiento, pensamiento-concepción: ver: *vitakka.*

pensamiento, sabiduría basada en el: *cintāmaya-paññā*: ver: *paññā.*

pensamiento correcto: *sammā-saṅkappa*; ver: *sacca, magga.*

pensamiento discursivo: *vicāra*; ver: *vitakka-vicāra.*

percepción: *saññā.*

percepciones de resistencia: ver: *paṭigha* (2a).

percepciones reflejas: ver: *paṭigha* (2a).

pereza: *middha*; ver: *nīvaraṇa.*

perfecciones, las diez: *pāramī* (q.v.)

perfecto, el: *Tathāgata* (q.v.).

periodo mundial, formación, disolución: ver: *kappa.*

permanencia, idea de: ver: *vipallāsa.*

personalidad: ver: *sakkāya*. Para la creencia en la personalidad, ver: *sakkāya diṭṭhi, diṭṭhi, attā, satta, puggala, vipallāsa.*

perversiones, las cuatro: *vipallāsa* (q.v.).

peta (Skr. *Preta*): lit. 'espíritu que ha partido, espíritu [hambriento]'; ver: *loka.*

petti-visaya: 'mundo de los espíritus'; ver: *loka.*

phala: lit. 'fruto'. 1. Resultado, efecto (a menudo junto con *hetu*, 'causa'); beneficio (por ejemplo, en Sāmaññaphala Sutta, 'Los resultados o beneficios de la reclusión'; DN 2).

2. Como 'Resultado de la vía' o 'fruición', denota aquellos momentos de conciencia supramundana que aparecen inmediatamente después del momento de Conciencia de la Vía (ver: *ariya-puggala*) y que, hasta el logro del siguiente estadio superior de la vía, puede recurrir en innumerables ocasiones durante la práctica de la meditación introspectiva (*vipassanā*, q.v.). Si se logra este estado por repetición, entonces se le llama el 'logro del fruto' (*phala-samāpatti*), el que se explica en detalle en Vism XXIII.

pharusā vācā: 'lenguaje rudo o abusivo'; ver: *micchā-vācā.*

phassa (fr. *phusati*, tocar): 'impresión sensorial', contacto. El término *samphassa* es usado en vocablos compuestos, por ejemplo, en los siguientes: "Hay seis clases de contacto sensorial: contacto visual (*cakkhu-samphassa*), contactos auditivos, olfativos, gustativos, corporales (táctiles) y mentales" (MN 9). Una división doble ocurre en DN 15; *paṭigha* (q.v.)-*samphassa*, 'contacto por medio de reacción sensorial', y *adhivacana- samphassa*, 'contacto verbal (o conceptual, es decir, mental)'.

P

Phassa no significa impacto físico, sino que es uno de los siete concomitantes universales (constantes) mentales de la conciencia (*cetasika*) y pertenece al 'agregado de las formaciones mentales' (*saṅkhāra-kkhandha*). En las listas de ambas categorías se le menciona generalmente primero (por ejemplo, en Dhs. 1; MN 9), debido a su posición fundamental en el proceso cognitivo. En MN 18 se define: "Dependiente del ojo y las formas visuales, surge la conciencia visual; la unión de los tres es el contacto" (estableciéndose en forma similar para los otros cinco sentidos, incluyendo la mente). En el Origen Dependiente está condicionado por las seis bases sensoriales y es un factor condicionante de la sensación (ver: *paṭicca-samuppāda* 5, 6). Su relación con la mente-materia (*nāma-rūpa*) se describe en DN 15, y su influencia en la sensación y las nociones erróneas, en DN 1 (al final). Es uno de los Cuatro Nutrimentos (*āhāra*, q.v.) y el primer factor de los cinco de la 'impresión sensorial' (*phassa-pañcamaka*), junto con la sensación, la percepción, la volición y la conciencia (ver: Abh St., p. 47 ff.).

Al ser una función primordial en el contacto de la mente con el mundo de los objetos y siendo una fuente potencial de impurezas mentales, el contacto es un tema de reflexión importante en la contemplación introspectiva, tal como se formula en forma sucinta en muchos versos de Sn 736-737, 778, 851, 870-872, 923.

piṇḍapātik'aṅga: la 'práctica de ir por limosna', es una de las trece prácticas ascéticas de purificación (ver: *dhutaṅga*).

pisuṇā vācā: lenguaje malicioso; ver: *musāvādā*.

pīta-kasiṇa: '*Kasiṇa* amarilla', es uno de los objetos de ejercicio meditativo conocido como *kasiṇa* (q.v.).

pīti: 'éxtasis', entusiasmo (también traducido como gozo, felicidad); interés [placentero]. Es uno de los factores mentales o concomitantes (*cetasika*) y pertenece al grupo de las formaciones mentales (*saṅkhāra-kkhandha*). Debido a que en algunos textos de los *suttas* se le une a menudo en un vocablo compuesto con 'placer' (*pāmojja*) o 'felicidad' (*sukha*), algunas traducciones han tomado equivocadamente el término como sinónimo de estas dos palabras. Sin embargo, *pīti* no es una sensación o un sentimiento, y por tanto no pertenece al 'agregado de las sensaciones' (*vedanā-kkhandha*), mas puede ser descrito psicológicamente como 'interés gozoso' [o 'interés placentero']. Como tal puede asociarse con estados de conciencia sanos, malsanos o neutros.

Un elevado grado de interés gozoso es característico de ciertos estados en la concentración meditativa, en la práctica introspectiva (*vipassanā*), así como en las primeras dos absorciones (*jhāna*, q.v.). En estas últimas aparece *pīti* como uno de los 'factores de la absorción' (*jhānaṅga*; ver: *jhāna*), y es más intenso en la segunda absorción. Se describen cinco grados de intensidad en el éxtasis meditativo en Vism IV, 94 ff. Es uno de los 'factores de la iluminación' (*bojjhaṅga*, q.v.).

placer, idea de: ver: *vipallāsa*, *subha-nimitta*.

planos de existencia, los tres: ver: *avacara*.

pocos deseos: ver: *appicchatā*.

poderes, los cinco espirituales: ver: *bala*. Para los seis poderes superiores, ver: *abhiññā*. Para los diez poderes de un Buda, ver: *dasabala*. Para los cuatro caminos a los poderes, ver: *iddhipāda*. Para poderes mágicos, ver: *iddhi*.

poderes mágicos: ver: *iddhi*; *abhiññā* (1).

ponobbhava: otra forma de escribir *punabbhava* (q.v.).

posición sentada, durmiendo en: ver: *dhutaṅga*.

posnacimiento, condición de: *pacchājāta-paccaya*; una de las veinticuatro condiciones (*paccaya*, q.v.).

posturas corporales, las cuatro: *iriyā-patha* (q.v.).

práctica: para teoría, práctica y realización, ver: *pariyatti*.

prácticas ascéticas de purificación: ver: *dhutaṅga*.

predominio y prenacimiento: *adhipati*, *purejāta*, son dos de las veinticuatro condiciones (*paccaya*, q.v.).

preguntas y respuestas: *pañhā-byākaraṇa*.

presunción: *māna* (q.v.); ver también: *saṃyojana*.

presunción de igualdad: ver: *māna*.

presunción de inferioridad: ver: *māna*.

presunción de superioridad: ver: *māna*.

proceso de regeneración: *upapatti-bhava* (ver: *bhava*).

proceso kármico: ver: *bhava*, *paṭicca-samuppāda*.

progreso: ver: *paṭipadā*, *abhabbāgamana*. Progreso en la moralidad, etcétera; ver: *hānabhāgiya*, etcétera. Purificación por el conocimiento y la visión del progreso del camino, ver: *visuddhi* (VI). Vea, a continuación, el progreso del discípulo.

progreso del discípulo, desarrollo gradual del Óctuple Sendero en el: En muchos *suttas* ocurre un pasaje idéntico que describe el curso gradual de desarrollo en el progreso del discípulo. Allí se muestra cómo este desarrollo se lleva a cabo gradualmente, y conforme a las leyes, desde la primera audición de la doctrina, y desde la fe germinal y la comprensión confusa, hasta la realización final de la liberación.

"Después de oír la ley, se llena de confianza y piensa: 'Llena de obstáculos es la vida doméstica, un montón de basura; pero la vida sin hogar (de un monje) es como el aire libre. No es fácil, cuando se vive en casa, cumplir en todo punto las reglas de la vida santa. ¿Qué tal si ahora me cortara el pelo y la barba, me pusiera la túnica amarilla y saliera de casa a la vida de los 'sin techo'?'. Y después de un corto tiempo, habiendo renunciado a sus posesiones, muchas o pocas, habiendo dejado atrás su círculo de parientes, pequeño o grande, se corta el pelo y la barba, se pone la túnica amarilla y sale del hogar a la vida sin hogar.

"Habiendo así dejado el mundo, cumple las reglas de los monjes. Evita la matanza de seres vivos y se abstiene de ello; sin palo ni espada, concienzudo, lleno de simpatía, está deseoso del bienestar de todos los seres vivos. Evita robar… evita la falta de castidad… evita mentir… chismear… lenguaje áspero… charla vanidosa.

"Se abstiene de destruir semillas vegetales y plantas; come sólo a una hora del día; se mantiene al margen del baile, el canto, la música y la asistencia a espectáculos; rechaza los adornos florales, perfumes, ungüentos, así como cualquier otro tipo de adorno y cosmético. No usa camas altas y lujosas. El oro y la plata no los acepta… se mantiene alejado de comprar y vender cosas…

"Se contenta con la túnica que protege su cuerpo y con el cuenco con el que se mantiene vivo. Dondequiera que va está provisto de estas dos cosas; tal como un pájaro alado que vuela, lleva sus alas consigo.

"Al cumplir con este noble dominio de la moralidad (*sīla*), siente en su corazón una felicidad irreprochable".

En lo que sigue a continuación se muestra cómo el discípulo vigila sus cinco sentidos y su mente, y mediante esta noble restricción de los sentidos (*indriyasaṃvara*) siente en su corazón una felicidad intachable; cómo en todas sus acciones está siempre atento y claramente consciente; y cómo, estando equipado con esta elevada moralidad (*sīla*) y con esta noble moderación de los sentidos (*indriyasaṃvara*), y con atención plena y comprensión clara (*sati-sampajañña*), elige una morada apartada, y liberando su mente de los cinco obstáculos (*nīvaraṇa*, q.v.) alcanza la plena concentración (*samādhi*, q.v.); y cómo a partir de entonces, al desarrollar la percepción (*vipassanā*, q.v.) con respecto a la transitoriedad (*anicca*), el sufrimiento (*dukkha*) y la impersonalidad (*anattā*, q.v.) de todos los fenómenos de la existencia, finalmente logra la liberación de todos las corrupciones e impurezas, y así la seguridad surge en él:

> "Para siempre estoy liberado,
> Ésta es la última vez que nazco,
> Ninguna existencia nueva me espera".

Ver: DN 1, 2; MN 27, 38, 51, 60, 76; AN 4:198; 10:99; Pug. 239, etcétera.

prohibición del alcohol: ver: *surāmeraya-majjappamādaṭṭhānā.*

proximidad, condición de: *anantara*; es una de las veinticuatro condiciones (*paccaya*, q.v.).

pubbenivāsānussati: 'el recordar las vidas pasadas', es uno de los Poderes Superiores (*abhiññā*, q.v.) y un factor del Conocimiento Triple (*tevijjā*, q.v.).

puerta de los cinco sentidos, advertencia de: *pañca dvārāvajjana*; ver: *viññāṇa-kicca.*

puertas de liberación, las tres: *vimokkha-dvāra*; ver: *vimokkha* I; *visuddhi* VI, 8.

puggala: 'individuo', 'persona', así como los sinónimos: personalidad, individualidad, ser (*satta*), el yo [ego] (*attā*), etcétera, en resumen, todos los términos que designan una entidad personal, por lo que se incluyen también: yo, tú, él, hombre, dios, etcétera; todos éstos, de acuerdo con el budismo, son meros nombres para ciertas combinaciones de procesos materiales y mentales, y aparte de ello no tienen existencia real. Deben ser considerados como meros 'modos de expresión convencionales' (*vohāra-vacana*); y a ese nivel pueden ser empleados y, de hecho, así es como se usan en los textos de los *suttas,* si se toman "sin mal interpretarlos" (ver: cita proveniente de DN 9 bajo *paramattha*). Con tales reservas tácitas, el término *puggala* aparece frecuentemente en los *suttas.*

En un sentido final (*paramattha*, q.v.), no obstante, existen solamente fenómenos físicos y mentales en constante cambio, surgiendo y cesando a cada momento. En la primera sección del Kathāvatthu se discute la pregunta de si se puede "encontrar alguna personalidad (*puggala*) en un sentido absoluto" (ver: Guía, cap. 5 § 1). Ver: *paramattha, anattā.*

pūjā: (1) Honor, respeto, homenaje. (2) Adoración, observancias devocionales, ofrendas devocionales; también incluye las ofrendas a los monjes.

(1) El Mahāmaṅgala Sutta (Sn 259) dice que "Honrar y respetar a todos los que son dignos [de honor y respeto] es conducente a una gran bendición" (*pūjā ca pūjaniyesu etam maṅgalam uttamaṃ*). Ver: Dhp. 195 ff.

(2) El Buda no apreció mucho el mero homenaje externo. "El Tathāgata no es respetado, venerado, estimado, hecho objeto de homenaje en el más alto grado de esa forma, Ānanda. Pero Ānanda, cualquier *bhikkhu* o *bhikkhunī*, hombre o mujer laica que sigue la enseñanza, vive en forma recta en acuerdo con la enseñanza, camina la vía de la enseñanza; de esa forma respeta, venera, estima, hace homenaje y honra al Tathāgata en el más alto grado" (DN 16). "Hay dos clases de homenaje: en forma material (*āmisa-pūjā*) y mediante la práctica del Dhamma (*dhamma-pūjā*). La mejor de las dos es el homenaje mediante la práctica del Dhamma" (AN 2).

punabbhava: lit. volver a ser; 'existencia renovada', es un término de los *suttas* para 'renacimiento', el cual, en los textos tardíos se llama *paṭisandhi* (q.v.). El logro de la santidad (*arahatta*), lo cual implica el fin de los renacimientos futuros, se expresa a menudo en las palabras: "Ésta es la última vida. ¡Ahora ya no hay más renovación de la existencia!" (*natthi'dāni punnabhavo*) (MN 26; DN 15; Th 87, 339; Sn 502). El término a menudo se asocia con *abhinibbatti* ('surgimiento'):

"Y ¿cómo, oh hermano, viene a una existencia renovada y un surgimiento en el futuro (*āyatiṃ punabbhavābhinibbatti*)? Debido a que los seres, obstruidos por la ignorancia y encadenados por el deseo, encuentran renovado deleite ahora aquí, ahora allá, por esa razón hay existencia renovada y surgimiento en el futuro" (MN 43). Ver también: SN 11:38. *Abhinibbatti* asimismo significa, a veces por sí mismo, 'renacimiento', por ejemplo, en AN 6:61; 10:65. Ver: en la segunda Verdad Noble, el adjetivo *ponobhavika;* significa 'conducente a una renovación de la existencia'. Ver: AN 3:76; Sn 163, 273, 514, 733; SN 7:12; 10:3.

puñña: mérito, meritorio, es un término popular para designar las acciones kármicamente sanas (*kusala*). Los términos opuestos: *apuñña*, 'demérito'; *pāpa*, 'malo', 'maligno'. El valor de la acción meritoria se recalca a menudo, por ejemplo, en el Sutta del Tesoro Acumulado (ver: Khp. Tr), Dhp. 18, 118, 122. La comunidad de los Monjes Santos (*ariya-saṅgha*), el tercer Refugio (ver: *ti-saraṇa*), se dice que es "el incomparable campo de mérito en el mundo" (*anuttaram puññakkhettaṃ lokassa*); ver: *anussati* 3.

Los *arahants*, sin embargo, habiendo trascendido todas las acciones afirmativas de la vida y de la producción de renacimiento, se dice que están "más allá del mérito y del demérito"; ver: Sn 520, 547, 636, 790. Ver: siguientes tres entradas.

puññābhisaṅkhāra: 'formaciones kármicas meritorias' de la esfera de la sensualidad y de la esfera de la materialidad sutil; ver: *saṅkhāra* I, 1.

puññā-dhārā: 'corrientes de mérito'. Se dice que uno produce cuatro corrientes de mérito al ofrecer los cuatro requisitos (túnicas, comida, alojamiento y medicinas) a un monje que ha alcanzado la 'liberación incondicional de la mente'; y más allá mediante el estar pleno de fe inamovible en el Buda, su doctrina y la comunidad de discípulos nobles, y mediante la perfección de la moral (AN 4:51, 52). AN 8:39 describe otras cuatro corrientes de mérito.

puñña-kiriya-vatthu: 'las bases de la acción meritoria'. En los *suttas* se mencionan tres: generosidad (liberalidad; *dāna-maya-p.*), moral (*sīla-maya-p.*) y desarrollo mental (meditación; *bhāvanā-maya-p.*). Ver: DN 33; It. 60; expl. en AN 8:36.

En los Comentarios hay una lista de diez (*dasa p.*), que es muy popular en los países budistas: (1)-(3) ver: arriba, (4) reverencia (*apaciti*), (5) servicio (*veyyāvacca*), (6) transferencia de mérito (*pattānuppadāna*), (7) el regocijarse de las acciones meritorias de otros (*abbhānumodana*), (8) exponer la doctrina (*desanā*), (9) escuchar la doctrina (*savaṇa*), (10) rectificación de las propias nociones (*diṭṭhujukamma*). (Explicado en Asl.Tr., I, 209 ff.)

purejāta-paccaya: 'prenacimiento', es una de las veinticuatro condiciones (*paccaya*, q.v.).

pureza, los elementos del esfuerzo por la: *pārisuddhipadhāniyaṅga* (q.v.).

purificación, las siete etapas de: ver: *visuddhi*.

purisindriya: 'virilidad'; ver: *bhāva*, *khandha*.

puthujjana: lit.: 'uno de la muchedumbre', 'persona mundana', la persona ordinaria, es cualquier laico o monje que aún posee los diez encadenamientos (*saṃyojana*, q.v.) que lo atan al ciclo de renacimientos, y por lo tanto aún no ha logrado ninguna de las cuatro etapas de santidad (ver: *ariyapuggala*).

"Aquel que no se encuentra libre de los tres primeros encadenamientos (creencia en la personalidad, apego a reglas y rituales, y duda escéptica), y que no se encuentra en la vía hacia la destrucción de estas tres cosas, tal persona es llamada una persona mundana" (Pug. 9.).

De acuerdo con el Comentario al MN 9, una persona 'mundana' puede ser (1) una persona no budista que, si creyese en la causalidad moral, se podría decir que tiene entendimiento correcto en esa medida; pero no posee 'el conocimiento en conformidad con las Verdades' (*saccānulomika-ñāṇa*); y (2) la 'persona mundana dentro de la dispensa del Buda (*sāsanika*)'. Una persona mundana que profesa el budismo puede ser 'una persona mundana ciega' (*andha-puthujjana*), que no tiene conocimiento ni interés en las enseñanzas fundamentales (las Verdades, los Agregados, etcétera); o es una 'persona mundana noble' (*kalyāṇa-puthujjana*), que posee tal conocimiento y lucha con energía para entender y practicar la Enseñanza. Ver: Asl. Tr. II, 451 (tr. como 'hombre promedio'); Comentario al MN 1, DN 1.

R

rāga: deseo sensual, lascivia, avidez. Es sinónimo de *lobha* (ver: *mūla*), *taṇhā* y *abhijjhā* (ver: *kamma-patha*). Para *kāma, rūpa, arūpa-rāga*, ver: *saṃyojana*.

rāga-carita: temperamento de avidez; ver: *carita*.

reacción sensorial: ver: *paṭigha*.

realidad: ver: *paramattha*. Visión y conocimiento según la realidad; ver: *vipassanā* 15.

realización: para teoría, práctica y realización [logro] ver: *pariyatti*.

rectitud: *ujukatā* (q.v.).

recuerdo, de existencias anteriores: ver: *abhiññā*.

reflexión, poder de: *paṭisaṅkhāna-bala* (q.v.).

reglas morales, las cinco, ocho o diez: ver: *sikkhā-pada*.

reglas morales prescritas: *paññatti-sīla* (q.v.).

reglas y rituales, aferrándose a meras: ver: *saṃyojana, upādāna*.

reino de los demonios: *asura-nikāya*; ver: *apāya*.

relación sexual, ilícita: ver: *kāmesu micchācāra*.

remembranzas: ver: *anussati*.

remordimiento: *kukkucca* (q.v.).

renacimiento: ver: *paṭisandhi, paṭicca-samuppāda* (3, 10), karma, *punabbhava*.

rencor: ver: *paṭigha*.

repetición, condición de: *āsevana-paccaya*, es una de las veinticuatro condiciones (*paccaya*, q.v.).

represión, superación por: *vikkhambhana-pahāna* (ver: *pahāna*).

repugnancia: *paṭigha* (q.v.).

repugnancia (del cuerpo): ver: *asubha, sīvathikā, kāyagatā sati*.

respiración: atención plena al inhalar y exhalar; *ānāpāna-sati* (q.v.).

responder preguntas, cuatro formas de: ver: *pañhā-byākaraṇa*.

R

resultado de la vía: 'fructificación': *phala* (q.v.).

resultado del karma: *vipāka* (q.v.).

río arriba a los dioses más altos, pasando: ver: *anāgāmī*.

ronda (o ciclo) de renacimiento: ver: *vaṭṭa* (2), *saṃsāra*. La ronda triple de renacimiento; ver: *vaṭṭa*, 1.

ronda del karma: *kamma-vaṭṭa* (ver: *vaṭṭa*).

rueda de la existencia: ver: *saṃsāra*, *vaṭṭa*.

rueda de la ley: *dhamma-cakka* (q.v.).

rukkha-mūlik'aṅga: práctica ascética de residir al pie de un árbol, ver: *dhutaṅga*.

rūpa: (1) materia (ver: *khandha* 1), (2) objeto visible (ver: *āyatana*), (3) materia sutil (ver: *avacara*, *jhāna*).

> Nota de la fuente: Los términos *nipphanna-rūpa* y *rūpa-rūpa* son utilizados sólo en los Comentarios; no obstante, *sappaṭigha* y *pasāda* ya se encuentran en el canon del Abhidhamma (p. ejem., Dhs §§ 585, 597 ff.), mientras que *upādiṇṇa* aparece repetidamente en los textos antiguos de los *suttas*, p. ejem., MN 28, aparentemente con el significado dado en esta obra. Ver adicionalmente: *upādā-rūpa*.

rūpajjhāna: ver: *jhāna*.

rūpakkhandha: agregado de la materia; ver: *khandha* (1).

rūpārammaṇa: objeto visible. Designa al fenómeno físico externo ('onda de luz') que forma la base de la conciencia visual. Compare con *āyatana* (2).

rūpāvacara: ver: *avacara*.

rūpāyatana: ver: *āyatana* (2).

rūpa-kalāpa: grupo material, unidad material. Designa una combinación de varios fenómenos físicos que conforman una unidad temporal. Así, por ejemplo, la llamada 'materia muerta' forma el grupo más primitivo, consistente únicamente en ocho fenómenos físicos, denominado 'octeto puro' (*suddhaṭṭhaka-kalāpa*): cuatro elementos (solidez, cohesión, temperatura, movimiento); color, olor, sabor, esencia nutritiva (*paṭhavī*, *āpo*, *tejo*, *vāyo*; *vaṇṇa*, *gandha*, *rasa*, *ojā*). En el Vism y en otros textos también es llamada *ojaṭṭhamaka-kalāpa*, 'el octeto con la esencia nutritiva como octavo factor'. La forma más simple de materia viva es la 'novena vital' (*jīvita-navaka-kalāpa*), formada al añadir la 'vitalidad' a la octava. Siete décadas, o unidades de diez (*dasaka-kalāpa*), son formadas al añadir a la novena vital uno de los siguientes fenómenos: corazón (asiento físico de la mente), sexo, ojo, oído, nariz, lengua o cuerpo. Ver: Vism XVIII, 4; *Compendium of Buddhist Philosophy* (PTS), pp. 164, 250; Asl. Tr. II, 413 f.

rūpa-kāya: 'grupo corporal', como distinguido de *nāma-kāya*, 'grupo mental'. Ver: *nāma-rūpa*.

rūpa-loka: mundo de la materia sutil; ver: *loka*.

rūpa-rūpa: materia material; ver: *nipphanna-rūpa*.

S

S

sa-upādisesa-nibbāna: ver: Nibbāna, *upādi.*

sabba-loke anabhirati-saññā: 'contemplación en la indiferencia hacia todo lo mundano', descrito en AN 10:60 en las siguientes palabras: "Si, Ānanda, el monje deja atrás su tenaz apego al mundo, su aferramiento firme y sus tendencias e inclinaciones de la mente, y se aparta de estas cosas, no se apega a ellas: esto, Ānanda, es llamado la contemplación en la indiferencia hacia todo lo mundano".

sabbūpadhi-paṭinissagga: ver: *upadhi.*

sabiduría: *paññā* (q.v.).

sabiduría superior: percepción clara basada en sabiduría superior; ver: *vipassanā*; entrenamiento en sabiduría superior; ver: *sikkhā.*

sacca: 'verdad'. 1. Acerca de las 'dos Verdades', convencional y final, ver: *paramattha.*

2. 'Las Cuatro Verdades Nobles' (*cattāri ariya-saccāni*) son la síntesis más concisa de la totalidad de las enseñanzas del budismo, ya que todas las múltiples doctrinas del canon triple se encuentran, sin excepción, incluidas ahí. Son: la verdad acerca del *sufrimiento*, del *origen* del sufrimiento, de la *extinción* del sufrimiento y del Noble Óctuple Sendero, que conduce a la extinción del sufrimiento.

I. La primera verdad, en resumen, enseña que todas las formas de existencia, cualesquiera que sean, son insatisfactorias y sujetas al *sufrimiento* (*dukkha*).

II. La segunda verdad enseña que todo sufrimiento, y todo renacimiento, es producido por el *deseo* (*taṇhā*).

III. La tercera verdad enseña que la extinción del deseo necesariamente resulta en la *extinción* (*nirodha*) del renacimiento y del sufrimiento, es decir, Nibbāna (q.v.).

IV. La cuarta verdad del Noble Óctuple Sendero (*magga*) indica los medios por los cuales esta extinción es lograda.

El fragmento estándar que frecuentemente se expresa en el Sutta-Piṭaka dice:

I. "¿Y cuál, oh monjes, es la Noble Verdad del Sufrimiento? El nacimiento es sufrimiento, el decaimiento es sufrimiento, la muerte es sufrimiento; la pena, la lamentación, el dolor, la congoja y la desesperanza son sufrimiento; en

S

resumen, los cinco agregados de la existencia conectados con el apego son sufrimiento (Cf. *dukkha*, *dukkhatā*).

II. "¿Y cuál, oh monjes, es la Noble Verdad del Origen del sufrimiento? Es ese deseo que da lugar a renacimiento renovado y, atado con el deseo y la lujuria, encuentra, ahora aquí, ahora allí, siempre renovado deleite. Es el deseo sensorial (*kāma-taṇhā*), el deseo de existencia (*bhava-taṇhā*), el deseo de no existencia (*vibhava-taṇhā*).

III. "¿Y cuál, oh monjes, es la Noble Verdad acerca de la Extinción del sufrimiento? Es la completa desaparición y extinción de este deseo, su renuncia y abandono, la liberación y el desapego con respecto al mismo.

IV. "¿Y cuál, oh monjes, es la Noble Verdad de la Vía que conduce a la extinción del sufrimiento? Es el Noble Óctuple Sendero (*ariya-aṭṭhaṅgika-magga*), que conduce a la extinción del sufrimiento, propiamente:

i. Entendimiento correcto (*sammā-diṭṭhi*) ii. Intención correcta (*sammā-saṅkappa*)	III. Sabiduría (*paññā*)
iii. Lenguaje correcto (*sammā-vācā*) iv. Acción correcta (*sammā-kammanta*) v. Modo de subsistencia correcto (*sammā-ājīva*)	I. Moral (*sīla*)
vi. Esfuerzo correcto (*sammā-vāyāma*) vii. Atención correcta (*sammā-sati*) viii. Concentración correcta (*sammā-samādhi*)	II. Concentración (*samādhi*)

(1) "¿Y qué es, oh monjes, el Entendimiento Correcto (o Noción Correcta)?

"Es el entendimiento acerca del sufrimiento, del origen del sufrimiento, de la extinción del sufrimiento y de la vía que conduce al cese del sufrimiento.

(2) "¿Y qué es, oh monjes, la Intención Correcta? Es la mente libre de deseo sensual, libre de mala voluntad y libre de crueldad.

(3) "¿Y qué es, oh monjes, el Lenguaje Correcto? El abstenerse de mentir, de calumniar, de lenguaje rudo y de lenguaje frívolo o inútil (ver: *tiracchāna-kathā*).

(4) "¿Y qué es, oh monjes, la Acción Correcta? El abstenerse de dañar (o matar) seres vivientes, de robar y de conducta sexual incorrecta (ver: *kāmesu-micchācāra*).

(5) "¿Y qué es, oh monjes, el Modo de Subsistencia Correcto? Cuando el discípulo noble hace a un lado el modo de subsistencia incorrecto y se establece en el modo de subsistencia correcto (ver: *magga*, 5).

(6) "¿Y qué es, oh monjes, el Esfuerzo Correcto? Si el discípulo noble hace esfuerzo voluntario por evitar el surgimiento de cosas malsanas y demeritorias

que aún no han surgido... Si hace esfuerzo voluntario por deshacerse de cosas malsanas y demeritorias que ya han surgido... Si hace esfuerzo voluntario por producir cosas sanas y meritorias que aún no han surgido... Si hace esfuerzo voluntario por mantener las cosas sanas y meritorias que ya han surgido, evitando que desaparezcan, y haciéndolas crecer las lleva a la madurez y a la completa perfección del desarrollo; de esas formas hace esfuerzo, promueve su energía, ejercita su mente y lucha (ver: *padhāna*).

(7) "¿Y qué es, oh monjes, la Atención Correcta? Si el noble discípulo permanece contemplando la corporalidad..., las sensaciones..., la mente..., los objetos mentales [categorías del Dhamma], con ardor, claramente entendiendo y con atención plena después de haber puesto a un lado el deseo y la pena mundanos (ver: *satipaṭṭhāna*).

(8) "¿Y qué es, oh monjes, la Concentración Correcta? Si el noble discípulo se encuentra desapegado de los objetos sensoriales, desapegado de los estados malsanos, y entra en el primer *jhāna* (q.v) ... el segundo *jhāna*... el tercer *jhāna*... el cuarto *jhāna*".

En el primer sermón del Buda, el *Dhammacakkappavattana-Sutta*, se dice que la Primera Verdad (Sufrimiento) debe ser completamente entendida; la Segunda Verdad (Anhelo o Sed) debe ser abandonada; la Tercera Verdad (Nibbāna) debe ser realizada; la Cuarta Verdad (la Vía) debe ser cultivada.

"La verdad del *sufrimiento* debe ser comparada con una enfermedad, la verdad del *origen* del sufrimiento debe ser comparada con la causa de la enfermedad, la verdad de la *extinción* del sufrimiento debe ser comparada con la cura de la enfermedad y la verdad de la *vía* debe ser comparada con la medicina" (Vism XVI).

"En un sentido final, todas las cuatro Verdades deben ser consideradas como vacías de un ser, ya que no hay agente que sienta, no hay agente "hacedor", no hay "alguien" que se libere, no hay "alguien" que siga la Vía. Por lo tanto, se dice:

"Mero sufrimiento existe, no se puede encontrar un sufridor.
La obra es, pero el hacedor de la obra no se encuentra en ningún lado.
Nibbāna es, pero no la persona que entra en ella.
La Vía es, pero no es posible ver al viajero que la transita.

La Primera Verdad y la Segunda Verdad se encuentran vacías
de permanencia, goce, ser y belleza.
La Esfera de la Inmortalidad se encuentra vacía de un ego.
Y la Vía, libre de permanencia y goce del ser" (Vism XVI).

Debe indicarse que la primera verdad no sólo se refiere al propio sufrimiento, es decir, al sufrimiento como sensación, sino que muestra que, como consecuencia de la ley universal de la transitoriedad, todos los fenómenos de la existencia, inclusive los estados más sublimes de la existencia, están sujetos a cambio y disolución, y por lo tanto son miserables e insatisfactorios; y que por ende, sin excepción, todos contienen en sí mismos el germen del sufrimiento. Ver: Guía, p. 101 f.

En relación con la naturaleza de la Vía, ver: *magga*.

> Referencias: *Dhammacakkappavattana Sutta* (Wheel 17); MN 141; Sacca-Saṃyutta (SN 56); Sacca Vibhaṅga; WB, Vism XVI: *The Four Noble Truths,* Francis Story (Wheel 34-35); *The Significance of the 4 Noble Truths,* V. F. Gunaratna (Wheel 123).

sacca-ñāṇa: 'conocimiento de la verdad' (ver: entrada precedente), puede ser de dos tipos:

(1) Conocimiento consistente en entendimiento' (*anubodha-ñāṇa*) y (2) Conocimiento consistente en la penetración (*paṭivedha-ñāṇa*), es decir, realización [conocimiento vivencial. Ver: *pariyatti*].

"Entre éstos, (1) 'El Conocimiento consistente en entendimiento' es mundano (*lokiya*, q.v.), y su surgimiento con respecto a la extinción del sufrimiento, y con respecto al camino, se debe por haber escuchado acerca de ello, etcétera" (por lo tanto, no es debido al propio logro de la vía supramundana; ver: *ariya-puggala*).

(2) El 'Conocimiento consistente en la penetración', sin embargo, es supramundano (*lokuttara*); con la 'extinción del sufrimiento' (= Nibbāna) como objeto, penetra con sus funciones las cuatro Verdades (en uno y el mismo momento), tal como se dice en SN 56:30: "Quienquiera, oh monjes, que entienda el sufrimiento, también entiende el origen del sufrimiento, la extinción del sufrimiento y la vía que conduce a la extinción del sufrimiento" (Vism XII, 84). Ver: *visuddhi*.

"De los tipos de conocimiento mundano, sin embargo, el conocimiento del sufrimiento mediante el cual varios prejuicios se superan despeja el de la creencia en la personalidad [errónea creencia en el ser] (*sakkāya-diṭṭhi*, ver: *diṭṭhi*). El conocimiento del origen del sufrimiento despeja la [errónea] noción de aniquilación (*uccheda-diṭṭhi*, ver: *diṭṭhi*); el conocimiento de la extinción del sufrimiento, la [errónea] noción de eternalismo (*sassata-diṭṭhi*, ver: *diṭṭhi*); y el conocimiento de la vía, la [errónea] noción de la ineficacia de la acción (*akiriya-diṭṭhi*, ver: *diṭṭhi*)" (Vism XVI, 85).

saccānulomika-ñāṇa: ver: *anuloma-ñāṇa* (q.v.), *puthujjana*.

sacchikaraṇīyā dhammā: 'las cosas que deben ser entendidas vivencialmente'. El recuerdo de las vidas previas debe ser realizado mediante la memoria

S

(*abhiññā* 5; q.v.). La disolución y reaparición de los seres se debe comprender mediante el ojo divino (*abhiññā* 4; q.v.). Las ocho Liberaciones (*vimokkha*, q.v.) deben ser experimentadas mediante el agregado mental (*kāya*, es decir, sensación, percepción, formaciones mentales; ver: *kāya*). La extinción de las corrupciones debe ser experimentada mediante introspección (*vipassanā*).

saddhā: fe, confianza [convicción razonada]. Se dice que un budista tiene fe cuando: "Cree en la Iluminación del Perfecto (el Buda)" (MN 53; AN 5:2) o en las Tres Joyas (ver: *ti-ratana*), mediante el establecimiento de su refugio en ellas (ver: *ti-saraṇa*). Su fe, sin embargo, debe ser "razonada y enraizada en el entendimiento" (*ākāravatī saddhā dassanamūlikā*; M. 47), y se pide que investigue y pruebe el objeto de su fe (MN 47,95). La fe budista no está en conflicto con el espíritu de indagación, y la "duda acerca de cosas dudosas" (AN 2:65; SN 42:13) se admite y la indagación al respecto se promueve. La 'facultad de fe' (*saddhindriya*) debe balancearse con la de la sabiduría (*paññindriya*; ver: *indriya-samatta*). Se dice que "Un monje que tiene entendimiento establece su fe de acuerdo con ese entendimiento" (SN 48:45). Mediante la sabiduría y entendimiento, la fe se torna en una rica certeza interna y en una convicción firme basada en la propia experiencia.

La fe es llamada la semilla (Snp. 77) de todos los estados sanos, ya que, de acuerdo con las explicaciones de los Comentarios, inspira a la mente con confianza (*okapana, pasāda*) y determinación (*adhimokkha*), para 'aventurarse' (*pakkhandhati*; ver: MN 122) en el cruce de la inundación del *saṃsāra*.

La fe inamovible se logra al alcanzar el primer grado de santidad, 'entrada en la corriente' (*sotāpatti*, ver: *ariyapuggala*), cuando el encadenamiento de la duda escéptica (*vicikicchā*; ver: *saṃyojana*) es eliminado. La confianza inamovible (*avecca-passāda*) en las Tres Joyas es una de las cualidades características del que 'entra en la corriente' (*sotāpannassa aṅgāni*, q.v.).

La 'fe' es un concomitante mental [factor mental] presente en todos los estados de conciencia kármicamente sanos y neutros (ver: tab II). Es uno de las cuatro 'corrientes de mérito' (*puññadhārā*, q.v.), una de las 'cinco facultades espirituales' (*indriya*, q.v.), 'poderes espirituales' (*bala*, q.v.), 'elementos de esfuerzo' (*padhāniyaṅga*, q.v.) y uno de los 'siete tesoros' (*dhana*, q.v.).

saddhānusārī y **saddhā-vimutta**: el que es 'devoto de la fe' y el que es 'liberado por la fe', son dos de los siete tipos de discípulos nobles (ver: *ariya-puggala*, B).

sagga: 'cielo'; ver: *deva* (seres celestiales).

sahajāta-paccaya: 'conacimiento', es una de las veinticuatro condiciones (*paccaya*, q.v.).

sahetuka-citta: ver: *hetu*.

sakadāgāmī: 'El que Retorna Sólo Una Vez Más'; ver: *ariya-puggala*, A.

Sakka: 'El Rey de los Dioses' (*devānaṁ-inda*), es el señor que rige sobre los seres celestiales en el cielo de los 'Treinta y Tres' (*Tāvatiṃsa*, ver: *deva*).

Sakkāya: 'Agregado [o grupo] de la Existencia'. Esta palabra a menudo se traduce como 'personalidad', pero de acuerdo con los Comentarios corresponde a *sat-kāya*, 'grupo existente', y por tanto no a Skr. *sva-kāya*, 'grupo propio' o 'cuerpo propio'. En los *suttas* (p. ejem. MN 44) se dice que es un nombre para los cinco agregados de la existencia (*khandha*). "Sakkāya, oh, hermano Visākha, es dicho por el Bendito ser el nombre de los 'cinco agregados como objeto de apego' (*upādāna-kkhandha*), es decir: corporalidad, sensaciones, percepciones, formaciones mentales y conciencia". Ver: siguiente entrada.

sakkāya-diṭṭhi: 'creencia en la personalidad', es el primero de los diez encadenamientos (*saṃyojana*). Se abandona completamente sólo cuando se logra la vía del que Entra en la Corriente (*sotāpatti-magga*; ver: *ariya-puggala*). Hay veinte tipos de creencia en la personalidad, los cuales se obtienen mediante la aplicación de cuatro tipos de esa creencia a los cinco agregados de la existencia (*khandha*, q.v.): (1-5). La creencia en que se es idéntico con la corporalidad, la sensación, la percepción, las formaciones mentales o la conciencia (6-10) que se encuentra contenida en ellos (11-15), que se es independiente de ellos y (16-20) que se es dueño de ellos (MN 44; SN 22.1). Ver: *sakkāya*, *diṭṭhi*, *upādāna* 4.

saḷāyatana: las 'seis bases' (de actividad mental); ver: *āyatana*, *paṭicca-samuppāda*.

samādhi: 'concentración', lit.: 'El estado mental de estar firmemente fijo' (*sam+ā+√dhā*), es el fijar la mente en un objeto singular. "Unificación de la mente (*cittass'ekaggatā*), hermano Visākha, esto es lo que se conoce como concentración." (M. 44.) Concentración [unificación mental (NT)]–no obstante, a menudo muy débil– es uno de los siete concomitantes mentales inseparablemente asociados con todos los estados de conciencia; ver: *nāma*, *cetanā*. ["La práctica equilibrada de la atención plena (*sati*) y la energía (*viriya*) es la concentración (*samādhi*)", ver: Vimuttimagga Ch. 4, *On Distinguishing Concentration*, p. 39 (1995), BPS (NT).]

Concentración correcta (*sammā-samādhi*) como el último eslabón del Noble Óctuple Sendero (ver: *magga*) se define como las cuatro absorciones meditativas (*jhāna*, q.v.). En sentido más amplio –incluye también aquellos estados de concentración más débiles–se asocia con toda conciencia

S

kármicamente sana (*kusala*). Concentración incorrecta (*micchā-samādhi*) es la concentración asociada con todas las conciencias kármicamente malsanas (*akusala*, q.v.). Cuando en los textos no se especifique si la concentración es 'correcta' o 'incorrecta', ahí lo que se quiere decir es concentración 'correcta'.

Se distinguen tres grados de intensidad en la concentración:

(1) 'Concentración preparatoria' (*parikamma-samādhi*), la cual existe al inicio del ejercicio mental.

(2) 'Concentración vecinal [o concentración de acceso]' (*upacāra-samādhi*), es decir, concentración que se 'aproxima' pero aún no logra la primera absorción (*jhāna*, q.v.), la cual en ciertos ejercicios mentales se encuentra marcada por la aparición de la llamada 'contraimagen' (*paṭibhāga-nimitta*).

(3) 'El logro de la concentración' (*appanā-samādhi*), es decir, aquella concentración presente durante las absorciones.

Para mayores detalles ver: *bhāvanā*, Vism III y Fund. cap. IV.

La concentración conectada con los cuatro momentos-de-vía nobles (*magga*) y momentos-de-fruto (*phala*) es llamada supramundana (*lokuttara*), y tiene como objeto Nibbāna. Cualquier otro tipo de concentración, inclusive el de las más sublimes absorciones, es meramente mundano (*lokiya*, q.v.).

De acuerdo con DN 33, el desarrollo de la concentración (*samādhi-bhāvanā*) puede otorgar una bendición cuádruple: (1) Felicidad en el presente mediante las cuatro absorciones. (2) Conocimiento y Visión (*ñāṇa-dassana*) –aquí probablemente idéntico al 'ojo divino' (ver: *abhiññā*) mediante la percepción de luz (*kasiṇa*). (3) Atención plena con comprensión clara mediante el conocimiento claro del surgimiento, persistencia y cese de las sensaciones, percepciones y formaciones mentales. (4) Extinción de todas las corrupciones mentales (*āsavakkhaya*) mediante el entendimiento del surgimiento y cese de los cinco agregados de la existencia sujetos al apego (ver: *khandha*).

La concentración es uno de los Siete Factores de la Iluminación (*bojjhaṅga*, q.v.), uno de los Cinco Poderes y Cinco Facultades Espirituales (ver: *bala* y *indriya*), y el último eslabón del Noble Óctuple Sendero. En la división triple del Sendero Óctuple (moral, concentración y sabiduría) es un nombre colectivo para los tres últimos ramales de la vía (ver: *sikkhā*).

> Nota de la fuente: *Parikamma-samādhi*, *upacāra-samādhi* y *appanā-samādhi* se encuentran sólo en los Comentarios.

samādhi-parikkhāra: 'Los Medios o Requisitos de la Concentración', son los Cuatro Fundamentos de la Atención (*satipaṭṭhāna*, q.v.). Ver: MN 44.

[En el Vimuttimagga se menciona una lista de Siete Requisitos de la Concentración, a saber: (1) moral, (2) contento, (3) restricción sensorial, (4) moderación en la comida y bebida, (5) moderación en el dormir, (6) mantener la aspiración del logro de la sabiduría, (7) un lugar de residencia calmado y silencioso (NT).]

samādhi-samāpatti-kusalatā, -ṭhiti-kusalatā, -uṭṭhāna-kusalatā: 'habilidad para entrar en concentración, para permanecer en ella y para salir de ella'. Ver: SN 34, ff.

samādhi-sambojjhaṅga: 'concentración como factor de la iluminación'. Ver: *bojhaṅga*.

samādhi-vipphārā iddhi: 'el poder de concentración penetrante', es una de las facultades supernormales (*iddhi*, q.v.).

samanantara-paccaya: 'condición de contigüidad', es una de las veinticuatro condiciones (*paccaya*, q.v.).

sāmañña-phala: los 'frutos de la vida monástica', es el nombre de un *sutta* famoso (DN 2) y también, de acuerdo con DN 33, un nombre para uno de los cuatro frutos supramundanos: la 'entrada a la corriente', 'el retorno una vez más', 'el no retorno' y el estado de *arahant* (ver: *ariya-puggala*).

samāpatti: 'logros [espirituales]', es un nombre para las ocho absorciones de las esferas inmaterial y de materialidad sutil, a las que ocasionalmente se les añade un noveno logro, el logro de la extinción [o logro del cese de la sensación y percepción] (*nirodha-samāpatti*). Ver: *jhāna*.

sama-sīsī: uno que 'logra dos fines simultáneamente', propiamente: la extinción de las corrupciones [mentales] y el fin de la vida (ver: Pug. 19). En AN 8:6 se dice: "Tal es el caso de un monje que permanece en la contemplación de la transitoriedad de todas las formas de existencia, manteniendo ante su vista la transitoriedad, percibiendo su transitoriedad, perseverante, fijo en el objetivo, sin distracción, de mente firme, sabiamente absorto; y en el que en una y la misma ocasión sucede la extinción de las corrupciones y el fin de la vida".

> Nota de la fuente: En este sentido este término se encuentra por primera vez en el Puggalapaññatti, mientras que la persona indicada es descrita en el Aṅguttara Nikāya, tal como se analiza arriba. El término también se encuentra en el Paṭisambhidāmagga (cap. 36), pero en forma diferente, es decir, denotando un tipo de conocimiento llamado "sabiduría concerniente al corte y cese de todos los *dhammas* y su no reaparición".

samatha: 'tranquilidad', serenidad, es un sinónimo de *samādhi* (concentración), *cittekaggatā* (unificación de la mente) y *avikkhepa* (ausencia de distracción). Es uno de los factores mentales en las conciencias sanas. Ver: *samatha-vipassanā* y *bhāvanā*.

S

samatha-vipassanā: 'serenidad e introspección', son idénticos a concentración (*samādhi*, q.v.; ver: prec.) y sabiduría (*paññā*, q.v.), y forman las dos ramas del desarrollo mental (*bhāvanā*, q.v.).

(1) 'Serenidad' es un estado mental sin perturbación, pacífico y lúcido, logrado mediante la concentración mental intensa. Sin embargo, como método distintivo de práctica (ver: *samatha-yānika*), tiene como objetivo el logro de las absorciones meditativas (*jhāna*, q.v.). Un elevado grado de concentración serena (no obstante, no la necesaria para las absorciones) es indispensable para el logro de la introspección. La serenidad libra a la mente de las impurezas y los obstáculos internos, y provee una mayor fuerza [mental] penetrativa.

"¿Y qué es el Poder de la Serenidad (*samatha-bala*)? Es la unificación y ausencia de distracción mental debido a la libertad respecto al deseo (renuncia)... libertad respecto al resentimiento... la percepción de luz (ver: *āloka-saññā*)... la ausencia de distracción... la definición de los fenómenos... el conocimiento, el gozo, los ocho logros, las diez *kasiṇas*, las diez remembranzas, las nueve contemplaciones en el cementerio, los treinta y dos tipos de atención a la respiración... la unificación y la ausencia de distracción de la mente que se establece en la contemplación del abandono (el ceder) mientras se inhala y se exhala (ver: *ānāpānasati*).

"El Poder de la Serenidad consiste en la libertad con respecto a las perturbaciones; en la primera absorción, respecto a los cinco impedimentos (*nīvaraṇa*, q.v.); en las segunda absorción, respecto al pensamiento conceptual y discursivo; ...en la esfera de la ni-percepción-ni-no-percepción consiste en la libertad respecto a la perturbación ocasionada por la percepción de la esfera de la nada (ver: *anupubba-nirodha*), la cual no es más agitada e irritada por las impurezas asociadas con la agitación y con los agregados de la existencia." (Paṭis I, 97.)

(2) 'Introspección' (ver: *vipassanā*) es el entendimiento penetrante mediante la experiencia meditativa directa de la transitoriedad, la insatisfacción y la impersonalidad de todos los fenómenos materiales y mentales de la existencia. Es la introspección que conduce a la entrada a los estados de santidad supramundanos y a la liberación final.

"¿Y qué es el poder introspectivo? Es la contemplación de la transitoriedad (*aniccānupassanā*), del sufrimiento (*dukkhānupassanā*), la impersonalidad (*anattānupassanā*), el desencanto (*nibbidānupassanā*), el desapego (*virāgānupassanā*), la extinción (*nirodha*), el abandono (*paṭinissaggā*) con respecto a la corporalidad, sensaciones, percepciones, formaciones mentales y conciencia... Ya que, al contemplar la transitoriedad, uno no sufre más agitación por la idea del apego... no más ignorancia y las impurezas asociadas a ella; y no más debida a los agregados de la existencia: a esto se llama el Poder Introspectivo" (Paṭis I, 97).

"Dos cosas son conducentes al conocimiento: serenidad e introspección. Si se desarrolla la serenidad, ¿qué beneficio conlleva? La mente es desarrollada. Si la mente es desarrollada, ¿qué beneficio conlleva? Todo deseo [lujuria, codicia] es abandonado.

"Si se desarrolla la introspección, ¿qué beneficio conlleva? La sabiduría es desarrollada. Si la sabiduría es desarrollada, ¿qué beneficio conlleva? Toda ignorancia es abandonada" (A II, 2.7).

Hay un método de práctica meditativa en donde, en secuencia alternada, la meditación en serenidad y la meditación introspectiva son desarrolladas. Se le llama 'serenidad e introspección unidas por pares' (*samatha-vipassanā-yuganaddha*), el acoplamiento o enganche de la serenidad y la introspección. Aquel que toma esta práctica primero entra en la primera absorción. Después de salir de ella, contempla los fenómenos mentales que se encontraban presentes en ella (sensaciones, percepciones, etcétera) como inconstantes, insatisfactorios e impersonales, y por ende desarrolla introspección. A partir de allí entra en la segunda absorción; y, después de haber salido de ella, considera nuevamente sus factores constituyentes como inconstantes, etcétera. De esta forma, pasa de una absorción a la siguiente, hasta que, al fin, en un momento de introspección, el conocimiento intuitivo de la vía (del que Entra en la Corriente, etcétera) surge súbitamente. Ver: AN 4:170; AN 9:36; Paṭis: *Yuganaddhakathā*.

samatha-yānika: 'uno que toma la serenidad como su vehículo'. Éste es el nombre para una persona que no solamente ha llegado a la introspección, sino también uno que ha logrado una u otra de las absorciones, para distinguirlo de aquel que 'sólo practica introspección' (*sukkha-vipassaka*, q.v.).

sambodhi: = *bodhi* (q.v.)

sambojjhaṅga: = *bojjhaṅga* (q.v.).

sammā-diṭṭhi, -saṅkappa, -vācā, etcétera: ver: *magga*.

sammā-magga: ver: *micchā-magga*.

sammā-padhāna: 'Esfuerzo Correcto', es idéntico al sexto ramal del Noble Óctuple Sendero (ver: *magga*, *padhāna*).

sammā-sambodhi: 'Iluminación Perfecta', budeidad universal, es el estado logrado por un Buda perfectamente iluminado por sí mismo (*sammā-*

sambuddha), es decir, uno que ha descubierto la ley liberadora que había sido perdida por el mundo, la ha comprendido y la ha proclamada claramente al mundo.

"Ahora bien, alguien, respecto a cosas nunca oídas, entiende por sí mismo la verdad, y ahí logra la omnisciencia y obtiene control sobre los poderes. Tal ser es llamado un Buda Universal o Iluminado por sí mismo." (Pug. 29.)

La doctrina característica de todos los Budas, y en cada ocasión redescubierta por ellos y en su totalidad explicada al mundo, consiste en las Cuatro Nobles Verdades (*sacca*, q.v.) acerca del sufrimiento, su origen, su extinción y la vía que conduce a su extinción (ver: *magga*). Ver: *bodhi*.

sammasana: 'comprensión', 'explorar', 'determinar' (*vavatthāna*, q.v.), es un término para la determinación de todo fenómeno de la existencia como inconstante, insatisfactorio e impersonal (*anicca*, *dukkha*, *anattā*), etcétera, que es el inicio de la introspección (ver: Paṭis I, p. 53; Vism XX); también llamado *kalāpa-sammasana* (q.v.), 'comprensión por 'grupos' (de existencia, es decir, *khandha*).

> Nota de la fuente: Este término, como sustantivo, se expresa probablemente por primera vez en Paṭis I, 53, no obstante que como verbo ya se encuentra en los antiguos textos de los *suttas* (p. ejem., SN 12:66). Lo mismo se aplica a su sinónimo, *vavatthāna*.

sammatta: el 'estado de rectitud', son los ocho vínculos del Noble Óctuple Sendero (DN 33). Ver: *micchatta*.

sammuti-sacca: 'verdad convencional', es idéntico a *vohāra-sacca* (ver: *paramattha-sacca*).

> Nota de la fuente: *Sammuti* no se encuentra con este significado en las partes más antiguas del Sutta Piṭaka. Ver: *sacca*; *vohāra-desanā*.

sampadā: 'la bendición del logro'. Las cinco bendiciones se dice que son la fe, la moral, el aprendizaje, la generosidad y la sabiduría (AN 5:91). Por otra parte, la moral, la concentración, la sabiduría, la liberación, el ojo de la sabiduría conectado con la liberación (AN 5:92).

sampajañña: 'claridad de conciencia', 'comprensión clara'. Este término se encuentra a menudo en combinación con atención plena (*sati*). En DN 22, MN 10, se dice: "Con claridad de conciencia va y viene; claramente consciente ve hacia delante y hacia atrás; claramente consciente dobla y estira su cuerpo; claramente consciente come, bebe, mastica y delecta; claramente consciente evacúa excremento y orina; claramente consciente camina, se para, se sienta, se duerme y se despierta; claramente consciente habla y permanece callado".

Para una definición del término *sati-sampajañña* ver: Pug. 86.

De acuerdo con el Com., 'claridad de conciencia' es de cuatro tipos: relativo a la intención, lo adecuado (la inclusión en), el área propia de la meditación y la concepción sin ilusión de la actividad que concierne. Se explica en detalle en el Comentario al Satipaṭṭhāna Sutta (tr. en *The Way of Mindfulness*, Soma Thera, BPS).

sampaṭicchana-citta: 'conciencia receptiva', es el elemento mental (*mano-dhātu*) que sigue inmediatamente después del surgimiento de la conciencia sensorial (conciencia visual, etcétera), ejerciendo en esa ocasión la función de recibir el objeto sensorial. En relación con las otras funciones de la conciencia ver: *viññāṇa-kicca.*

sampayutta-paccaya: 'condición de asociación', es una de las veinticuatro condiciones (*paccaya*, q.v.).

samphappalāpaṃ: 'lenguaje insulso o chismorreo'; ver: *micchā-vācā.*

> Nota de la fuente: Por primera vez encontrado en los Comentarios. Ver: *citta-vīthi.*

samphassa: = *phassa* (q.v.).

saṃsāra: 'ciclo de renacimientos', lit. 'vagar perpetuo', es un nombre mediante el cual se designa el mar de la vida subiendo y bajando en agitadas oleadas; el símbolo para este proceso continuo de nacer una y otra vez, crecer, sufrir y morir. Puesto de una manera más precisa, *saṃsāra* es la cadena ininterrumpida de las combinaciones de los agregados de la existencia (*khandha*) sujetos al apego, las que, cambiando constantemente de momento a momento, se siguen continuamente uno al otro a través de un lapso inconcebible. De este *saṃsāra*, una sola vida constituye sólo una fracción pequeña y pasajera; por lo que, para entender la primera verdad noble del sufrimiento universal, uno debe posar la visión en este *saṃsāra*, en esta espantosa cadena de renacimientos, y no meramente y en forma exclusiva en una sola vida, la cual desde luego a veces es dolorosa. Ver: *ti-lakkhaṇa, anattā, paramattha, paṭisandhi.*

saṃseva: 'compañía'. (I) "Debido a la compañía con hombres malos (*asappurisa-saṃseva*), viene el escuchar mal consejo; de ahí deriva la reflexión no sabia; de ahí la carencia de atención plena y comprensión clara; de ahí la ausencia de autocontrol sensorial; de ahí los tres modos de conducta incorrecta en acción corporal, verbal y mental; de ahí los cinco impedimentos (*nīvaraṇa*, q.v.); de ahí el deseo de existencia.

(II) "Debido a la compañía con hombres buenos (*sappurisa-saṃseva*), viene el escuchar buen consejo; de ahí la fe, de ahí la reflexión sabia, de ahí la atención plena y comprensión clara, de ahí el autocontrol sensorial, de ahí la triple buena conducta, de ahí los cuatro fundamentos de la atención (*satipaṭṭhāna*, q.v.), de ahí los siete factores de la iluminación (*bojjhaṅga*, q.v.), de ahí la liberación mediante sabiduría (*paññā-vimutti*, q.v.)". Ver: AN 10:62.

samuccheda-pahāna: 'superación por destrucción', es la extinción absoluta de ciertos encadenamientos a la existencia (*saṃyojana*, q.v.), lo cual sucede al entrar en una de las cuatro vías supramundanas de santidad (ver: *ariya-puggala*). Respecto a los cinco tipos de superación ver: *pahāna*.

samudaya-sacca: 'la verdad del origen', es decir, el origen del sufrimiento es la segunda de las Cuatro Verdades Nobles (*sacca*, q.v.).

samuṭṭhāna: el 'origen'. Hay cuatro tipos de origen para los fenómenos corporales, mediante: karma, conciencia, temperatura y nutrimento. Por ejemplo, 'producido por karma' (*kamma-samuṭṭhāna* = *kamma-ja*, nacido del karma), son los órganos de los sentidos, las características sexuales, etcétera, las cuales, de acuerdo con su naturaleza, se condicionan, ya sea mediante formaciones kármicas sanas o malsanas (acciones volitivas: ver: *paṭicca-samuppāda*, 2) en la existencia previa. 'Producidas por la mente', es decir, producidas por la conciencia (*citta- samuṭṭhāna* = *citta-ja*), son las expresiones corporales y verbales (*viññatti*, q.v.). Para una exposición detallada ver: Vism XX.

> Nota de la fuente: *Kamma-samuṭṭhāna* (= *kamma-ja*), *utu-samuṭṭhāna*, *āhāra-samuṭṭhāna*; estos términos se encuentran solamente en los Comentarios. *Citta-samuṭṭhāna-rūpa*; sin embargo, ocurre ya en el Dhs (§ 586) del Abhidhamma canónico; y es indicado muy a menudo en el Paṭṭhāna, p. ejem., *taṃ* (*cittaṃ*) *samuṭṭhānānañ ca rūpānaṃ*. La enseñanza del origen de la materia está, desde luego, ya implícita en los antiguos textos de los *suttas*.

saṃvara-padhāna: 'esfuerzo por evitar', ver: *padhāna*.

saṃvara-sīla: '*indriya-saṃvara*', ver: *sīla*.

saṃvara-suddhi: 'pureza de control', es otro nombre para la moral consistente en la restricción sensorial (*indriya-saṃvara-sīla*; ver: *sīla*).

saṃvaṭṭa-kappa: ver: *kappa*.

saṃvega-vatthu: 'las fuentes de la emoción o de un sentido de urgencia'; son ocho, a saber: "nacimiento, vejez, enfermedad y muerte; el sufrimiento en los estados de existencia inferiores, la miseria del pasado enraizada en el ciclo de renacimientos, la miseria del futuro enraizada en el ciclo de renacimientos, la miseria enraizada en el presente en la búsqueda de nutrimiento" (Vism III).

saṃvejanīya-ṭṭhānāni: 'lugares que incitan emoción', son cuatro, a saber: el lugar en donde el Perfecto nació (es decir, el bosquecillo de Lumbini, cerca de Kapilavatthu, en el presente cerca de la frontera con Nepal); el lugar en donde alcanzó la iluminación completa (es decir, Uruvelā, en lo que actualmente se conoce como Ureli y Buddhagayā, en el río Neranjarā –el ahora denominado río Lilanja); el lugar en donde, por primera vez, reveló la Ley al mundo (es decir, en el parque de los venados, en Isipatana, cerca de Benarés); el lugar en donde entró a Nibbāna final (es decir, en Kusinārā). (AN 4:118).

saṃyojana: 'encadenamientos' [grilletes o ataduras]. Hay diez encadenamientos que atan los seres a la rueda de la existencia, a saber: (1) creencia en la personalidad (*sakkāya-diṭṭhi*), (2) duda escéptica (*vicikicchā*, q.v.), (3) apego a reglas y rituales (*sīlabbata-parāmāsa*; ver: *upādāna*), (4) deseo sensual (*kāma-rāga*, q.v.), (5) mala voluntad (*vyāpāda*), (6) deseo de existencia en la esfera de la materialidad sutil (*rūpa-rāga*), (7) deseo de existencia en la esfera de la inmaterialidad (*arūpa-rāga*), (8) engreimiento [el engreimiento sutil del 'yo'] (*māna*, q.v.), (9) agitación (*uddhacca*, q.v.), (10) ignorancia (*avijjā*, q.v.). Los primeros cinco se conocen como los 'encadenamientos inferiores' (*orambhāgiya-saṃyojana*), ya que atan al mundo de los sentidos. Los últimos cinco se conocen como los 'encadenamientos superiores' (*uddhambhāgiya-saṃyojana*), ya que atan a los mundos superiores, es decir, los mundos de materialidad sutil y los inmateriales (AN 9:67, 68; 10:13; DN 33, etcétera).

Aquel que está libre de 1-3 es un *sotāpanna*, o aquel que 'Entra en la Corriente', es decir, uno que ha 'entrado en la corriente hacia Nibbāna'. Aquel que, además de esos primeros tres encadenamientos, ha superado el cuarto y el quinto en su carácter más burdo, es llamado un *sakadāgāmi*, uno que 'Retorna sólo una vez más' (al mundo sensorial). Aquel que se encuentra totalmente libre de los primeros cinco es un *anāgāmi* o 'El que no retorna' (al mundo sensorial). Aquel que se encuentra libre de los diez encadenamientos es llamado un *arahant*, es decir un santo perfecto. Para más detalles, consultar: *ariya-puggala*.

Los diez encadenamientos se enumeran en el Abhidhamma, por ejemplo, en el Vibh. XVII, y son: deseo sensual, rencor (resentimiento), engreimiento, noción errónea, duda escéptica, apego a reglas y rituales, deseo de existencia, envidia, avaricia e ignorancia.

sañcetanā: = *cetanā*, q.v.

S

saṅgaha-vatthu: 'las cuatro "formas de mostrar favor"', son: liberalidad, lenguaje amable, acciones benéficas e imparcialidad (AN 4:32; 8:24).

saṅgha: (lit.: congregación), es el nombre para la comunidad de monjes budistas. Como la tercera de las Tres Gemas o Joyas (*ti-ratana*, q.v.) y los Tres Refugios (*ti-saraṇa*, q.v.), es decir, el Buda, el Dhamma y el Sangha, se aplica al *ariya-saṅgha*, la comunidad de santos, es decir, los Cuatro Tipos de Individuos Nobles (*ariya-puggala*, q.v.), El Que Entra en la Corriente, etcétera.

saṅkappa: 'pensamiento', es un sinónimo de *vitakka* (q.v.). Respecto a *sammā-saṅkappa* o pensamiento correcto, ver: *magga* (2).

saṅkhāra: este término tiene diferentes tonos de significado de acuerdo con su contexto, los cuales deben ser cuidadosamente distinguidos.

(I) En sus usos más frecuentes (ver: siguientes acepciones 1-4) el término general 'formación' puede ser aplicado, con la aclaración pertinente al contexto. Este término puede referirse ya sea al acto de 'formar' o al estado pasivo de 'haber sido formado' o a ambos.

1. Como el segundo eslabón en la fórmula del origen dependiente (*paṭicca-samuppāda*, q.v.), *saṅkhāra* tiene el aspecto activo de 'formar' y significa karma (q.v.), es decir, actividad volitiva sana o malsana (*cetanā*) de cuerpo (*kāya-saṅkhāra*), lenguaje (*vacī-saṅkhāra*) o mente (*citta*-o *mano-saṅkhāra*). Esta definición se expresa, por ejemplo, en SN 12:2, 27. Para *saṅkhāra* en este sentido, la palabra 'formación kármica' ha sido creada por este autor. En otros pasajes, en el mismo contexto, *saṅkhāra* se define con referencia a (a) formaciones kármicas meritorias (*puññābhisaṅkhāra*), (b) formaciones kármicas demeritorias (*apuññābhisaṅkhāra*), (c) formaciones kármicas imperturbables (*āneñjābhisaṅkhāra*), por ejemplo, en SN 12:51; DN 33. Esta división triple cubre la actividad kármica en todas las esferas de existencia: las formaciones kármicas meritorias se extienden a las esferas sensoriales y de materialidad sutil, las demeritorias sólo a la esfera sensorial y las imperturbables solamente a la esfera inmaterial.

2. Los tres términos mencionados, *kāya-*, *vacī-* y *citta* (o *mano*) *-saṅkhāra*, son algunas veces usados en un sentido muy diferente, propiamente como (1) función corporal, es decir, inhalación y exhalación (p. ejem., MN 10); (2) función verbal, es decir, concepción mental y pensamiento discursivo; (3) función mental, es decir, sensación, percepción, etcétera (p. ejem., MN 44). Ver: *nirodha-samāpatti*.

3. También denota el cuarto agregado de la existencia (*saṅkhāra-kkhandha*), e incluye todas las 'formaciones mentales', ya sea que pertenezcan o no a una conciencia 'kármicamente formativa'. [La volición (*cetanā*, q.v.)

sería un ejemplo de formación mental concomitante de una conciencia 'kármicamente formativa'.] Ver: *khandha*, tab. II, y SN 22:56, 79.

4. Por otra parte, ocurre en el sentido de cualquier cosa formada (*saṅkhata*, q.v.) y condicionada, e incluye todas las cosas, cualesquiera que sean, en el mundo, todos los fenómenos de la existencia. Este significado se aplica, por ejemplo, al conocido pasaje que dice "Todas las formaciones son transitorias... sujetas al sufrimiento" (*sabbe-saṅkhāra aniccā... dukkhā*). En ese contexto, sin embargo, *saṅkhāra* está subordinada al aún más amplio e incluyente término *dhamma* (cosa), ya que *dhamma* incluye también el elemento no formado o incondicionado (*asaṅkhata-dhātu*), es decir, Nibbāna (p. ejem. en: *sabbe dhammā anattā*, "todas las cosas son carentes de 'yo' (impersonales)").

(II) *Saṅkhāra* significa algunas veces también 'esfuerzo volitivo'; en la fórmula de las vías hacia el poder (*iddhipāda*, q.v.), en *sasaṅkhāra-* y *asaṅkhāra-parinibbāyī* (ver: *anāgāmī*, q.v.) y en los términos Abhidhármicos *asakkhārica-* (q.v.) y *sasaṅkhārica-citta*, es decir, sin esfuerzo = espontáneamente, y con esfuerzo = inducido.

En los textos occidentales, tanto en inglés como en alemán, *saṅkhāra* a veces se traduce equivocadamente como 'tendencias subconscientes' o términos similares (p. ejem., profesor Beckh: "unterbewusste Bildekraefte", es decir, fuerzas formativas subconscientes). Esta mala interpretación tal vez se deriva de un uso similar en publicaciones no budistas sánscritas, y es del todo inaplicable a las connotaciones del término en el budismo pāli, tal como se expresaron arriba en I, 1-4. Por ejemplo, en el origen dependiente, *saṅkhāra* no es algo subconsciente o una mera tendencia, sino que es una volición kármica activa totalmente consciente. En el contexto de los cinco agregados de la existencia (ver: arriba, I, 3), muy pocos factores pertenecientes al grupo de las formaciones mentales (*saṅkhāra-kkhandha*) se encuentran también presentes como concomitantes de [los estados de] subconsciencia (ver: tab. I-III), pero por supuesto no están restringidos a la subconsciencia ni son meras tendencias.

saṅkhārupekkhā-ñāṇa: el 'conocimiento de la ecuanimidad respecto a las formaciones de la existencia', es uno de esos tipos de conocimiento que forman parte de la 'Purificación de Conocimiento y 'Visión de la Vía de Progreso' (ver: *visuddhi*, VI, 8). "Se conoce por tres nombres: en la etapa más baja se llama 'Conocimiento consistente en el Deseo de Liberación' (*muccitu-kamyatā-ñāṇa*); en la etapa intermedia se llama 'Contemplación Reflectiva' (*paṭisaṅkhānupassanā- ñāṇa*); en la última etapa, sin embargo –es decir, después de haber logrado la cúspide–, se llama 'Conocimiento de la Ecuanimidad Respecto a las Formaciones de la Existencia'". (Vism XXI.)

S

saṅkhata: lo 'formado', es decir, cualquier cosa originada o condicionada; incluye todos los fenómenos de la existencia. Ver: *saṅkhāra* I, 4, *asaṅkhata*.

saṅkhitta citta: en el Satipaṭṭhāna Sutta significa la mente 'contraída' o 'rígida', y no la mente concentrada (*samāhita*), tal como a menudo traducen algunos autores occidentales. Ver: *Satipaṭṭhāna*.

saññā: 1. 'Percepción', es uno de los cinco agregados de la existencia (*khandha*, q.v.) y uno de los siete factores mentales (*cetasikā*) que se encuentran atados inseparablemente con todas las conciencias (ver: *cetanā*). Es séxtuple como percepción de los cinco objetos de los sentidos y los objetos mentales. Es el reconocimiento de las marcas distintivas de un objeto ("uno percibe azul, amarillo, etcétera", SN 22:79). Si en la percepción repetida de un objeto estas marcas se reconocen, entonces *saññā* funciona como 'memoria' (ver: Abh St., pp. 68ff).

2. *Saññā* a veces significa conciencia en su totalidad, por ejemplo, en: *n'eva-saññā-n'āsaññāyatana*, la esfera de la 'ni-percepción-ni-no percepción'; y más allá en *asañña-satta*, 'seres inconscientes'. En ambos casos no se hace referencia exclusivamente a la 'percepción', sino también a los demás constituyentes de la conciencia. Ver: DN 9.

3. *Saññā* puede también referirse a las 'ideas' que son objetos de meditación, por ejemplo, en un grupo de siete ideas, de transitoriedad (*anicca-saññā*), etcétera (AN 7:46); de diez: impurezas (*asubha-saññā*), etcétera (AN 10:56) y otro grupo de diez en AN 10:60; o en referencia a nociones erróneas, tal como en *nicca-saññā*, *subha-saññā*, etcétera.

saññā-vedayita-nirodha: = *nirodha-samāpatti* (q.v.).

saññā-vipallāsa: 'perversión de la percepción' (ver: *vipallāsa*).

saññojana: = *saṃyojana* (q.v.).

santāna (o **santati**): 'continuidad', puede referirse a la continuidad de la conciencia (*citta-santāna*), de los agregados de la existencia (*khandha-santāna*), del continuo de conciencia basal (*bhavaṅga-santāna*), de la corporalidad (*rūpa-santāna*), a la continuidad ininterrumpida de *paṭiccasamuppāda* (q.v.), etcétera.

> Nota de la fuente: Los términos *citta-santāna*, *rūpa-santāna*, *khandha-santāna*, *bhavaṅga-santāna*, etcétera., se encuentran, aquí y allí, en el Abhidhamma canónico (p. ejem., Dhs § 634, Kath 110; ver: Guía, cap. V), pero a menudo se encuentran en los Comentarios del Abhidhamma. En los *suttas* (Th 716) aparecen como *saṅkhārasantati*.

santīraṇa-citta: 'conciencia investigadora', es una de las etapas en la serie cognitiva. Respecto a las catorce funciones de la conciencia, ver: *viññāṇakicca*.

> Nota de la fuente: Encontrado por primera vez en los Comentarios. Ver: *citta-vīthi*.

santuṭṭhitā: 'contento'; ver: *ariya-vaṃsa*.

sapadānik'aṅga: ver: *dhutaṅga*.

sappaṭigha-rūpa: 'corporalidad que reacciona a los estímulos sensoriales', se refiere a los cinco órganos de los sentidos (*āyatana*, q.v.). Ver: Vibh. II (ver: Guía II, cap. II) y Vism XIV; adicionalmente ver: *paṭigha* 2.

saraṇa: ver: *ti-saraṇa*.

sāsana: (lit. 'mensaje'). La dispensa del Buda, la religión budista; la enseñanza, la doctrina.

Navaṅga-Buda (o *satthu*)*-sāsana*, las nueve partes de la enseñanza del Buda (o el Maestro) consiste en: *suttas* (*suttāni*), prosa mixta (*geyya*), exégesis (*veyyākaraṇāni*), versos (*gāthāyo*), enunciados solemnes (*udānāni*), dichos del Bendito (*itivuttaka*), historias de los nacimientos previos (*jātaka*), cosas extraordinarias (*abbhuta-dhamma*) y análisis (*vedalla*). Esta clasificación se encuentra a menudo en los *suttas* (p. ejem., en MN 22). De acuerdo con los Comentarios, también en el Vinaya- y el Abhidhamma Piṭaka se encuentran en esa división novena (ver: Asl. Tr., I, 33). Es una clasificación de acuerdo con estilos literarios y no debida a textos o libros específicos.

sasaṅkhāra-parinibbāyī: 'uno que alcanza Nibbāna con esfuerzo', es el término para uno de los cinco tipos de los que No Regresan (*anāgāmī*, q.v.).

sasaṅkhārika-citta: (en Dhs.: *sasaṅkhārena*) un estado de conciencia preparado o inducido, surgido después de consideración previa (es decir, después de haber sopesado motivos) o inducido por otros (por orden, consejo, persuasión). Ver: tab. I; ejemplificado en Vism XIV, 84 ff. Lo opuesto: *asaṅkhārika-citta*, q.v.

sassata-diṭṭhi (-vāda): 'creencia de eternidad', es la creencia en un alma o personalidad existente independientemente de los cinco agregados de la existencia, y continuando después de la muerte eternamente; en distinción con la 'creencia en la aniquilación' (*uccheda-diṭṭhi*), es decir, la creencia en una personalidad que en la muerte cae presa de aniquilación absoluta. Para mayores detalles ver: *diṭṭhi*.

sati: 'atención plena', es una de las cinco facultades espirituales y poderes (ver: *bala*), uno de los siete factores de la Iluminación (*bojjhaṅga*, q.v.) y el séptimo eslabón del Noble Óctuple Sendero (*magga*, q.v.), y es, en su sentido más amplio, uno de esos factores mentales inseparablemente asociados con todas las conciencias kármicamente sanas (*kusala*, q.v.) y kármicamente hermosas (*sobhana-citta*). (Ver: tab. II.) Para los cuatro fundamentos de la atención ver: siguiente entrada.

sati-sambojjhaṅga: 'atención plena como factor de la iluminación'; ver: *bojjhaṅga*.

sati-sampajañña: 'atención plena con comprensión clara' [o 'atención plena con claridad de entendimiento']; ver: *sampajañña*.

satipaṭṭhāna: los 'cuatro fundamentos de la atención', lit. 'conciencia de atención plena' (*sati-upaṭṭhāna*), son: contemplación del cuerpo, sensaciones, mente y los objetos mentales [categorías del dhamma (NT)]. Para *sati* ver: prec.

Un tratamiento en detalle de este tema, tan importante para la práctica budista del cultivo mental, se expresa en los dos Suttas Satipaṭṭhāna (DN 22; MN 10), los que, en el inicio, así como en la conclusión, proclaman las profundas palabras: "Ésta es la vía única que conduce al logro de la pureza, a la superación de la pena y la lamentación, al fin del dolor y la congoja, a la entrada en la vía correcta y al logro de Nibbāna, a saber, los cuatro fundamentos de la atención".

Después de estas palabras introductorias, y después de la interrogante acerca de qué son estas cuatro, se dice que: "Ese monje permanece en la contemplación del cuerpo, las sensaciones, la mente y los objetos mentales [categorías del dhamma (NT)], ardoroso, con comprensión clara y atento, después de haber puesto atrás todo deseo y aversión mundanos".

Estas cuatro contemplaciones no deben tomarse en realidad como cuatro ejercicios separados, sino por lo contrario, por lo menos en muchos casos, especialmente en las absorciones, como cosas inseparablemente asociadas entre ellas. Por tanto, el Sutta Satipaṭṭhāna forma una ilustración de la vía en las que estas cuatro contemplaciones se relacionan con los cinco agregados de la existencia (*khandha*, q.v.), que simultáneamente vienen a ser comprendidos, finalmente conduciendo al conocimiento introspectivo de la impersonalidad de toda la existencia.

(1) La contemplación del cuerpo (*kāyānupassanā*) consiste en los siguientes ejercicios: atención plena respecto a la inhalación y la exhalación (*ānāpānasati*, q.v.), consideración de las cuatro posturas (*iriyāpatha*, q.v.), atención plena con comprensión clara (*sati-sampajañña*, q.v.), reflexión en las treinta y dos partes del cuerpo (ver: *kāyagatāsati* y *asubha*), análisis

de los cuatro elementos físicos (*dhātu-vavatthāna q.v.*), meditación en el cementerio (*sīvathikā*, q.v.).

(2) Todas las sensaciones (*vedanānupassanā*) que surgen en el monje las percibe claramente como: sensaciones agradables y desagradables de cuerpo y mente, sensaciones sensuales y supersensuales, sensaciones neutras.

(3) Claramente percibe y entiende cualquier estado de conciencia o mente (*cittānupassanā*), ya sea que sea de deseo o no, odioso o no, de avidez o no, ofuscado o no, rígido o distraído, desarrollado o subdesarrollado, superable o insuperable, concentrado o sin concentración, liberado o no liberado.

(4) En lo que concierne a los objetos mentales [categorías del dhamma (NT)] (*dhammānupassanā*), sabe si acaso uno de los impedimentos (*nīvaraṇa*, q.v.) está presente en él o no, sabe cómo surge, cómo se supera y cómo en el futuro no vuelve a surgir. Sabe la naturaleza de cada uno de los cinco agregados de la existencia (*khandha*, q.v.), sabe cómo surgen y cómo se disuelven. Conoce las doce bases de la actividad mental [bases sensoriales y sus respectivos objetos] (*āyatana*, q.v.): el ojo y el objeto visual, el oído y el objeto audible... la mente y el objeto mental; conoce los Encadenamientos (*saṃyojana*, q.v.) sustentados en las bases sensoriales, sabe cómo surgen, cómo se superan y cómo en el futuro no vuelven a surgir. Sabe si uno de los siete factores de la iluminación (*bojjhaṅga*, q.v.) está presente en él o no, sabe cómo surge y cómo llega al desarrollo total. Entiende cada una de las Cuatro Verdades Nobles (*sacca*, q.v.) de acuerdo con la realidad.

Las cuatro contemplaciones comprenden diversos ejercicios, pero Satipaṭṭhāna no debe pensarse como una mera colección de sujetos de meditación, cada uno de los cuales puede ser tomado aparte para su práctica. No obstante que muchos de los ejercicios aparecen también en otras partes de las escrituras budistas, en el contexto de este *sutta* tienen la intención primordial del cultivo de la atención plena y la introspección, tal como lo indica el pasaje repetitivo que concluye cada sección del Sutta (ver abajo). Las cuatro contemplaciones cubren todos los cinco agregados de la existencia (*khandha*, q.v.), ya que la atención plena debe cubrir la personalidad en su totalidad. Por lo tanto, para el desarrollo completo de la atención plena, la práctica debe extenderse a todos los cuatro tipos de contemplación; sin embargo, no necesariamente se debe practicar cada uno de los ejercicios de los cuatro grupos. Una práctica metódica de Satipaṭṭhāna tiene que empezar con uno de los ejercicios del grupo de la 'contemplación del cuerpo', lo que servirá como el sujeto primario y regular de meditación. Los otros ejercicios del grupo y las otras contemplaciones deben ser cultivados cuando la ocasión lo requiera durante la meditación y en la vida diaria.

S

Después de cada contemplación se muestra cómo esto conduce finalmente al conocimiento introspectivo: "Por tanto, respecto a su propio cuerpo contempla el cuerpo, con respecto a los cuerpos de otros contempla el cuerpo, con respecto a ambos contempla el cuerpo. Contempla cómo el cuerpo surge y cómo cesa, contempla el surgimiento y el cese del cuerpo. 'Un cuerpo está ahí ("pero no hay ningún ser viviente, ningún individuo; no hay una mujer, un hombre; no hay un 'yo' ni nada que pertenezca a un 'yo'; Com.), por tanto, ha establecido su atención en la medida en que es usada para su conocimiento y atención plena, y vive independiente y desapegado de cualquier cosa en el mundo".

De la misma forma contempla la sensación, la mente y los objetos mentales [categorías del Dhamma (NT)].

En M. 118 se muestra cómo estos Cuatro Fundamentos de la Atención pueden manifestarse mediante la práctica de la atención a la inhalación y exhalación (*ānāpāna-sati*, q.v.).

Referencias: *The Way of Mindfulness*, traducción del *sutta* y comentario por Soma Thera (3ª. ed., Kandy, 1967, BPS). *El corazón de la meditación budista,* Nyanaponika Thera (3ª. ed., Londres, Rider & Co.). *The Foundations of Mindfulness* (tr. de MN 10), Nyanasatta Thera (Wheel 19). *The Satipaṭṭhāna Sutta and its Application to Modern Life*, V. F. Gunaratna (Wheel 60).

satisfacción (con cualquier túnica, etcétera): ver: *ariya-vaṃsa*.

satta: 'ser viviente'. Este término, de la misma forma que *attā*, *puggala*, *jīva* y todos los demás términos que denotan 'ego-entidad', debe ser considerado meramente como término convencional (*vohāra-vacana*), puesto que no posee ningún valor de realidad. Respecto a la impersonalidad de toda la existencia, ver: *anattā*, *paramattha*, *puggala*, *jīva*, *satta*, *paṭiccasamuppāda*.

sattakkhattu-parama: 'uno con sólo siete renacimientos más como máximo', es uno de los tres tipos de individuos que han 'entrado en la corriente' (*sotāpanna*, q.v.).

sattāvāsa (o **nava sattāvāsa**): 'moradas de los seres'. En los textos de los *suttas* (p. ejem., DN 33; AN 9:24) se mencionan nueve de dichas moradas: "Hay, oh monjes, nueve moradas para los seres, a saber:

(1) "Hay seres que son diferentes en cuerpo, y diferentes en percepción, tales como los seres humanos, algunos seres celestiales y algunos seres que viven en el mundo de sufrimiento (*vinipātika*, q.v.).

(2) "Hay seres que son diferentes en cuerpo, pero iguales en percepción, tales como los dioses que nacieron primero en el Mundo de Brahma (es

decir, los que surgieron al inicio de cada nueva formación universal; ver: *deva* II).

(3) "Hay seres que son iguales en cuerpo, pero diferentes en percepción, tales como los Dioses Radiantes (*ābhassara*, ver: *deva* II).

(4) "Hay seres que son iguales en cuerpo, e iguales en percepción, tales como los Dioses que Todo lo Iluminan (*subha-kiṇha*; ver: *deva* II).

(5) "Hay seres sin percepción y sin sensación, tales como los Seres Inconscientes (*asañña-satta*, q.v.).

(6) "Hay seres que, mediante la completa superación de las percepciones de materia (*rūpa-saññā*), la desaparición de las percepciones de reacción sensorial (*paṭigha-saññā*) y la no atención a las percepciones de variedad, pensando: 'el espacio es sin límite', renacen en la esfera del Espacio Sin Límite (ver: deva, III; *jhāna*, 5).

(7) "Hay seres que, mediante la completa superación de la esfera del Espacio Sin Límite, pensando: 'la conciencia es sin límite', renacen en la esfera de la Conciencia Sin Límite (ver: *jhāna* 6).

(8) "Hay seres que, mediante la completa superación de la esfera de la Conciencia Sin Límite, pensando: 'no hay nada', renacen en la esfera de la Nada (ver: *jhāna* 7).

(9) "Hay seres que, mediante la completa superación de la esfera de la Nada, renacen en la esfera de la Ni-Percepción-Ni-No-Percepción (ver: *jhāna*, 8)" (AN 9:24).

De acuerdo con el Comentario a AN, los seres en las Moradas Puras (*suddhāvāsa*, q.v.) no se mencionan aquí, debido a la razón de que sólo existen en aquellos periodos universales en los que aparecen Budas. Ver: *viññāṇa-ṭṭhiti*.

sāvaka: 'oyente', es decir, 'discípulo' (propiamente, *ariya-sāvaka*, 'discípulo noble'), en un sentido estricto se refiere sólo a los ocho tipos de discípulos nobles (*ariya-puggala*, q.v.).

sāvaka-bodhi: 'la iluminación del discípulo', designa la santidad del discípulo, para distinguirse de la santidad del *pacceka-buddha* (q.v.) y el *sammā-sambuddha* (q.v.).

sekha: 'aprendiz noble', un discípulo en el entrenamiento superior, es decir, uno que persigue los tres tipos de entrenamiento (*sikkhā*, q.v.); es uno de esos siete tipos de discípulos nobles que han alcanzado una de las cuatro vías supramundanas o los tres frutos inferiores (ver: *ariya-puggala*), mientras que el que posee el cuarto fruto, o *arahatta-phala*, es llamado 'uno más allá del entrenamiento' (*asekha*, lit. 'no más un aprendiz'). El ser mundano (*puthujjana*, q.v.) es llamado 'ni un aprendiz noble, ni perfeccionado en el aprendizaje' (*n'eva-sekha-nāsekha*). Ver: Pug. 23-25.

senāsana: 'lugar de residencia', es uno de los cuatro requisitos de la vida del monje (ver: *sīla* 4). Para ser adecuado para el entrenamiento espiritual debe poseer cinco ventajas. Tal como se dice en AN 10:11: "¿Y cómo, oh monjes, es que el lugar de residencia posee cinco ventajas? Tal lugar de residencia no está ni muy lejos ni muy cerca (de una villa o pueblo), es adecuado para ir y venir en la colecta de limosna (ronda de limosna). No hay mucha gente presente durante el día y en la noche no hay ruido ni agitación. Las moscas, mosquitos, viento, sol e insectos no molestan mucho. Mientras reside allí, el monje no encuentra dificultad en obtener túnicas, comida de limosna, alojamiento y las medicinas necesarias. Hay monjes de antigüedad viviendo ahí, de gran aprendizaje, muy versados en la doctrina, maestros de la Ley (*dhamma*), maestros de la disciplina (*vinaya*) y de la Tabla de Contenidos (es decir, ya sea la Matriz Doble del Abhidhamma o el *Pāṭhimokkha* para *Bhikkhus* y *Bhikkhunīs*; ver: *pāṭhimokkha*). Y es capaz de aproximarse a ellos de tiempo en tiempo, preguntándoles y pidiendo explicaciones, etcétera".

sendero y no sendero, el conocimiento y la visión con respecto al: ver: *visuddhi* (V).

sensación: *vedanā* (q.v.); ver: *khandha*.

sensación indiferente: ver: *vedanā*, *upekkhā*.

sensaciones, contemplación de las: *vedanānupassanā*; ver: *satipaṭṭhāna*.

sensualidad (subjetiva y objetiva): *kāma* (q.v.).

ser mundano: *puthujjana* (q.v.).

ser viviente: *satta* (q.v.); ver, además: *puggala*.

serenidad: ver: *samatha*.

seres, los nueve mundos de los: *sattāvāsa* (q.v.).

seres inconscientes: *asaññā-satta* (q.v.).

seres nacidos espontáneamente: *opapātika* (q.v.).

serie cognitiva: ver: *viññāṇa-kicca*.

sexo: ver: *bhava*.

siete renacimientos como máximo: ver: *sotāpanna*.

significado (evidente y por inferir): ver: *neyyattha-dhamma.*

sikkhā: el 'entrenamiento' que debe seguir el discípulo del Buda. Comprende tres áreas: el entrenamiento en la moral superior (*adhisīla-sikkhā*), el entrenamiento de la mente [o mentalidad] superior (*adhicitta-sikkhā*) y el entrenamiento en la sabiduría superior (*adhipaññā-sikkhā*). Este entrenamiento triple se refiere a la triple división del Noble Óctuple Sendero (*magga*, q.v.) de moral, concentración y sabiduría (*sīla, samādhi, paññā*). En DN 16 y AN 4:1 se dice:

"Debido a no entender, a no penetrar la noble moral... la noble concentración... la noble sabiduría... la noble liberación, es que, tanto yo como tú, también hemos tenido que pasar a través de este ciclo de renacimientos por tan largo tiempo".

"Esto es moral, esto es concentración, esto es sabiduría, esto es la liberación. Poseyendo moral, la concentración produce grandes frutos y bendiciones. Poseyendo concentración, la sabiduría produce grandes frutos y bendiciones. Poseyendo sabiduría, la mente se torna libre de todas las corrupciones (*āsava*, q.v.), propiamente de la corrupción sensorial (*kāmāsava*), de la corrupción de la existencia (*bhavāsava*), de la corrupción de las nociones [puntos de vista o creencias] (*diṭṭhāsava*), de la corrupción de la ignorancia (*avijjāsava*)".

sikkhā-pada: 'pasos de entrenamiento', reglas morales.

Las cinco reglas morales, también llamadas *pañca-sīla,* a las cuales están sujetos todos los laicos budistas, son: (1) Abstenerse de matar cualquier ser viviente. (2) Abstenerse de robar. (3) Abstenerse de conducta sexual incorrecta. (4) Abstenerse de mentir. (5) Abstenerse de usar intoxicantes (ver: *surāmeraya*, etcétera).

Las diez reglas (*dasa-sīla*) a las cuales están sujetos todos los novicios y monjes son: (1) Abstenerse de matar cualquier ser viviente. (2) Abstenerse de robar. (3) Abstenerse de toda conducta sexual. (4) Abstenerse de mentir. (5) Abstenerse de usar intoxicantes. (6) Abstenerse de comer después del mediodía. (7) Abstenerse de bailar, cantar, música y espectáculos. (8) Abstenerse de usar guirnaldas, perfumes, cosméticos y adorno, etcétera. (9) Abstenerse de camas lujosas. (10) Abstenerse de aceptar oro y plata [dinero].

Las ocho reglas (*aṭṭha-sīla*), las cuales son seguidas en los días de luna nueva y de luna llena, y en el primero y último cuarto de luna, son seguidas por muchos laicos (*upāsaka*, q.v.); la séptima y la octava de las reglas mencionadas se funden en una como la séptima regla, mientras que la novena se torna en la octava.

sīla: 'moral', 'virtud', es un modo de la mente y de la volición (*cetanā*, q.v.) que se manifiesta en lenguaje y acción corporal (ver: karma). Es el fundamento de toda la práctica budista, y, dentro de ella, el primero de los tres tipos de entrenamiento (*sikkhā*, q.v.) que forman la división triple del Noble Óctuple Sendero (ver: *magga*), es decir, la moral, la concentración y la sabiduría.

La moral budista no es algo negativo, como pudiera parecer a partir de las formulaciones negativas en los textos de los *suttas.* Y no consiste meramente en no cometer malas acciones, sino que en cada instancia consiste en la restricción intencional y claramente consciente de las acciones malsanas correspondientes a la volición que surge simultáneamente.

La moral del Noble Óctuple Sendero, propiamente: lenguaje correcto, acción correcta y modo de subsistencia correcto; se llama la moral natural o genuina (*pakati-sīla*), distinguiéndose de las reglas externas de los laicos y monjes, la llamada 'moral prescrita' (*paññatti-sīla*, q.v.), la cual en sí es kármicamente neutra.

"¿Y qué es moral kármicamente sana (*kusala-sīla*)? Es la acción corporal sana (*kāya- kamma*, ver: karma), acción verbal sana (*vacī-kamma*, ver: karma), y también la pureza en lo que respecta al modo de subsistencia; a esto es a lo que llamo moral". (MN 78.) Ver: *magga*, 3-5.

Para las 5, 8 y 10 reglas, ver: *sikkhāpada.* Adicionalmente ver: *cāritta-* y *vāritta-sīla.*

Los cuatro tipos de moral consistentes en la purificación (*catupārisudhi-sīla*) son:

(1) Restricción de acuerdo con el código disciplinario de los monjes. (2) Restricción de los sentidos. (3) Purificación del modo de subsistencia. (4) Moral con respecto a los cuatro requisitos del monje.

1. Restricción de acuerdo con el código disciplinario de los monjes (*pāṭhimokkha-saṃvara-sīla*). "Aquí un monje se restringe de acuerdo con el código disciplinario monástico; es perfecto en conducta y comportamiento, y percibe peligro inclusive en las más mínimas ofensas, y se entrena en las reglas que ha aceptado para sí mismo" (AN 5:87, 109, 114, etcétera.).

2. Restricción de los sentidos (*indriya-saṃvara-sīla*). "En cualquier momento en que el monje percibe una forma con el ojo, un sonido con el oído, un olor con la nariz, un sabor con la lengua, una impresión [táctil] con el cuerpo, un objeto [mental] con la mente, no se adhiere a la apariencia como un todo, ni respecto a sus partes. Y lucha para evitar aquello que haría surgir cosas malsanas y malas como el deseo y la avidez si permaneciese sin guardar sus sentidos; y de esta forma cuida de sus sentidos y los restringe" (MN 38).

3. Purificación del modo de subsistencia (*ājīva-parisuddhi-sīla*). Consiste en que el monje no adquiere un modo de subsistencia que le sea impropio.

S

4. Moral con respecto a los cuatro requisitos (*paccaya-sannisita-sīla*). Consiste en que aquí el monje se guía por la actitud mental correcta cuando hace uso de los cuatro requisitos: túnicas, comida de limosna, alojamiento y medicinas. "Reflexionando sabiamente hace uso de sus túnicas meramente para protegerse del frío y del calor, etcétera. Reflexionando sabiamente hace uso de su comida de limosna... meramente para mantener el cuerpo... Reflexionando sabiamente hace uso de su alojamiento... meramente para librarse de los peligros del clima y para gozar de soledad... Reflexionando sabiamente hace uso de las medicinas necesarias, meramente para suprimir sensaciones de enfermedad que surgen, y para lograr la completa libertad respecto al sufrimiento" (Ver: MN 2).

Respecto a estas cuatro clases de moral, Vism I da una exposición detallada.

> Nota de la fuente: *paccayasannissita-*, *paccavekkhaṇa-sīla*, etcétera, son términos usados en los Comentarios para la contemplación adecuada (*paṭisaṅkhā yoniso*) de los cuatro requisitos de un monje, a menudo tratados en los textos antiguos (por ejemplo, MN 2). También los otros tres *pārisuddhi-sikkhā-pada*, como *pātimokkhasaṃvara-sikkhā-pada*, *indriya-sikkhā-pada* y *ājīvapārisuddhi-sikkhā-pada*, aunque con estos nombres tal vez sólo se conocen en los Comentarios, se tratan completamente en los textos antiguos, p. ejem., MN 53, DN 2, MN 2, etcétera. Los términos *paṇṇatti-sikkhā-pada* y *paññatti-sikkhā-pada* se usan únicamente en los Comentarios.

sīla-samādhi-paññā: ver: *sikkhā*, *magga*.

sīlabbata-parāmāsa (y **-upādāna**): 'apego (o aferramiento) a meros rituales y reglas', es el tercero de los diez encadenamientos (*saṃyojana*, q.v.) y uno de los cuatro tipos de apego (*upādāna*, q.v.). Desaparece al lograr la Entrada en la Corriente (*sotāpatti*). Para su definición ver: *upādāna*.

sin signo (*animitta*): ver: *ceto-vimutti*, *vimokkha*, *vipassanā*.

sīvathikā: 'contemplación en el cementerio', como se describe en DN 22 y en MN 10, tiene como objetos: un cuerpo de uno, dos o tres días de muerto, hinchado, de color negro-azuloso, pleno de corrupción; un cadáver: comido por cuervos, etcétera, un esqueleto... un esqueleto con carne adherida, manchado en sangre, unido por tendones... sin sangre ni carne, pero aún unido por tendones... huesos dispersos en todas direcciones... huesos blanquecinos semejando conchas de mar... huesos amontonados después de un lapso de años... huesos a la intemperie y desmoronados hasta convertirse en polvo. Al final de cada una de estas contemplaciones sigue la conclusión: 'Este cuerpo mío también tiene la misma naturaleza, tiene este destino, no puede escapar tal destino'. En forma similar se consideran los diez objetos de revulsión (*asubha*, q.v.).

sobhana: 'elevado', 'hermoso', 'puro', se llama en Abhidh-s, a todos esos estados de conciencia, con excepción de los malsanos y aquellos sin raíces (*ahetuka*). *Sobhana-sādhāraṇa* son los factores mentales (*cetasikā*) comunes a todas las conciencias hermosas; ver: tab. II.

somanassa: lit. 'de mente feliz' (*su+manas+ya*), 'felicidad', 'goce'; idéntico con 'sensación mental agradable' (*cetasikā sukhā vedanā*); pertenece al agregado de las sensaciones (*vedanā-kkhandha*, ver: *khandha* II) y se enumera entre las veintidós facultades (*indriya*, q.v.). Puede o no estar kármicamente asociado con conciencias kármicamente sanas (ver: tab. 1-4, 9-12, 18-21), con conciencias kármicamente malsanas (conciencia con deseo, *ibid.*, 22-25) y con conciencias kármicamente neutras (*ibid.*, 40, 42-45, 47-60, 66-69, 72-76, 81-84). *Somanassa* no es idéntica a *pīti* (q.v.).

somanassūpavicāra: 'complacerse en el goce', ver: *manopavicāra*.

sotāpanna: 'El Que Entra en la Corriente', es el más bajo de los ocho discípulos nobles (ver: *ariya-puggala*). Se distinguen tres tipos: uno 'con siete renacimientos como máximo' (*sattakkhattu-parama*); aquel que 'pasa de una familia noble a otra' (*kolaṅkola*), aquel que 'germina solamente una vez más' (*eka-bījī*). Tal como se dice (p. ejem., Pug. 37-39; AN 3:87):

1. "Si una persona después de haber eliminado tres encadenamientos (creencia en la personalidad, duda escéptica, apego a reglas y rituales; ver: *saṃyojana*) ha entrado en la corriente (hacia Nibbāna), no está sujeto ya más a renacimiento en los mundos inferiores, está firmemente establecida, destinada a la iluminación completa. Después de haber pasado entre los seres humanos y celestiales sólo siete veces más en el ciclo de renacimientos, pone fin al sufrimiento. Tal persona es "Uno con siete Nacimientos como Máximo" (*sattakkhattu-parama*).

2. "Si una persona después de la eliminación de tres encadenamientos... está destinada a la iluminación completa, después de haber pasado entre familias nobles dos o tres veces en el ciclo de renacimientos, pone fin al sufrimiento. Tal persona es llamada "Uno que Pasa de Una Familia Noble a la Otra (*kolaṅkola*)".

3. "Si una persona, después de la eliminación de tres encadenamientos... está destinada a la iluminación completa, después de haber retornado una vez más al estado humano, pone fin al sufrimiento. Tal persona es llamada 'Uno que Germina Sólo Una Vez Más' (*eka-bījī*)". Ver: *sotāpatti-saṃyutta* (SN 55).

S

sotāpannassa aṅgāni: 'las cualidades características del que entra en la corriente', son cuatro: fe inamovible en el Iluminado, fe inamovible en la Doctrina, fe inamovible en la Orden y moral perfecta. Explicado en SN 55:1, DN 33, in SN 47:8 y en *Nettippakaraṅa;* estas cuatro cualidades son llamadas *sotāpattiyaṅgani* (q.v.).

sotāpatti: 'entrada en la corriente': ver: *sotāpanna –sotāpatti-magga, sotāpatti-phala–*, 'vía y fruto de entrada en la corriente': ver: *ariya-puggala.*

sotāpattiyaṅgāni: las cuatro 'condiciones (preliminares) de la Entrada en la Corriente' son: compañía con buenas personas, escuchar la buena Ley, reflexión sabia y vivir en conformidad con la Ley (SN 55:5; DN 33). Ver: *sotāpannassa aṅgāni.*

Subha-kiṇha (o **-kiṇṇa**); ver: *deva*, II.

subha-nimitta: 'objeto mental hermoso (o atractivo)'; puede llegar a ser el inductor del deseo sensorial (*kāmacchanda*; ver: *nīvaraṇa*): "No conozco otra cosa, oh monjes, a través de la cual y en tal grado el deseo sensorial puede surgir, y una vez surgido continuará creciendo como un objeto atractivo. Aquella persona que no considere sabiamente un objeto atractivo, en ella el deseo sensorial surgirá, y una vez surgido continuará creciendo" (AN 1:2).

subha-saññā, -citta, -diṭṭhi: 'la percepción (conciencia, o concepción) de lo hermoso (o puro)' en lo que, de hecho, carece de ello (*asubhe subha-saññā*), es una de las cuatro perversiones (*vipallāsa*, q.v.).

sucarita: 'buena conducta', es de tres tipos: en cuerpo, lenguaje y mente, y comprende los diez cursos de acción sanos (ver: *kamma-patha*). De acuerdo con AN 10:61, tiene el control de los sentidos como su condición. Ver: DN 33; AN 2:17; 3:2.

Sudassa, Sudassī: ver: *suddhāvāsa.*

suddha-vipassanā-yānika: = *sukkha-vipassaka* (q.v.).

suddhāvāsa: las 'Moradas Puras', son un grupo de cinco cielos pertenecientes al mundo de la forma material sutil (*rūpa-loka*; ver: *loka*), en donde los que No Retornan (ver: *anāgāmī*, q.v.) renacen, y en el que logran el estado de *arahant* y Nibbāna (*ariya-puggala*). Los nombres de los habitantes de las Moradas Puras son: *Āviha, Ātappa, Sudassa, Sudassī, Akaṇiṭṭha.* Ver: *anāgāmī.*

sufrimiento: para las cuatro Verdades del sufrimiento ver: *sacca*; además ver: *ti-lakkhaṇa.*

sugati: 'curso de existencia feliz', ver: *gati.*

S

sukha: 'agradable', 'feliz'; 'felicidad', 'placer', 'goce', 'dicha'. Es una de las tres sensaciones (ver: *vedanā*), y puede ser corporal o mental. Los textos distinguen entre la felicidad de los sentidos y la felicidad de la renuncia (AN 2), felicidad mundana (carnal; *sāmisa*) y supramundana (no carnal; *nirāmisa*) (MN 10). Ver: AN 2, cap. 8. La felicidad es una condición indispensable para lograr la concentración de la mente (*samādhi*, q.v.), y por lo tanto es uno de los cinco factores (o constituyentes) de la primera absorción (*jhānaṅga*; ver: *jhāna*) y está presente hasta la tercera absorción inclusive. "La mente de aquel que es feliz tiene la concentración como su fruto y recompensa" (AN 10:1). "En aquel que está lleno de felicidad la concentración correcta ha encontrado un fundamento" (AN 10:3).

sukha-saññā, -citta, -diṭṭhi: 'la percepción (conciencia, concepción) de felicidad' en lo que de hecho es sufrimiento (*dukkha sukha-saññā*), es decir, cualquier forma de existencia; es una de las cuatro perversiones (*vipallāsa*, q.v.).

sukkha-vipassaka: 'uno sostenido por introspección básica', es el término usado en los Comentarios para aquel que, sin haber logrado una de las absorciones meditativas (*jhāna*, q.v.), ha logrado una o varias de las vías supramundanas (ver: *ariya-puggala*) exclusivamente mediante el soporte de la práctica introspectiva (*vipassanā*, q.v.). En Vism XVIII es llamado *suddha-vipassanā-yānika*, para distinguirlo de uno que 'ha utilizado la serenidad como vehículo' (*samatha-yānika*, q.v.). No obstante que el significado primario de *sukkha* se refiere aquí como el señalado arriba, los sub-Comentarios (ejem, DN Tikā) emplean también el término literal de *sukkha*, es decir, 'seco' ['a secas']: "Su introspección es a secas, burda, carente de la humedad de la meditación de serenidad". Esto justifica una traducción común del término como 'de visión seca' o 'teniendo introspección seca', los cuales no deben conducir a malentendidos acerca de la naturaleza de la meditación introspectiva como 'seca' o 'meramente intelectual', mientras que de hecho el desarrollo de introspección producirá éxtasis (*pīti*) y un sentido de urgencia espiritual (*saṃvega*) en el meditador.

> Nota de la fuente: También *suddha-vipassanā-yānika*; estos términos se usan solamente en los Comentarios, así como su contraparte: *samathayānika*.

suñña (adj.), **suññatā** (sust.): vacío (vacuidad), vaciedad. Como término doctrinal, se refiere, en Theravāda, exclusivamente a la doctrina de *anattā*, es decir, de la insustancialidad de todos los fenómenos: "Vacío es el mundo... debido a que se encuentra vacío de yo y de cualquier cosa que pertenezca a un yo" (*suññam attena vā attaniyena vā*; SN 35:85); también se menciona para calificar a los cinco agregados de la existencia (*khandha*, q.v.) en el mismo texto. Ver: también MN 43, MN 106. En Nidd II (expresado en Vism XXI, 55) se dice: "Ojo... mente, objetos visuales, objetos mentales, conciencia visual... conciencia mental, corporalidad... conciencia, etcétera, se encuentran vacíos de yo y de cualquier cosa perteneciente a un yo; vacíos de permanencia y de cualquier cosa duradera, eterna o inmutable... Se encuentran sin esencia: sin una esencia permanente o esencia feliz o de ser". En MN 121 el vaciar la mente de las corrupciones en el logro del *arahant* se considera como lo "totalmente purificado y más elevada e incomparable (concepto de) vacuidad". Ver: Sn v. 1119; MN 121; MN 122 (Wheel 87); Paṭis: Suññakathā; Vism XXI, 53 ff.

suññatā-vimokkha: 'liberación por medio de la vacuidad'; ver: *vimokkha*.

suññatānupassanā: 'contemplación de la vacuidad' (ver: entrada precedente), es uno de los dieciocho tipos principales de introspección (*vipassanā*, q.v.). Ver: Vism XXI.

superación, los cinco tipos de: ver: *pahāna*. Plena comprensión consistente en superar, ver: *pariññā*. El esfuerzo por superar, ver: *padhāna*.

superación de la duda, la purificación mediante la: ver: *visuddhi*, IV.

supernormal: *mahaggata* (q.v.), conocimientos sobrenaturales; ver: *abhiññā*.

supramundano: *lokuttara* (q.v.), facultades supramundanas; ver: *indriya* (20-22).

surāmeraya-majja-pamādaṭṭhānā (ver: *amaṇī sikkhā-padaṃ samādiyāmi*): 'tomo el precepto de abstenerme de tomar intoxicantes y drogas, tales como vino, licor, etcétera, ya que conducen a la negligencia moral'. Éstas son las palabras usadas en el último de los cinco preceptos morales (ver: *sikkhāpada*) que siguen todos los budistas.

surgimiento y cese (de los fenómenos): el conocimiento que consiste en la contemplación del surgir y cesar; ver: *visuddhi* VI, 1.

susānik'anga: ver: *dhutaṅga*.

sustratos de existencia: *upadhi* (q.v.).

suta-mayā paññā: 'conocimiento basado en el aprendizaje', ver: *paññā*.

T

T

tacañería: *macchariya* (q.v.); ver: tabla II.

tadaṅga-pahāna: 'superación mediante el opuesto', es uno de los cinco tipos de superación (*pahāna*, q.v.).

tadārammaṇa-citta: 'conciencia de registro' (ver: tab. I, 40-49, 56), es la última etapa del proceso cognitivo (*cittavīthi*), inmediatamente después de hundirse nuevamente en la conciencia *bhavaṅga* (q.v.). No ocurre con la conciencia de las absorciones o con las conciencias supramundanas, sino solamente con objetos prominentes o distintivos de la esfera sensorial. Ver: *viññāṇa-kicca*.

talidad: *tathatā* (q.v.) [el ser tal].

taṇhā (lit.: 'sed'): 'deseo' [o 'avidez'], es la raíz principal del sufrimiento y del siempre continuado ciclo de renacimientos. "¿Y cuál, oh monjes, es el origen del sufrimiento? Es ese deseo que da lugar al siempre renovado renacimiento y, aunado al placer y la lujuria, ahora aquí, ahora allí, encuentra siempre nuevo deleite. Es el deseo sensorial (*kāma-taṇhā*), el deseo de existencia (*bhava-taṇhā*) y el deseo de no existencia (*vibhava-taṇhā*)." (DN 22.) *Taṇhā* es el octavo eslabón en la fórmula del Origen Dependiente (*paṭicca-samuppāda*, q.v.). Ver: *sacca*.

Hay seis clases de deseo, correspondientes a los seis tipos de objeto sensorial: deseo de objetos visibles, de sonidos, olores, sabores, impresiones táctiles, impresiones mentales (*rūpa-taṇhā*, *sadda-taṇhā*, *gandha-rasa*, *rasa-taṇhā*, *phoṭṭhabba-taṇhā*, *dhamma-taṇhā*). (MN 9; DN 15.)

De acuerdo con los tres tipos de existencia, hay tres tipos de deseo: deseo de existencia en la esfera sensorial (*kāma-taṇhā*), de existencia en la esfera de materialidad sutil (*rūpa-taṇhā*) y de existencia en la esfera de la inmaterialidad (*arūpa-taṇhā*). (DN 33.)

Hay dieciocho 'canales del pensamiento de deseo' (*taṇhā-vicarita*) inducidos internamente y dieciocho inducidos externamente; y ocurriendo en el pasado, en el presente y en el futuro, hacen un total de ciento ocho; ver: AN 4:199; Vibh, cap. 17 (Khuddakavatthu Vibhaṅga).

De acuerdo con el origen dependiente, el deseo está condicionado por la sensación; a este respecto ver: DN 22 (sección sobre la Segunda Verdad).

Respecto al deseo de existencia (*bhava-taṇhā*) se dice (AN 10:62): "No se puede percibir un inicio para el deseo de existencia, oh monjes, antes del cual no hubiera sido y después del cual vino a ser. Pero se puede percibir que el deseo de existencia tiene su condición específica. Les digo, oh monjes, que también el deseo de existencia tiene su condición que lo alimenta (*sāhāraṃ*) y no puede ser sin ella. ¿Y cuál es esta condición? Uno debe contestar: la 'ignorancia'". El deseo de existencia y la ignorancia se llaman las "causas sobresalientes que conducen a los destinos (cursos de existencia) felices e infelices". Ver: Vism, XVII, 36-42.

Los sinónimos más frecuentes de *taṇhā* son *rāga* (q.v) y *lobha* (ver: *mūla*).

taṇhā-nissita-sīla: 'moral basada en el deseo' (ver: *nissaya*).

taṇhakkhaya: 'extinción del deseo', es idéntica a la 'extinción de las corrupciones' (*āsavakkhaya*) y con el logro de la perfecta santidad del estado del *arahant*. Ver: *ariya-puggala*.

Tathāgata: 'El Perfecto', lit., el que se ha 'ido así' o el que ha 'venido así'; es un epíteto que el Buda usó para referirse a sí mismo.

Respecto a las preguntas comunes acerca de que si el Tathāgata existe o no aún después de la muerte, se dice (p. ejem., SN 22:85, 86) que, en el sentido más amplio (*paramattha*, q.v.), el Tathāgata no puede, inclusive durante su tiempo de vida, ser descubierto, y que tanto menos después de la muerte, y que ninguno de los cinco agregados de la existencia (*khandha*, q.v.) deben ser considerados como el Tathāgata, y tampoco el Tathāgata puede ser encontrado fuera de estos fenómenos mentales y corporales. El significado que se pretende aquí es el de que solamente existen estos fenómenos siempre cambiantes de cuerpo y mente, surgiendo y cesando momento a momento, pero sin una entidad separada, sin personalidad.

Cuando los Comentarios, al referirse al respecto explican Tathāgata como un 'ser viviente' (*satta*), lo que quieren decir es que aquí los que interrogan están usando meramente una expresión convencional, Tathāgata, en el sentido de una entidad real existente. Ver: *anattā, paramattha, puggala, jīva, satta.*

Un tratado del Comentario sobre "El significado de la palabra 'Tathāgata'" se incluye en *The All-Embracing Net of Views* (Brahmajāla Sutta), traducido por Bhikkhu Bodhi (BPS).

Tathāgata-bala: los 'diez poderes del Perfecto'; ver: dasa-bala.

tathatā: 'como tal', designa la firmemente fija naturaleza (*bhāva*) de todas las cosas. El único pasaje en el canon en donde la palabra ocurre en este sentido se encuentra en SN 12:20 y Kath 186 (ver: V § 189). Acerca del término '*tathatā*' en el Mahāyāna ver: Suzuki, *Awakening of Faith*, p. 53 ff.

tatra-majjhattatā: 'ecuanimidad, equilibrio, balance mental' (lit., 'permaneciendo aquí y allí en el medio'), es el nombre de una cualidad ética

T

elevada perteneciente a *saṅkhāra-kkhandha* (ver: *khandha*) y se conoce mejor como *upekkhā*. En el sentido más amplio se asocia con todas las conciencias puras (ver: tab. II). "*Tatramajjhattatā* se llama el permanecer en la parte media de todas las cosas. Tiene la característica de que efectúa el balance de la conciencia y los factores mentales; como naturaleza (función; *rasa*), el que prevé el exceso y la deficiencia o que pone un fin a la parcialidad; como manifestación, el que mantiene el propio medio" (Vism XIV).

> Nota de la fuente: Ocurre por vez primera en los Comentarios, no obstante que como *majjhattatā* se encuentra en el Vibhaṅga del Abhidhamma canónico. Ver: Guía, cap. VI § X.

Tāvatiṃsa: 'los treinta y tres (dioses)'. Una clase de seres celestiales en la esfera sensorial; ver: *deva* (I).

te-cīvarik'aṅga: 'la práctica del que usa [sólo] tres túnicas', es uno de los medios ascéticos de purificación (*dhutaṅga*, q.v.).

te-vijjā: 'aquel poseedor del Conocimiento (Superior) Triple'. En el brahmanismo 'El Conocedor de los Tres Vedas' (*tri-vidyā*); significa en el budismo uno que ha logrado los tres tipos de conocimiento, a saber: remembranza de vidas previas, el ojo divino y la extinción de las corrupciones. Para mayor detalle ver: *abhiññā*, 4-6. Ver: Tevijja Sutta, DN 13 (Wheel 57-58).

tejo-dhātu: 'elemento fuego, elemento calor'; ver: *dhātu*.

tejo-kasiṇa: '*kasiṇa* del fuego'. Es uno de los diez ejercicios *kasiṇa*; ver: *kasiṇa*.

temor moral: *ottappa*; ver: *hiri-ottappa*.

temperatura: *utu* (q.v.). Para la corporeidad producida por la temperatura; ver: *samuṭṭhāna*.

tendencias: *anusaya* (q.v.) [tendencias subyacentes o latentes].

terror, conciencia de: uno de los conocimientos introspectivos; ver: *visuddhi*, VI. 3.

tesoros, los siete: ver: *dhana* (q.v.).

testigo-corporal: *kāya-sakkhi* (q.v.).

Theravāda: 'la Doctrina de los Ancianos', es un nombre para la forma más antigua de las enseñanzas del Buda legada en el lenguaje pāli. De acuerdo con la tradición, su nombre se deriva del hecho de haber sido fijada por quinientos ancianos de la orden [*arahants*] poco después de la muerte del Maestro.

T

Theravāda es la única de las viejas escuelas del budismo que ha sobrevivido entre aquellas que los Mahāyānistas han llamado 'Hīnayāna'. Algunas veces se refieren a ésta como 'budismo del sur' o 'budismo pāli'. Actualmente se encuentra en Sri Lanka, Birmania, Tailandia, Camboya, Laos y Chittagong (Bengala Oriental, en Pakistán). Ver: Guía, cap. V.

> Nota de la fuente: Este término ya era usado por el mismo Buda al hablar de la doctrina de Āḷāra-Kālāma (ver: MN 26). Como nombre de la doctrina del Buda, pertenece a los textos de los Comentarios.

thīna-middha: 'letargo y torpeza [mental]', constituyen el tercero de los cinco impedimentos (*nīvaraṇa*, q.v.). Pueden o no estar asociados con conciencia de deseo (ver: tab I, 23, 25, 27, 29 y II).

ṭhiti-bhāgiya-sīla, -samādhi, -paññā: 'moral estática [o establecida]', 'concentración estática' y 'sabiduría estática'; ver: *hāna-bhāgiya-sīla*.

ti-hetu-paṭisandhika: ver: *paṭisandhi*.

ti-lakkhaṇa: las 'tres características de la existencia' o signos [de la existencia], son transitoriedad (*anicca*, q.v.), sufrimiento o miseria (*dukkha*, q.v.; ver: *sacca*, *dukkhatā*) e impersonalidad (no yo, *anattā*, q.v.).

"Ya sea que los Perfectos aparezcan o no aparezcan en el mudo, aún permanece como firme condición el inmutable hecho y ley fija: 'Todas las formaciones son transitorias, todas las formaciones están sujetas al sufrimiento y todo carece de ser'." (AN 3:134.)

"–¿Qué piensan, oh monjes?: ¿Acaso el cuerpo (*rūpa*) es permanente o transitorio? –Transitorio, venerable señor. –¿Acaso las sensaciones (*vedanā*), percepciones (*saññā*), formaciones mentales (*saṅkhāra*) y la conciencia (*viññāṇa*) son permanentes o transitorias? –Transitorias, venerable señor. – Pero aquello que es transitorio ¿es acaso satisfactorio o insatisfactorio? –Es insatisfactorio, venerable señor. –Pero de aquello que es transitorio, sujeto al sufrimiento y al cambio ¿podría propiamente ser dicho, 'esto me pertenece, esto es lo que soy yo, esto es mi yo?' –No, venerable señor.

"Por lo tanto, cualesquiera corporalidad, sensación, percepción, formación mental y conciencia, ya sea pasada, presente o futura, interna o externa, burda o sutil, elevada o baja, cercana o lejana, de todas estas cosas uno debe entender, de acuerdo con la realidad y verdadera sabiduría: 'Esto no me pertenece, esto no soy yo, esto no es mi yo'" (SN 22:59).

"En aquel que entiende el ojo, oído, nariz, lengua, cuerpo y todas las formaciones remanentes como algo transitorio, sujeto al sufrimiento e impersonal, en él los encadenamientos (*saṃyojana*, q.v.) se han disuelto." (SN 35:53.)

T

Es el entendimiento completo de las tres características mediante la experiencia meditativa inmediata lo que constituye la introspección liberadora. Acerca de su relación con las Tres Vías de Liberación, ver: *vimokkha* I. Para mayores detalles, ver: *anicca*, *dukkha*, *anattā*; *vipassanā*.

Referencias: *The Three Signata*, profesor O. H. de A Wijesekera (Wheel 20). *The Three Basic Facts of Existence*: I-III (Wheel BPS), Vism XX, 13 ff., 18 ff.; XXI, 47 ff., 67 ff.

ti-ratana: 'Tres Joyas' o las 'Tres Gemas', las cuales son reverenciadas por todos los budistas como las cosas más venerables: son el Buda, el Dhamma, y la Santo Saṅgha, es decir: El Iluminado; la Ley Liberadora descubierta, comprendida y proclamada por él; y la Comunidad de Discípulos Santos y aquellos que viven de acuerdo con la Ley. Las contemplaciones de las Tres Joyas pertenecen a las diez contemplaciones (*anussati*, q.v.).

ti-saraṇa: 'Triple Refugio', en el que pone toda su confianza cada fiel adepto al Buda; consiste en el Buda, el Dhamma y el Saṅgha (ver: entrada precedente).

El Buda o Iluminado es el maestro que por sí mismo ha descubierto, comprendido y proclamado al mundo la Ley Liberadora. El Dhamma es la Ley Liberadora. El Saṅgha es la comunidad de discípulos que ha comprendido o lucha por comprender la Ley Liberadora.

El Triple Refugio en pāli, mediante cuyo enunciado uno puede también profesar la propia fe, es el mismo que en el tiempo del Buda, propiamente:

Buddhaṃ saraṇaṃ gacchāmi Dhammaṃ saraṇaṃ gacchāmi Saṅghaṁ saraṇaṃ gacchāmi.

"Tomo refugio en el Buda.
Tomo refugio en el Dhamma.
Tomo refugio en el Saṅgha".

Referencias: *The Threefold Refuge*, Nyanaponika Thera (Wheel 76). *Devotion in Buddhism* (Wheel 18). *Going for Refuge*, Bhikkhu Bodhi (Wheel 282-284). KhpTr pp. 4 ff.

Tipiṭaka: 'las tres canastas', es el nombre de las tres divisiones principales del canon pāli: la Canasta de la Disciplina (Vinaya Piṭaka), la Canasta de los Discursos (Sutta Piṭaka) y la Canasta de la Filosofía (Abhidhamma Piṭaka).

tiracchāna-kathā: 'lenguaje bajo', lit. 'lenguaje bestial', es el nombre que se da en los *suttas* a lo siguiente: "conversación acerca de reyes y bandidos, ministros y ejércitos, peligro y guerra, comer y beber, ropa y residencias, guirnaldas y fragancias, relaciones, carruajes, villas y mercados, pueblos y distritos, mujeres y héroes, plática callejera, plática junto al pozo, plática de aquellos que han muerto hace tiempo, conversación frívola, plática acerca del mundo y del mar, acerca de ganancias y pérdidas". (AN 10:69, etcétera).

En los Comentarios se enumeran cuatro tipos adicionales, por lo que el número asciende a treinta y dos, como se cuenta principalmente, propiamente: plática acerca de goce sensual, auto mortificación, eternidad y aniquilación del yo.

tiracchāna-yoni: 'la matriz animal'; nacimiento como animal. El reino animal pertenece a la esfera sensorial (ver: *loka*); es uno de los cuatro mundos inferiores (ver: *apāya*) y uno de los tres cursos de existencia desafortunados (ver: *gati*).

tīrana-pariññā: 'entendimiento completo mediante investigación'. Ver: *pariññā*.

titthāyatana: los tres 'artículos de creencia herética', los cuales se declaran en AN 3:61 como conducentes a la inactividad, son: (1) La creencia de que toda la felicidad y pena son producidas por karma anterior (acciones prenatales; ver: karma). (2) La creencia de que todo carece de causas. (3) La creencia de que todo es creado por Dios.

(1) Es la enseñanza de Nigaṇṭha Nātaputta, el líder de los Nigaṇṭhas, los modernos Jainas. El error de esta doctrina es que no explica la felicidad y pena que ya sea son el resultado de las buenas y malas acciones de la presente vida o están asociadas con la correspondiente acción.

(2) Es la doctrina de Makkhali Gosāla; ver: *diṭṭhi*.

De acuerdo con las tres doctrinas anteriores, el hombre no es responsable de sus acciones, de modo que todo esfuerzo moral se torna inútil.

trance: *jhāna* (q. v.). [Absorción, concentración superior.]

tranquilidad (de la mente): ver: *samatha*, *samatha-vipassanā*, *bhāvanā*, *bojjhaṅga*. 'Aquel que ha tomado la tranquilidad como su vehículo': *samathayānika* (q.v.). [Serenidad.]

tranquilizar, superación (de impurezas) por medio de: ver: *pahāna*.

transferencia de mérito: *patti-dāna* (q.v.).

transformación, poder de: ver: *iddhi*.

transitoriedad: *anicca* (q.v.). Contemplación de la transitoriedad, ver: *vipassanā* (1).

transitoriedad (de la existencia): ver: *maraṇa*.

trapos recogidos, vistiendo túnicas hechas de: ver: *dhutaṅga*.

túnicas remendadas, la práctica de vestir: es una de las reglas ascéticas de purificación (*dhutaṅga*, q.v.).

Tusita: un tipo de seres celestiales en el correspondiente plano de existencia sensorial; ver: *deva* (I).

U

ubhato-bhāga-vimutta: 'el liberado en ambas formas', es el nombre de una clase de discípulos nobles (*ariya-puggala*, q.v.). Se libera en dos formas, propiamente mediante todas las ocho absorciones (*jhāna*, q.v.), así como mediante la vía supramundana (*sotāpatti*, etcétera) basada en introspección (*vipassanā*, q.v.). En MN 70 se dice:

"¿Y quién, oh monjes, es uno Liberado en Ambas Formas? Si alguien en su propia persona ha alcanzado las ocho liberaciones (absorciones), y mediante la sabia penetración las corrupciones (*āsava*, q.v.) se han extinguido, tal persona es llamada 'liberada en ambas formas'". Ver: DN 15.

En el sentido más amplio uno es 'liberado en ambas formas' si ha logrado una u otra de las absorciones y una u otra de las vías supramundanas (Ver: AN 9:44).

La primera liberación también es llamada 'liberación de la mente' (*cetovimutti*) y la última, 'liberación mediante sabiduría' (*paññā-vimutti*).

La primera liberación, sin embargo, es meramente temporal; es una liberación mediante represión (*vikkhambhana-vimutti* = *vikkhambhana-pahāna*; ver: *pahāna*).

uccheda-diṭṭhi: 'doctrina de aniquilación'; ver: *diṭṭhi*.

udayabbayānupassanā-ñāṇa: 'conocimiento consistente en la contemplación del surgimiento y cese', es el primero de los nueve conocimientos introspectivos que constituyen la 'purificación mediante el conocimiento y visión del progreso de la vía'. Para mayores detalles ver: *visuddhi*, VI, 1.

uddhacca: 'agitación', pertenece a los diez encadenamientos (*saṃyojana*, q.v.) y a los cinco impedimentos (*nīvaraṇa*, q.v.). Es uno de esos cuatro factores mentales inseparablemente asociados con todas las conciencias malsanas (*akusala-sādhārana*, q.v.). Ver: tab. II.

uddhambhāgiya-saṃyojana: los cinco 'encadenamientos superiores'; ver: *saṃyojana*.

uddhaṃsota-akaniṭṭhagāmī: 'pasando corriente arriba hacia los dioses más elevados', es uno de los cinco tipos de 'los que no retornan' (*anāgāmī*, q.v.).

uggaha-nimitta: ver: *nimitta*.

U

ugghaṭitaññū: 'uno que ha penetrado la verdad durante una explicación' (Pug.). Éste es uno de los cuatro tipos de personas clasificadas de acuerdo con su habilidad para adquirir conocimiento introspectivo.

Ver también: *vipacitaññū, neyya, pada-parama.*

ujukatā (*kāya-ujukatā, citta-ujukatā*): 'rectitud' (de factores mentales y de conciencia, respectivamente), se asocia con todas las conciencias sanas. Ver: tab. II.

> Nota de la fuente: Encontrado por primera vez en el Dhammasaṅgaṇī del Abhidhamma canónico; ver: *lahutā.*

unidad: ver: *kalāpa, rūpa-kalāpa.*

unificación mental: *citt'ekaggatā*; un nombre para la concentración mental (*samādhi*, q.v.).

upacāra: 'momento de acceso'; ver: *javana.*

upacāra-samādhi: 'concentración de acceso' o 'concentración vecinal', es el grado de concentración justo antes de entrar en cualquiera de las absorciones o *jhānas*. Aún pertenece a la esfera sensorial (*kāmavacara*; ver: *avacara*).

upacaya, rūpassa: 'crecimiento de corporalidad'; ver: *khandha* I.

> Nota de la fuente: Éste es un término del Abhidhamma, pero ya es aludido en los antiguos textos de los *suttas*, p. ejem., MN 149: *āyatiṃ pañcupādānakkhandhā upacayaṃgacchanti*, o en DN 2: *ayaṃkāyo... odana-kummās'upacayo.*

upacchedaka-kamma: 'karma destructivo'; ver: *karma.*

upādā-rūpa: 'corporalidad derivada', significa los veinticuatro fenómenos corporales secundarios dependientes de los cuatro elementos físicos primarios, es decir, los órganos sensoriales, los objetos sensoriales, etcétera. Ver: *khandha* I.

> Nota de la fuente: *Upādā-rūpa* es, como tal, un término del Abhidhamma, pero es usado con el mismo significado en los textos de los *suttas*, p. ejem., en MN 9: *catunnañ ca mahābhūtānaṃ upādāya rūpaṃ. Upādā* es una abreviación de *upādāya* (gerundio).

upādāna: 'apego', de acuerdo con Vism XVII, es un grado intensificado del deseo (*taṇhā*, q.v.). Los cuatro tipos de apego son: apego sensual (*kāmūpādāna*), apego a las nociones [puntos de vista, doctrinas, opiniones] (*diṭṭhūpādāna*), apego a meras reglas y rituales (*sīlabbatūpādāna*), apego a la creencia en la personalidad (*attavādūpādāna*).

(1) "¿Y qué es el apego sensorial? Cualquier lujuria sensual, deseo sensorial, apego sensorial, pasión sensorial, ofuscación sensorial, encadenamiento sensorial, respecto a objetos sensoriales existentes: a esto se llama apego sensorial.

(2) "¿Y qué es el apego a las nociones o puntos de vista? 'El dar limosna y ofrendas es inútil... no hay fruto y resultado de las acciones buenas y malas...': todas estas posturas y las concepciones erróneas se llaman apego a las nociones [erróneas].

(3) "¿Y qué es el apego a reglas y rituales? El asir firmemente la noción de que por medio de reglas y rituales uno puede alcanzar la purificación: a esto se llama el apego a reglas y rituales.

(4) "¿Y qué es el apego a la creencia en la personalidad? Los veinte tipos de nociones del yo [o ego] con respecto a los agregados de la existencia (ver: *sakkāyadiṭṭhi*): éstas se conocen como el apego a la creencia en la personalidad." (Dhs §§ 1214-1217.)

Esta división cuádruple tradicional del apego no es muy satisfactoria. Además de *kāmūpādāna*, debemos esperar [que el apego consista en] *rūpupādāna* y *arūpupādāna*, o simplemente *bhavupādāna*. No obstante que el *anāgāmī* se encuentra completamente libre de los cuatro tradicionales tipos de *upādāna*, no se encuentra libre de renacimiento, ya que aún posee *bhavupādāna*. El Comentario al Vism XVII, al tratar de salir de este dilema, explica que *kāmupādāna* incluye aquí todos los demás tipos de apego.

'Apego' es la traducción común para *upādāna*, no obstante que 'aferramiento' estaría más cercano al significado literal del término, el cual es 'tomar [o asir]'; ver: *Three Cardinal Discourses* (Wheel 17, p. 19).

[De acuerdo con Bhikkhu Bodhi (en su traducción del *Gran discurso sobre las causas* –Brahmajāla Sutta– y sus Comentarios, BPS): "Las nociones erróneas (*diṭṭhi*) son opiniones erróneas acerca de la naturaleza del mundo, la existencia personal y la vía hacia la liberación". El Buda ha mostrado que detrás de estas nociones erróneas se encuentra una inversión emocional enormemente poderosa. Esta emoción viene del deseo, y, cuando se invierte en una noción particular, torna esa noción en un instrumento del apego" (NT).]

upādānakkhandha: Los 'cinco agregados del apego' o más claramente expuesto de acuerdo con Vism: 'los cinco agregados de la existencia que son objeto de apego'. Ver: M. 44. Ver: khandha.

upadhi: 'sustrato de la existencia'. En el Comentario se enumeran cuatro tipos: los cinco agregados (*khandha*, q.v.), el deseo de satisfacción sensorial

U

(*kāma*), las impurezas mentales (*kilesa*, q.v.) y karma (q.v.). En el Sutta ocurre frecuentemente en Sn (vv. 33, 364, 546, 728), y, con referencia a Nibbāna, en la frase "el abandonar todo sustrato" (*sabb'upadhi-paṭinissagga*; DN 14). Ver: *viveka* (3).

upādi: lit. 'algo que uno ase', 'algo a lo que uno se apega', es decir, los cinco agregados de la existencia (*khandha*, q.v.). En el Sutta Piṭaka la palabra es usada principalmente en expresiones tales como "Uno de dos frutos es de esperarse: ya sea sabiduría perfecta o, 'si los agregados aún permanecen' (*sati upādi-sese*, 'si hay remanente de agregados'), el estado de *anāgāmi*". (DN 22). Adicionalmente (AN 4:118): "Aquí el Perfecto ha pasado al elemento-Nibbāna, en el que ya no hay remanente de agregados (*an-upādi-sesa*)". Ver: Nibbāna.

upādiṇṇa-rūpa: 'corporalidad kármicamente adquirida' o 'materia asida (mediante karma)'; es idéntica a 'corporalidad producida kármicamente' (*kammaja-rūpa*; ver: *samuṭṭhāna*). En Vism XIV se dice: "Aquella corporalidad que, más adelante, será referida como 'kármicamente producida' (*kammaja*), es llamada, debido a su dependencia en karma previo (prenatal), 'kármicamente adquirido'". El término (*upādiṇṇa*) ocurre también en los *suttas*, p. ejem., MN 28, (Wheel 101), 62, 140. Ver: Dhs § 990; Khandha Vibhaṅga.

upaghātaka-kamma: 'karma destructivo'; ver: *karma*.

upahacca-parinibbāyī: 'uno que alcanza Nibbāna durante la primera mitad de la vida', es uno de los cinco tipos de *anāgāmī* (q.v.).

upakkilesa: 'Impurezas', corrupciones, imperfecciones (una traducción frecuente que se reserva a *kilesa* (*q.v.*) es 'impurezas').

Una lista de las dieciséis 'impurezas morales de la mente' (*cittassa upakkilesa*) es mencionada y explicada en MN 7 y 8 (Wheel 61-62): 1. Codicia y deseo malsano (*abhijjhā-visama-lobha*); 2. Resentimiento [mala voluntad] (*vyāpāda*); 3. Ira (*kodha*); 4. Hostilidad (*upanāha*); 5. Denigración (*makkha*); 6. Imposición (*palāsa*) [empeño de dominancia]; 7. Envidia (*issā*); 8. Avaricia (*macchariya*); 9. Hipocresía (*māyā*); 10. Engaño (*sāṭheyya*); 11. Obstinación (*thambha*); 12. Presunción (*sārambha*); 13. Engreimiento (*māna*); 14. Arrogancia (*atimāna*); 15. Vanidad (*mada*); 16. Negligencia (*pamāda*).

Los siguientes son tres grupos de *upakkilesa* pertenecientes a la meditación:

(a) Nueve imperfecciones mentales que aparecen en uno 'carente de entrenamiento mental superior' (*adhicitta*); tres burdos: conducta mala en obra, palabra y pensamiento; tres de nivel mediano: pensamientos de deseo sensual, rencor y crueldad; tres sutiles: pensamientos acerca de familiares propios, su país y su reputación (AN 3:100).

(b) Dieciocho imperfecciones en la práctica de la atención a la respiración (*ānāpānasatī*, q.v.), mencionadas en Paṭis: Ānāpānakathā (tr. en *Mindfulness of Breathing*, Ñāṇamoli Thera (p. 60, BPS).

(c) Diez 'Imperfecciones de la Introspección' (o Imperfecciones de la Meditación Introspectiva, *vipassanūpakkilesa*); ver: *visuddhi* V.

upanissaya-paccaya: 'soporte decisivo' o 'incentivo', es una de las veinticuatro condiciones (*paccaya*, q.v.).

upapajja-vedanīya-kamma: '*kamma* que fructifica en la próxima existencia'; ver: *karma*.

upapatti-bhava: 'proceso de renacimiento'; ver: *bhava*.

upapīḷaka-kamma: '*kamma* supresivo'; ver: *karma*.

upāsaka: lit., 'el que se sienta cerca', es decir, un 'adepto laico'; es cualquier adepto laico que está lleno de fe y ha tomado refugio en el Buda, su doctrina y su comunidad de discípulos nobles (AN 8:25). Se considera que su virtud es pura si observa los cinco preceptos (*pañca-sīla*; ver: *sikkhāpada*). Debe evitar los siguientes modos de subsistencia: comerciar en armas, en seres vivientes, carne, alcohol y venenos (AN 5:177). Ver también: AN 8:75.

upasamānussati: 'remembranza de la paz del Nibbāna', es la última de las diez remembranzas (*anussati*, q.v.). "De cualquier cosa que haya, oh monjes, la más elevada de todas se considera que es el desapego (*virāga*), es decir, el destruir el engreimiento ['mi yo', 'mi ego'], el aquietar la sed, el desraizar el apego, el romper el ciclo de renacimientos, el cese del deseo, el desapego, la extinción, Nibbāna." (AN 4:34.)

upāsikā: 'seguidora laica'; ver: *upāsaka*.

upatthambhaka-kamma: '*kamma* de soporte'; ver: *karma*.

upavicāra: ver: *manopavicāra*.

upekkhā: 'ecuanimidad', también llamada *tatra-majjhattatā* (q.v.), es una cualidad ética perteneciente al agregado de *saṅkhāra* (ver: *khandha*) y no debe ser confundido con 'sensación indiferente' (*adukkhamasukhā vedanā*), la cual a veces también es llamada *upekkhā* (ver: *vedanā*).

Upekkhā es una de las Cuatro Moradas Sublimes (*brahma-viharā*, q.v.) y uno de los Siete Factores de la Iluminación (*bojjhaṅga*, q.v.). Ver: Vism IV, 156 ff.

upekkhā-ñāṇa: = *saṅkhārupekkhā-ñāṇa* (q.v.).

upekkhā-sambojjhaṅga: 'ecuanimidad como factor de la iluminación'; ver: *bojjhaṅga*.

upekkhā-sukha: 'felicidad ecuánime', es la sensación de felicidad acompañada por un elevado grado de ecuanimidad (*upekkhā*), como por ejemplo en la tercera absorción (*jhāna*, q.v.).

upekkhā-vedanā: ver: *vedanā*.

upekkhindriya: la 'facultad de indiferencia', es uno de los cinco elementos de sensación (MN 115) y por lo tanto no debe ser confundida con la cualidad ética 'ecuanimidad', también llamada *upekkhā* (q.v.).

upekkhopavicāra: 'complaciéndose en ecuanimidad'; ver: *manopavicāra*.

uposatha: lit., 'ayunando', es decir, 'día de ayuno'; son los días de luna llena, luna nueva y los dos días correspondientes al cuarto creciente y al cuarto menguante. En los días de luna llena y luna nueva se lee el Código Disciplinario, el *Pāṭhimokkha*, ante la asamblea de la comunidad de monjes (*bhikkhu*), mientras que en los cuatro días mencionados muchos de los devotos laicos visitan los monasterios, y ahí toman la observancia de los ocho preceptos (*aṭṭha-sīla*; *sikkhāpada*). Ver: AN 8:41 ff.

usos nobles, los cuatro: *ariya-vaṃsa* (q.v.).

utu: temperatura, calor, es idéntico al elemento fuego (*tejo-dhātu*, q.v.).

utu-samuṭṭhāna (= *utuja*)-**rūpa**: 'corporalidad producida por temperatura'; ver: *samuṭṭhāna*.

V

vācā: 'lenguaje' ['habla']. En relación con el lenguaje correcto [recto], ver: *magga* (3), *sacca* (IV. 3). Lenguaje bajo, ver: *tiracchāna-kathā*.

vacī-kamma: 'acción verbal'; ver: *karma, kamma-patha*.

vacī-saṅkhāra: 'formación kármica verbal' o 'función verbal'.

(1) En relación con la formación kármica verbal, ver: *saṅkhāra* (I, 1).

(2) En relación con la función (de la mente), p. ejem., concepción mental y pensamiento discursivo, ver: *saṅkhāra* (I. 2).

vacī-viññatti: ver: *viññatti*.

vacío [vacuidad]: *suññatā* (q.v.). Contemplación de la vacuidad: *suññatā-nupassanā*. Para el vacío del yo, perteneciente a las Cuatro Verdades, ver: *sacca*.

vāritta-sīla: 'la moral consistente en evitar' (evitar cosas malas), se distingue de la 'moral consistente en obra [o acción]' (obras o acciones buenas). Ver: *cāritta-vāritta*.

> Nota de la fuente: Por primera vez encontrado en los Comentarios. Ver: *cāritta-sīla*.

vasī: 'maestría'. Vism IV nos dice de cinco tipos de maestría, los cuales deben ser primeramente adquiridos por aquellos que deseen desarrollar las absorciones (*jhāna*, q.v.). En relación con la primera absorción: maestría en notarla (*āvajjana-vasī*), en entrar en ella (*samāpajjana-vasī*), en lograr la determinación [de su duración] (*adhiṭṭhāna-vasī*), en salir de ella (*vuṭṭhāna-vasī*) y en retrospección [análisis retrospectivo de los factores *jhánicos*] (*paccavekkhaṇa-vasī*).

"Si en cualquier lugar, en cualquier momento y durante cualquier periodo deseado uno entra en la primera absorción, y una vez habiendo entrado no se experimenta lentitud [ausencia de presteza en los factores mentales *jhánicos*], a esto se llama maestría en entrar en la absorción, etcétera. En forma análoga, los restantes cuatro tipos deben ser explicados" (Vism IV, 131 f; XXIII, 27 ff.).

> Nota de la fuente: Los cinco tipos de *vasī* se encuentran por primera vez en el Paṭisambhidāmagga (I, 99-100).

vaṭṭa: 1. 'ciclo', 2. 'ciclo de renacimientos'.

V

(1) Con referencia al origen dependiente (*paṭicca-samuppāda*, q.v.), Vism XVII habla de tres ciclos: el ciclo kármico (*kamma-vaṭṭa*), consistente en las formaciones kármicas y el proceso kármico (segundo y décimo eslabones); el ciclo de impurezas [mentales] (*kilesa-vaṭṭa*), consistente en ignorancia, deseo y apego (eslabones primero, octavo y noveno, respectivamente); el ciclo de resultados [kármicos] (*vipāka-vaṭṭa*), consistente en conciencia, mente y corporalidad, las seis bases sensoriales, y sensación (del tercero al séptimo eslabón). Ver: *paṭicca-samuppāda* (diagrama).

(2) Ciclo de renacimientos = *saṃsāra* (q.v.).

vatthu: 'base física', es decir, los seis órganos físicos en los que se basa el proceso mental son los cinco órganos sensoriales físicos y, de acuerdo con el Com., el corazón (*hadaya-vattu*, q.v.) como el sexto. Este sexto *vatthu* no debe confundirse con el sexto *āyatana*, el cual es un nombre colectivo para todas las conciencias.

> Nota de la fuente: *vatthu* como término general para los cinco órganos de los sentidos (*cakkhuvatthu*, etcétera) se encuentra frecuentemente en los Comentarios, y es usado a menudo junto con el término *ārammaṇa* (objeto). Esta forma de uso, sin embargo, ya se encuentra indicada en el Abhidhamma canónico: *Cakkhum p'etaṃ... vatthum p'etaṃ* (Dhs § 597; Vibh, p. 71, PTS): *cakkhuviññāṇassa vatthu* (Dhs §§ 679 ff.).

vatthu-kāma: 'sensualidad objetiva', los cinco objetos de los sentidos; ver: *kāma*.

vavatthāna: 'determinando', definiendo. Este término se encuentra primero en Paṭis (I, p. 53) en su referencia a la meditación de introspección; pero en una forma verbal, como participio pasado, ya se aplica en MN 111: *tyassa dhammā anupada-vavatthitā honti*, "estas cosas (los factores mentales) fueron determinados por él (es decir, el Ven. Sāriputta) sucesivamente" (ver: Abh. St., p. 54). En Vism XX, 130, se dice: "La determinación de la verdad concerniente al sufrimiento se efectúa con la determinación de mente-y-materia en la purificación de visión (ver: *visuddhi* III). La determinación de la verdad acerca del surgimiento se efectúa con el discernimiento de las condiciones en la purificación mediante la trascendencia de la duda (ver: *visuddhi* IV). La determinación de la verdad de la vía se efectúa por el énfasis en la vía correcta en la purificación por conocimiento y visión de lo que es la vía y de lo que es la no vía (ver: *visuddhi* V). Por tanto, la determinación de las tres Verdades (sufrimiento, origen y vía) ha sido efectuada primero por medio de conocimiento mundano (*lokiya*, q.v.) solamente". Ver: *sammasana*, *visuddhi*.

En relación con la determinación de los cuatro elementos físicos, ver: *dhātu-vavatthāna*.

vayānupassanā: 'contemplación de desaparición [o cese]', es uno de los dieciocho tipos de introspección (*vipassanā*, q.v.).

vāyo-dhātu: 'elemento aire'; ver: *dhātu*.

vāyo-kasiṇa: '*kasiṇa* del aire', es uno de los ejercicios con *kasiṇa* (*kasiṇa*, q.v.).

vedanā: 'sensación', es el segundo de los cinco agregados de la existencia (ver: *khandha* II). De acuerdo con su naturaleza, puede ser dividida en cinco clases: (1) Sensación corporal agradable (*kāyikā sukhā-vedanā* = *sukha*); (2) Sensación corporal desagradable (*kāyikā dukkhā-vedanā* = *dukkha*); (3) Sensación mental agradable (*cetasikā sukhā-vedanā* = *somanassa*); (4) Sensación mental desagradable (*cetasikā dukkhā vedanā* = *domanassa*); (5) Sensación neutra o indiferente (*adukkha-m-asukkhā vedanā* = *upekkhā*, q.v.).

En relación con los seis sentidos, uno distingue seis clases de sensación: sensación asociada con la vista, el oído, el olfato, el gusto, contactos corporales y contactos mentales. Las palabras textuales son "sensación surgida mediante el contacto visual" (*cakkhu-samphassajā vedanā*); ver: SN 22:55; DN 22, etcétera.

La sensación es uno de los siete factores mentales inseparablemente asociados con toda conciencia; ver: *nāma*. En la fórmula del origen dependiente (*paṭiccasamuppāda*, q.v.) la sensación es la condición para el surgimiento del deseo (*taṇhā*) –los cinco tipos de sensaciones mencionados arriba se enumeran entre las veintidós facultades (*indriya*, q.v.)–. Ver: MN 59; *Contemplation of Feeling* (*Vedanā Saṃyutta*), Nyanaponika Thera (Wheel 303-304).

vedanānupassanā: 'contemplación de la sensación', es uno de los Cuatro Fundamentos de la Atención (*satipaṭṭhāna*, q.v.).

Vehapphala: es el nombre de una clase de seres celestiales en la esfera de materialidad sutil; ver: *deva*.

vejez: *jarā* (q.v.), es uno de los tres mensajeros divinos (ver: *devadūta*).

verdad relativa: ver: *puggala*, *paramattha-sacca*, *desanā*, *anattā*, *satta*.

Verdades, las Cuatro Nobles: *ariya sacca* (q.v.). Doble conocimiento de las Verdades, ver: *saccañāṇa*.

vergüenza: *hiri* (q.v.).

vesārajja: 'autoconfianza' de un Buda; es cuádruple: tiene confianza en que: 1. Ha logrado la iluminación perfecta, de la cual no se puede decir que se le haya omitido algo esencial; 2. Ha destruido todas las corrupciones (*āsava*), sin dejar una sola que pudiera decirse que no fue destruida por él; 3. Tales cosas declaradas por él como obstáculos a la liberación son así en forma innegable; 4. Su enseñanza cumple el objetivo de conducir a la liberación final respecto al sufrimiento. Ver: AN 4:8; 7:58; MN 12.

vía, condición de: *magga-paccaya*, es una de las veinticuatro condiciones (*paccaya*, q.v.).

vibhajja-vāda: 'doctrina de discriminación o doctrina analítica', es un nombre primigenio para la doctrina original del Buda, llamada Theravāda. El término *vibhajjavādī* aparece en MN 99 y AN 10:94; sin embargo, no en el sentido de una escuela separada, sino como una característica del Buda mismo: "Ahora, inculpando lo que es inculpable y ensalzando lo que es ensalzable, el Bendito es un 'maestro con discriminación' (*vibhajja-vādī*) y no se inclina a un extremo en su enseñanza" (AN 10:94).

Buddhaghosa, en la introducción a su Comentario acerca del Kathāvatthu, dice que en el tiempo del rey Asoka, cuando el Saṅgha prosperó, muchos herejes tomaron ordenación como monjes budistas, pero continuaron extendiendo sus doctrinas erróneas. Con objeto de purificar el Saṅgha, Asoka, junto con el venerable Moggaliputtatissa, convocó a una asamblea de los *bhikkhus*. Cuando cada uno de los convocados fue individualmente interrogado por el rey acerca de lo que el Buda enseñó, aquellos que dijeron que pregonaba la doctrina de lo eterno (*sassatavādī*), etcétera, fueron expulsados. Los *bhikkhus* genuinos contestaron que el Buda era un *vibhajjavādī*, un Maestro Analista o Discriminador; y cuando, al preguntar el rey, Moggaliputtatissa confirmó que ésta era la noción correcta, aquellos monjes fueron admitidos a la asamblea del Uposatha (q.v.) para el Saṅgha, y de ellos fueron seleccionados los participantes del Tercer Concilio en Pataliputta. Ver: Mahāvaṃsa, tr. de Wilh. Geiger, cap. V; ver: 268 ff.

vibhava-diṭṭhi: = *uccheda-diṭṭhi*; ver: *diṭṭhi*.

vibhava-taṇhā: 'deseo de no existencia' o 'deseo de auto aniquilación'; ver: *taṇhā*.

vicāra: 'pensamiento discursivo'; ver: *vitakka-vicāra*.

vicikicchā: 'duda escéptica', es uno de los cinco impedimentos (*nīvaraṇa*, q.v.) y uno de los tres encadenamientos (*saṃyojana*, q.v.) que desaparecen para siempre en la Entrada a la Corriente, el primer estadio de santidad (ver: *ariya-puggala*). Como encadenamiento, se refiere a la duda escéptica acerca del Maestro (el Buda), la Enseñanza, el Saṅgha y el entrenamiento; acerca de cosas del pasado y futuro, y acerca de la condicionalidad (Dhs § 1004;

ver AN 10:71). También se aplica a la incertidumbre acerca de las cosas que son sanas o malsanas, que deban o no practicarse, de valor elevado o bajo, etcétera. De acuerdo con Vim. XIV, 177, *vicikicchā* es la carencia de deseo de pensar (esclarecer las cosas; es decir, de llegar a una conclusión; *vigata-cikicchā*, desiderativo a la raíz *cit*, pensar); tiene la naturaleza de vacilar, y su manifestación es la indecisión y la actitud dividida. Se asocia con una de las dos clases de conciencia malsana con raíz en la ofuscación [ignorancia] (tab. I, número 32). Ver también: *kaṅkhā*.

vida casta: *brahma-cariya* (q.v.).

vigata-paccaya: 'desaparición', es una de las veinticuatro condiciones (*paccaya*, q.v.).

vihāra: 'morada'. Hay tres moradas: la morada celestial (*dibba-vihāra*), la morada divina (*brahma- vihāra*, q.v.) y la morada noble (*ariya-vihāra*). Ver: AN 3:190; DN 33.

vijjā: 'conocimiento (superior)', gnosis. En relación con el Conocimiento Triple ver: *abhiññā* y *tevijjā*. Ver: *vijjā-caraṇa*.

vijjā-caraṇa: 'conocimiento y conducta'. Esta expresión aparece en aquellos pasajes en los *suttas* en donde se describen las cualidades del Buda, propiamente: "En verdad, el Bendito es santo, completamente iluminado, perfecto en conocimiento y conducta…". De acuerdo con Vism VII, 1, y DN 3, Conocimiento (*vijjā*) se refiere aquí al conocimiento triple (ver: *tevijjā*) o a los ocho tipos de conocimiento, propiamente: Los seis poderes espirituales superiores (*abhiññā*, q.v.), introspección (*vipassanā*, q.v.) y poder mágico (*iddhi*, q.v.); mientras que conducta (*caraṇa*) se refiere a quince cosas: restricción moral, restricción sensorial, moderación en el comer, el estar siempre alerta, fe, vergüenza moral, temor moral, gran aprendizaje, energía, atención plena, sabiduría y las cuatro absorciones.

vikkhambhana-pahāna: 'superación mediante represión' (o 'suspensión'), es uno de los cinco tipos de superación (*pahāna*, q.v.). Ver: MN 20 (traducido en Wheel 21).

vikubbana-iddhi: el 'poder de transformación', es una de las facultades mágicas (*iddhi*, q.v.).

vimaṃsā: 'investigación, averiguación, consideración', es una de las Cuatro Vías Hacia el Poder (*iddhi-pāda*, q.v.) y uno de los cuatro factores de predominancia (ver: *paccaya*, 3).

vimokkha: 'liberación' (salvación), I, las tres; II, las ocho.

V

(I)

Las tres liberaciones son: 1. La liberación sin signo (o sin condiciones) (*animitta-vimokkha*); 2. La liberación sin deseo (*apaṇihita-vimokkha*); 3. La liberación en la vacuidad (o vacía) (*suññatā-vimokkha*). También se llaman la 'triple entrada a la liberación' (*vimokkha-mukha*; Vism XXI, 66 ff), ya que son tres diferentes accesos a las vías de santidad. Ver: *visuddhi* VI, 8. Ver: Vism XXI, 6 ff, 121 ff, Paṭis: Vimokkhakathā.

(1) "Cualquiera estando lleno(a) de determinación (*adhimokkha*, q.v.) considera toda formación como transitoria (*anicca*); tal persona logra la liberación sin signo.

(2) "Cualquiera lleno(a) de tranquilidad considera todas las formaciones como dolorosas (*dukkha*); tal persona logra la liberación sin deseo.

(3) "Cualquiera estando lleno(a) de sabiduría considera todas las formaciones como impersonales (no yo) (*anattā*); tal persona logra la liberación en la vacuidad". Ver: Vism XXI, 70 = Paṭis II, p. 58.

(1) y (2) se mencionan y explican en MN 43 con el nombre de liberaciones de la mente (*ceto-vimutti*, q.v.); (2) y (3) aparecen en Dhs (§§ 344 ff., 344 ff., 353 ff.), en la sección sobre conciencia supramundana (ver: AsTr, pp. 299 ff.).

(II)

Las ocho Liberaciones (*aṭṭha vimokkha*) aparecen frecuentemente en los textos (AN 8:66; DN 16, etcétera), y se describen como sigue:

"Existen ocho liberaciones, oh monjes, ¿cuáles son éstas?

(1) "Mientras permanece en la esfera de la materialidad sutil (*rūpī*), uno percibe formas corporales: ésta es la primera liberación.

(2) "No percibiendo formas corporales en la propia persona, uno percibe formas corporales externamente: ésta es la segunda liberación.

(3) "Pensando en lo bello, uno se llena de confianza: ésta es la tercera liberación.

(4) "Mediante la total superación de las percepciones de corporalidad, la desaparición de percepciones de resistencia [física, es decir: ausencia de la percepción del elemento tierra] y la no atención a las percepciones multiformes, con la idea 'el espacio es ilimitado' (*ākāsānañcāyatana*), permanece ahí: ésta es la cuarta liberación.

(5) "Mediante la total superación de la esfera del espacio ilimitado, y con la idea 'la conciencia es ilimitada', uno alcanza la 'esfera de la conciencia ilimitada' (*viññāṇañcāyatana*) y permanece ahí: ésta es la quinta liberación.

(6) "Mediante la total superación de la esfera de la conciencia ilimitada, y con la idea 'no hay nada', uno alcanza la 'esfera de la nada' (*ākiñcaññāyatana*) y permanece ahí: ésta es la sexta liberación.

(7) "Mediante la total superación de la esfera de la nada, uno alcanza la 'esfera de la ni-percepción ni-no-percepción' (*n'evasaññā-nāsaññāyatana*) y permanece ahí: ésta es la séptima liberación.

(8) "Mediante la total superación de la esfera de la ni-percepción ni-no-percepción, uno alcanza el 'cese de la percepción y la sensación' (ver: *nirodha-samāpatti*): ésta es la octava liberación.

Éstos, oh monjes, son los ocho tipos de liberación".

Para (1-3) ver: *abhibhāyatana*; para (4-7) ver: *jhāna*; para (8) ver: *nirodha-samāpatti*.

Lo que se quiere decir en (3) es el logro de las absorciones en la esfera de la materialidad sutil (*jhāna*, q.v.) mediante la concentración de la mente en objetos perfectamente puros y de colores brillantes como objetos de las llamadas *kasiṇas* (q.v.). De acuerdo con Paṭis., este estado mental es producido también concentrando la mente en las cuatro moradas sublimes, es decir, amor benevolente ilimitado, compasión, goce altruista y ecuanimidad, en consecuencia, de lo cual todos los seres aparecen perfectamente puros y glorificados, y por tanto la mente se torna hacia lo bello.

Ver: Paṭis: Vimokkhakathā; AsTr, p. 255.

> Nota de la fuente: Las tres, es decir, *suññatā-vimokkha*, *animitta-vimokkha*, *appaṇihita-vimokkha*, son por primera vez descritas y enumeradas en Paṭis II, 351. Como *suññatā-samādhi*, etcétera, sin embargo, ya se mencionan en DN 33.

vimutti: 'liberación', es de dos tipos: liberación de la mente (*ceto-vimutti*, q.v.) y liberación mediante sabiduría (*paññā-vimutti*, q.v.).

'Liberación de la mente', en su sentido más elevado, es ese tipo de concentración (*samādhi*) que se encuentra conectado a la vía del *arahant* (*arahatta-magga*). 'Liberación mediante sabiduría' es el conocimiento (*ñāṇa*) conectado con el fruto del *arahant* (*arahatta-phala*). Ver: AN 5:142.

Hay también cinco tipos de liberación, idénticos a los cinco tipos de superación (*pahāna*, q.v.).

vinipāta: 'mundo del sufrimiento', es otro nombre para los cuatro cursos desafortunados (*duggati*; ver: *gati*) de la existencia y para los cuatro mundos inferiores (*apāya*, q.v.).

V

El que 'entra en la corriente' (*sotāpanna*, q.v.) ya no está sujeto más al renacimiento en estos planos (*avinipāta-dhamma*).

viññāṇa: 'conciencia', es uno de los cinco agregados de la existencia (*khandha*, q.v.); uno de los cuatro nutrimentos (*āhāra*, q.v.); el tercer eslabón en el origen dependiente (*paṭicca-samuppāda*, q.v.); el quinto en la división séxtuple de elementos (*dhātu*, q.v.).

Visto como uno de los cinco agregados (*khandha*), está inseparablemente conectado con los otros tres agregados mentales (sensaciones, percepciones y formaciones mentales) y permite la cognición básica de un objeto, mientras que los otros tres contribuyen con funciones más específicas. Su carácter ético y kármico, y su mayor o menor grado de intensidad y claridad, están principalmente determinados por las formaciones mentales asociadas con ella.

De la misma forma que los otros agregados de la existencia, la conciencia es un flujo (*viññāṇa-sota*, 'flujo de conciencia') y no constituye una sustancia mental permanente; tampoco es una entidad transmigrante o alma. Las tres características (ver: *ti-lakkhaṇa*) –transitoriedad, sufrimiento e insustancialidad– frecuentemente se aplican a ella en los textos (p. ejem., en el Anattalakkhaṇa-Sutta, SN 22:59). El Buda a menudo hizo hincapié en que "aparte de condiciones, no hay surgimiento de la conciencia" (MN 38); y todas estas aseveraciones acerca de su naturaleza se aplican al rango completo de la conciencia, ya sea "pasada, futura o presente, surgida, burda o sutil, en uno mismo o externamente, inferior o superior, cercana o lejana" (SN 22:59).

De acuerdo con los seis sentidos, se divide en seis tipos, es decir, conciencia del ojo (o visual; *cakkhu-viññāṇa*), etcétera. Acerca del origen dependiente de estas seis clases de conciencia, Vism XV, 39 dice: "Condicionada por el ojo, el objeto visible, la luz y la atención, surge la conciencia visual. Condicionada por el oído, el objeto audible, el canal auricular y la atención, surge la conciencia auditiva. Condicionada por la nariz, el objeto olfativo, el aire y la atención, surge la conciencia olfativa. Condicionada por la lengua, el objeto gustativo, la humedad y la atención, surge la conciencia gustativa. Condicionada por el cuerpo, la impresión táctil, el elemento tierra y la atención, surge la conciencia táctil. Condicionada por el continuo mental (*bhavaṅga-mano*), el objeto mental, y la atención, surge la conciencia mental".

En el Abhidhamma se distinguen ochenta y nueve clases de conciencia, ya sea kármicamente sana, malsana o neutra, y perteneciente ya sea a la esfera sensorial, de materialidad sutil, inmaterial o perteneciente a la clase supramundana. Ver: tabla I.

viññāṇa-kicca: 'funciones de la conciencia', tal como se ejercitan en el proceso de conciencia o serie cognitiva (*cittavīthi*). En el Comentario al Abhidhamma y en Vism XIV se enseñan las siguientes funciones: renacimiento (*paṭisandhi*), continuo vital (*bhavaṅga*), advertencia (*āvajjana*), ver, oír, oler, degustar, conciencia táctil, recepción (*sampaṭicchana*), investigación (*santīrana*), determinación (*votthapana*), impulsión (*javana*), registro (*tadārammaṇa*) y muerte (*cuti*).

Una unidad de percepción sensorial (p. ejem., conciencia visual), estando condicionada por un órgano sensorial y su correspondiente objeto, forma en realidad un proceso extremadamente complejo, en el que todas las fases singulares de la conciencia se siguen una a otra en rápida sucesión, mientras que efectúan sus respectivas funciones, por ejemplo:

"Tan pronto como un objeto visible ha entrado en el rango de la visión, actúa en el órgano ocular sensitivo (*cakkhu-pasāda*), y así condicionado sucede una excitación del continuo (vital) de conciencia (*bhavaṅga-sota*)".

Una vez que el continuo de conciencia es interrumpido, el elemento mental funcional (ver: anexo tab. I, 70), tomando el objeto e irrumpiendo en el continuo de conciencia, efectúa la función de 'advertir' a la mente respecto al objeto (*āvajjana*).

Inmediatamente después surge la conciencia visual en la puerta del ojo, basada en el órgano ocular sensitivo, al tanto que efectúa la función de 'ver' (*dassana*)...

Inmediatamente después surge el elemento mente (anexo tab. I, 39, 55), efectuando la función de 'recibir' (*sampaṭicchana*) el objeto de esa conciencia...

Inmediatamente después surge el elemento de conciencia mental (anexo tab. 40, 41, 56), mientras 'investiga' (*santīrana*) el objeto recibido por el elemento mente...

Inmediatamente después surge el elemento mente funcional, sin raíz (anexo tab. I, 71), acompañado por indiferencia, mientras efectúa la función de 'determinar' (*votthapana*) el objeto...

Ahora, si se trata de un objeto prominente, entonces inmediatamente después surgen fugazmente seis o siete 'momentos de impulsión' (*javana-citta*), asociados con una de las ocho conciencias sanas, o doce conciencias malsanas, o nueve conciencias funcionales (tab. I, 1-8, 22-23, 72-80).

Ahora bien, si al final de los momentos de impulsión el objeto en la puerta de los cinco sentidos es muy prominente y claro a la puerta sensorial, entonces surge, una o dos veces, una de las conciencias acompañadas de raíces (ocho tipos), y producidas por karma (tab 42-49) de la esfera sensorial, o uno de los tipos de elementos de conciencia sin raíz (tres tipos) producidos kármicamente (tab. 40,

51, 56). Debido a que esta conciencia, una vez que desaparecen los momentos de impulsión, posee la facultad de continuar con el objeto del continuo de conciencia como su propio objeto, se le llama 'de registro' (*tad-ārammaṇa*, lit., 'ese objeto' o 'teniendo eso como objeto') (Vism XIV, 115 ff).

Sin embargo, si el objeto sensorial es débil [no es prominente], entonces sólo se llega a la fase de 'impulsión' (*javana*) o de 'determinación' (*votthapana*); si es muy débil, solamente sucede la excitación del continuo de conciencia. El proceso de la conciencia interna o conciencia mental, es decir, sin la participación de los cinco sentidos físicos, es como sigue: en el caso de un objeto mental que entra por la puerta de la mente y que es distinguido, entonces pasa a través de las fases de 'advertencia en la puerta sensorial' (*manodvārāvajjana*), la fase 'impulsiva' y la fase 'de registro', antes de que finalmente se sumerja en el continuo de conciencia otra vez. Ver: *citta-vīthi.*

Referencias: *Aids to the Abhidhamma Philosophy*, doctor C. B. Dharmasena (con gráfica a color de la serie cognitiva; Wheel 63-64). *The Psychology and Philosophy of Buddhism*, doctor W. F. Jayasuriya (Buddhist Missionary Society, Kuala Lumpur, Malaysia).

viññāṇa-ṭṭhiti: 'moradas o soportes de la conciencia'. Los textos describen siete de tales moradas (p. ejem., AN 7:41):

(1) "Hay seres que son diferentes en cuerpo y diferentes en percepción, tales como los humanos, algunos seres celestiales y algunos seres viviendo en estados de sufrimiento (ver: *apāya*). Ésta es la primera morada de la conciencia.

(2) "Hay seres que son diferentes en cuerpo, pero iguales en percepción, tales como los dioses que nacieron primero en el mundo de Brahma (ver: *deva* II). Ésta es la segunda morada de la conciencia.

(3) "Hay seres que son iguales en cuerpo, pero diferentes en percepción, tales como los Dioses Radiantes (*ābhassara-deva*). Ésta es la tercera morada de la conciencia.

(4) "Hay seres que son iguales en cuerpo e iguales en percepción, tales como los Dioses Que lo Iluminan Todo (*subhakiṇha-deva*). Ésta es la cuarta morada de la conciencia.

(5) "Hay seres... que renacen en la esfera del Espacio Ilimitado. Ésta es la quinta morada de la conciencia.

(6) "Hay seres... que renacen en la esfera de la Conciencia Ilimitada. Ésta es la sexta morada de la conciencia.

(7) "Hay seres... que renacen en la esfera de la Nada. Ésta es la séptima morada de la conciencia".

Acerca de las tres últimas esferas ver: *jhāna* (5-7). Ver: *sattāvāsa.*

En DN 33 se mencionan cuatro *viññāṇa-ṭṭhiti*, aparentemente en el sentido de 'bases' de la conciencia, propiamente: corporalidad, sensación, percepción y formaciones mentales, las que se explican en SN 22:53.

viññāṇañcāyatana: 'esfera de la conciencia ilimitada [traducida a menudo como 'conciencia infinita']', es un nombre para la segunda absorción meditativa en la esfera inmaterial (ver: *jhāna*, 6).

viññatti: (lit. 'hacer conocido'), 'indicación', 'insinuación' es un término del Abhidhamma para la expresión corporal (*kāya-viññatti*) y expresión verbal (*vacī-viññatti*), ambos pertenecientes al agregado corporal. Son producidos por la volición conaciente, y por lo tanto son, como tales, puramente físicos y no deben ser confundidos con karma (q.v.), que como tal es algo mental. Ver: Kath. 80, 100, 101, 103, 194 (ver: Guía V).

"Uno habla de 'expresión corporal', ya que hace sabida una intención por medio del movimiento corporal, y puede ser entendido por el movimiento del cuerpo que se afirma es corporal.

"'Expresión verbal' es llamada así porque hace sabida una intención mediante un sonido producido por el habla" (Vism XIV).

> Nota de la fuente: *Kāya-viññatti* y *vacī-viññatti* aparecen por primera vez en Dhs (§§ 665, 718) del Abhidhamma canónico.

vipacitaññū (o *vipañcitaññū*): 'uno que comprende la verdad después de una explicación'. Así es llamado el individuo que entiende la verdad sólo después de una explicación detallada de aquello que se le ha dicho en forma concisa. Ver: *ugghaṭitaññū.*

vipāka: 'resultado de karma', es cualquier fenómeno mental kármico moralmente neutro (p. ejem., sensación corporal agradable o dolorosa, conciencia sensorial, etcétera), que es el resultado de acciones volitivas sanas o malsanas (*kamma*, q.v.) efectuadas mediante cuerpo, lenguaje o mente, hechas en la vida presente o en una vida anterior. La creencia en que, de acuerdo con el budismo, todo es el resultado de una acción previa, es totalmente errónea. Por ejemplo, una acción volitiva (*kamma*), ya sea sana o malsana, nunca es el resultado de una acción previa; es en realidad el karma mismo. En relación con este tema ver: *titthāyatana*, karma, tab. I; Fund, cap. II. Ver: AN 3:101; Kath 162 (Guía, cap. V § 117, 167).

Las cosas corporales producidas por *kamma* (*kammaja* o *kamma-samuṭṭhāna*) nunca se designan *kamma-vipāka*, ya que este término debe emplearse sólo a fenómenos mentales.

V

vipāka-paccaya: 'condición de resultante kármica', es una de las veinticuatro condiciones (*paccaya*, q.v.).

vipallāsa: 'perversiones'. "Hay cuatro perversiones que pueden ser ya sea de percepción (*saññā-vipallāsa*), de conciencia [mente] (*citta-vipallāsa*) o de nociones (*diṭṭhi-vipallāsa*). "¿Y cuáles son estas cuatro? El considerar lo que es transitorio (*anicca*) como permanente; lo que es sufrimiento (*dukkha*) como placentero (o productor de felicidad); lo que carece de yo (*anattā*) como si fuera el yo; lo que es impuro (repulsivo; *asubha*) como puro o atractivo" (AN 4:49). Ver: *Manual of Insight*, Ledi Sayadaw (Wheel 31-32, p. 5).

"De las perversiones, las siguientes son eliminadas mediante el conocimiento de la primera vía (*sotāpatti*): la perversión de la percepción, conciencia y nociones de que lo transitorio es permanente y lo que es no yo es el yo; más adelante se elimina la perversión de la noción de que lo doloroso es placentero y de que lo impuro es puro. En el tercer conocimiento de la vía (*anāgāmitā*) se eliminan: las perversiones de la percepción y de la conciencia de que lo impuro es puro. En el cuarto conocimiento de la vía (*arahatta*) se eliminan las perversiones de la percepción y la conciencia de que lo doloroso es placentero" (Vism XXII, 68).

vipariṇāmānupassanā: 'contemplación de cambio' (de todas las cosas), es uno de los dieciocho tipos de introspección (*vipassanā*, q.v.).

vipassanā: 'introspección' [visión introspectiva], es la luz intuitiva que alumbra y expone la verdad de la transitoriedad, el sufrimiento y la naturaleza impersonal e insustancial de todos los fenómenos mentales y corporales de la existencia. La sabiduría introspectiva (*vipassanā–paññā*) es el factor liberador decisivo en el budismo; sin embargo, debe ser desarrollado junto con los otros dos aspectos del entrenamiento: moral y concentración. La culminación de la práctica introspectiva (ver: *visuddhi* VI) conduce directamente a las etapas de santidad (ver: *visuddhi* VII).

La Introspección no es el resultado de un mero entendimiento intelectual, sino que se gana mediante observación directa del propio proceso mental y corporal. En los Comentarios y en el Vism. la secuencia al desarrollar la meditación introspectiva es como sigue: 1. Discernimiento de lo corporal (*rūpa*); 2. De lo mental (*nāma*); 3. Contemplación de ambos (*nāmarūpa*; es decir, su ocurrencia como pares en los eventos reales y su interdependencia); 4. Ambos vistos como condicionados (aplicación del origen dependiente, *paṭiccasamuppāda*); 5. Aplicación de las tres características (transitoriedad, etcétera) [a los agregados y sus factores condicionantes].

Las etapas de Introspección creciente se describen en los nueve Conocimientos

Introspectivos (*vipassanā-ñāṇa*); constituyen el sexto estado de purificación: iniciando con el 'conocimiento del surgimiento y cese' y finalizando con la 'adaptación a la verdad'. Para mayores detalles ver: *visuddhi* VI y Vism XXI.

En Vism XXII, 113, se describen y enumeran dieciocho tipos principales de conocimiento introspectivo (o introspecciones principales; *mahā-vipassanā*): (1) contemplación de transitoriedad (*aniccānupassanā*); (2) de sufrimiento (*dukkhānupassanā*); (3) de no ser (*anattānupassanā*); (4) de revulsión (*nibbidānupassanā*); (5) de desapego (*virāgānupassanā*); (6) de extinción (*nirodhānupassanā*); (7) de abandono (*paṭinissaggānupassanā*); (8) de desvanecimiento (*khayānupassanā*); (9) de desaparición (*vayānupassanā*); (10) de cambio (*vipariṇāmānupassanā*); (11) de lo incondicionado (o sin signo; *animittānupassanā*); (12) de ausencia de deseo (*apaṇihitānupassanā*); (13) de vacuidad (*suññatānupassanā*); (14) introspección de fenómenos, que es la sabiduría superior (*adhipaññā-dhamma-vipassanā*); (15) conocimiento y visión de acuerdo con la realidad (*yathā-bhūta-ñāṇadassana*); (16) contemplación de miseria (o peligro; *ādīnavānupassanā*); (17) contemplación reflexiva (*paṭisaṅkhānupassanā*); (18) contemplación de rechazo [de lo mundano] (*vivaṭṭānupassanā*).

A través de estos dieciocho tipos principales de conocimiento introspectivo, las ideas y nociones adversas son superadas, y por ello esta forma de superar se llama "superación por opuestos" (*tadaṅga-pahāna*; "superando este factor por ese"). De modo que (1) disipa la idea de permanencia, (2) la idea de felicidad, (3) la idea del ser, (4) lujuria, (5) codicia, (6) el origen, (7) apego, (8) la idea de compactación, (9) acumulación kármica, (10) la idea de duración, (11) de lo condicionado, (12) de deleite, (13) de adherencia, (14) de asir y adherirse a la idea de sustancia, (15) adherencia a la ofuscación (en relación con el ego y el mundo), (16) apego y adherencia, (17) modo no reflexivo y (18) disipa el apego y el enredo [con lo mundano].

La introspección puede ser mundana (*lokiya*, q.v.) o supramundana (*lokuttara*, q.v.). La introspección supramundana es de tres tipos: (1) aunada a una de las cuatro vías supramundanas, (2) aunada a uno de los frutos correspondientes a estas vías, (3) pertinente a la extinción o más bien suspensión de la conciencia (ver: *nirodha-samāpatti*). Para mayores detalles ver: *samatha-vipassanā*, *visuddhi* III-VII; *Manual of Insight*, Ledi Sayadaw (Wheel, 31-32) y *The Experience of Insight*, Joseph Goldstein.

> Nota de la fuente: *vipassanā* se encuentra frecuentemente en los textos antiguos de los *suttas* (p. ejem., AN 2:32; SN 45:159), también junto con *samatha*. Los nueve o dieciocho conocimientos introspectivos (*vipassanā-ñāṇa* y *mahā-vipassanā*), sin embargo, aparecen en el Sutta Piṭaka sólo

en el Ñāṇakathā del Paṭisambhidāmagga, en donde son explicados y enumerados; sin embargo, sin algún grupo nominal que se adscriba a ellos.

vipassanā-yānika: *sukkha-vipassaka* (q.v.).

vipassanūpakkilesa: 'imperfecciones de la introspección', ver: *visuddhi*, V.

Nota de la fuente: El grupo de diez es mencionado por primera vez en Paṭis II, 102, y se dice que la mente puede tornarse impura de esa forma (*kilissati*), pero el término de arriba no es usado para los diez. Esto es probablemente expresado por primera vez en Vism XX.

vipatti: 'aberración' o 'desviación', puede ser: desviación de la moral (*sīlavipatti*) o desviación del entendimiento (*diṭṭhivipatti*).

"El desviarse en acciones, o en palabra, o en ambos, en obra y palabra: a esto se llama desviarse de la moral.

"'Las limosnas y las ofrendas son inútiles, no hay fruto y resultado de acciones buenas y malas, no hay tal cosa como esta y la próxima vida...'. Tales nociones erróneas son llamadas una desviación del entendimiento" (Pug. 67, 68).

vippayutta-paccaya: 'disociación', es una de las veinticuatro condiciones (*paccaya*, q.v.).

virāga: 'desvanecimiento', desapego; ausencia de lujuria, desapasionamiento. Aparece frecuentemente junto con *nirodha*, 'cese', (1) como un epíteto de Nibbāna, (2) en las contemplaciones (a) formando la cuarta tétrada en los ejercicios de atención plena a la respiración (ver: *ānāpānasati* 14), (b) en los dieciocho Conocimientos Introspectivos principales (número 5); ver: *vipassanā*.

De acuerdo con el Com., puede significar (1) la destrucción momentánea de los fenómenos o (2) el 'desvanecimiento' absoluto, es decir, Nibbāna. En las dos contemplaciones antes mencionadas significa el entendimiento de ambas y la vía lograda por dicho entendimiento.

virāgānupassanā: ver: entrada precedente.

virati: las tres 'abstenciones' o abstinencias son: abstención de lenguaje incorrecto, acción corporal incorrecta y modo de subsistencia incorrecto, correspondientes a lenguaje correcto, acción y modo de subsistencia correctos en el Noble Óctuple Sendero (ver: *magga*, 3-5). Por abstención no solamente se quiere decir la no manifestación de las cosas malsanas, sino el abstenerse deliberadamente de ellas, en cualquier ocasión en que pudiesen surgir. Pertenecen a los concomitantes mentales 'secundarios' (no constantes) en las conciencias hermosas (ver: tab. II). Ver: *sīla*.

virilidad: ver: *bhāva*.

viriya: 'energía', lit. 'virilidad', 'hombría' o 'heroísmo' (de *vīra*, hombre, héroe; lat. *vir*; ver: *virtus*), es una de las cinco facultades espirituales y poderes (ver: *bala*), uno de los siete factores de la iluminación (ver: *bojjhaṅga*) e idéntico con esfuerzo correcto en el Noble Óctuple Sendero (ver: *magga*). Para explicaciones adicionales ver: *padhāna*.

viriya-sambojjhaṅga: 'energía como factor de la iluminación', es uno de los siete factores de la iluminación (*bojjhaṅga*, q.v.).

virtud: ver: *sīla*.

visesa-bhāgiya-sīla (**-samādhi**, **-paññā**): 'moralidad (concentración, sabiduría) conectada con progreso'. Para mayor detalle ver: *hānabhāgiya-sīla*.

visión seca [introspectiva]: ver: *sukkha-vipassaka*.

vitalidad: *jīvitindriya*; ver: *indriya*, *khandha* (corporeidad, formaciones mentales), tabla II.

visuddhi: 'purificación', pureza. Los 'Siete Estadios de Purificación' (*satta-visuddhi*) forman la subestructura del Vimuttimagga de Upatissa (El Camino de la Liberación), conservado sólo en chino, así como la monumental obra de Buddhaghosa, el Visuddhimagga, La Vía de la Purificación, basado en la obra anterior.

El único lugar en el canon en donde estas siete clases de purificación se mencionan es en MN 24, el Sutta del Símil de la Carroza (ver: 'vía'), en donde se ilustra su intención y objetivo. Ahí se dice que el objetivo real y final no consiste en la purificación de la moral, o de la mente, o del entendimiento, etcétera, sino en la total liberación y extinción. Ahora, así como uno monta la primera carroza y viaja hacia la segunda carroza, entonces monta la segunda y viaja en ella hacia la tercera, etcétera, exactamente de la misma forma el objetivo de la (I) purificación de la moral (*sīla-visuddhi*) es (II) la purificación de la mente (*citta-visuddhi*); y la (III) purificación de las nociones (*diṭṭhi-vissudhi*) es su objetivo; y la (IV) purificación mediante la superación de la duda (*kankhā-visuddhi*) es su objetivo; y la (V) purificación del conocimiento y visión de lo que es la vía y lo que no es la vía (*maggāmmagga-ñāṇadassana-visuddhi*) es su objetivo; y la (VI) purificación mediante el conocimiento y visión del progreso de la vía (*paṭipadā-ñāṇadassana-visuddhi*) es su objetivo; y la (VII) purificación del conocimiento y visión (*ñāṇadassana-visuddhi*) es su objetivo; pero el objetivo de esta última es la liberación libre de todo apego.

(I) "Purificación de la Moral' (*sīla-visuddhi*) consiste en la pureza de moral cuádruple (*catu-pārisuddhi-sīla*), propiamente: restricción de acuerdo con el código disciplinario (*pāṭimokkhasaṃvara-sīla*), restricción sensorial (*indriyasaṃvara-sīla*), pureza de modo de subsistencia (*ājīvapārisuddhi-sīla*), moral respecto a los cuatro requisitos (*paccyasannissita-sīla*) (Vism XVIII). En lo que concierne a estos cuatro términos ver: *sīla*. En el caso de un laico consiste en la observancia de los preceptos (cinco o más) que haya determinado seguir."

(II) "Purificación de la Mente (*citta-visuddhi*) es un nombre para los ocho logros (= absorciones: *jhāna*, q.v.), así como para la concentración de acceso (*upacārā-samādhi*; ver: *samādhi*)." (*Ibid.*)

(III) "Purificación de las Nociones [o Entendimiento] (*diṭṭhi-vissudhi*) significa el entendimiento, de acuerdo con la realidad del cuerpo y la mente (*nāma-rūpa*, q.v.), la cual tiene como fundamento la ausencia de ofuscación (sabiduría), y que en múltiples formas determina la mente y la corporalidad después de haber superado toda creencia en una personalidad (*attā*, ser, yo, ego)" (*Ibid.*).

(IV) "Purificación Mediante la Superación de la Duda (*kaṅkhā-vitaraṇa-visuddhi*) significa el entendimiento que, mediante el haber comprendido las condiciones de esta mente y corporalidad, ha escapado de toda duda concerniente a los tres tiempos (pasado, presente y futuro)" (*Ibid.* XIX).

(V) "Purificación del Conocimiento y Visión de lo que es la Vía y lo que no es la Vía (*maggāmmagga-ñāṇadassana-visuddhi*), significa ese entendimiento que distingue el camino correcto del incorrecto: 'Éste es el camino correcto, éste es el camino incorrecto'" (*Ibid.* XX).

Con objeto de lograr esta quinta etapa de purificación, uno inicialmente debe desarrollar introspección metódica (*naya-vipassanā*), es decir, mediante la contemplación de los cinco agregados de la existencia (*khandha*, q.v.), ya que quienquiera que no posea aún introspección perfectamente desarrollada los fenómenos como la refulgencia de luz, etcétera (ver: abajo), que surgen durante la introspección, pueden tornarse en impedimentos para los tres tipos de entendimiento completo aquí considerados (ver: *pariññā*).

"Tan pronto como las múltiples formas y características de las Cuatro Verdades (*sacca*) y del origen condicionado (*paṭiccasamuppāda*) se han tornado claras al discípulo meditador, se dice a sí mismo(a): 'Así estas cosas que nunca surgieron antes surgen, y habiendo surgido desaparecen otra vez. Así las formaciones de la existencia surgen como algo bastante nuevo una y otra vez. Pero no solamente son algo nuevo, son adicionalmente de duración limitada, como una gota de rocío al amanecer, como una burbuja, como una línea escrita con una vara en el agua, como una semilla de mostaza puesta en la punta de una flecha, como la luminosidad del relámpago. También aparecen como algo insustancial y vacías, como un truco, como un espejismo. Meramente algo sujeto al cese y surgimiento que, habiendo surgido, desaparece nuevamente'".

Durante tal práctica introspectiva, sin embargo, pueden surgir diez imperfecciones (o impurezas) de la introspección (*vipassanūpakkilesa*, q.v.): refulgencia de luz (*obhāsa*), conocimiento (*ñāṇa*), éxtasis (*pīti*), tranquilidad (*passaddhi*), felicidad (*sukha*), determinación (*adhimokkha*), energía (*paggaha*), presencia de mente (*upaṭṭhāṇa*), ecuanimidad (*upekkhā*), deleite (*nikanti*). Ver: Vism XX, 105 ff. (App.).

Con excepción de la última, 'deleite', no son imperfecciones o impurezas por sí mismas, pero pueden tornarse las bases para ello mediante el surgimiento del orgullo o deleite, o mediante una conclusión errónea de que las vías liberadoras han sido alcanzadas. Sin embargo, el meditador que permanece atento y tiene experiencia en la práctica introspectiva, sabrá que estos estados mentales no indican el logro de la vía verdadera, sino que son solamente síntomas o concomitantes de la meditación introspectiva.

"Hasta este punto el discípulo meditador ha determinado tres de las Verdades, propiamente: ha determinado la 'verdad acerca del sufrimiento' al determinar los fenómenos mentales y corporales mediante Purificación de las Nociones [o Entendimiento] (*diṭṭhi-vissudhi*). Al comprender las condiciones, a través de la Purificación Mediante la Superación de la Duda (*kaṅkhā-vitaraṇa-visuddhi*), ha determinado la 'verdad acerca del origen del sufrimiento'. Al comprender el camino correcto mediante Purificación del Conocimiento y Visión de lo que es la Vía y lo que no es la Vía (*maggāmmagga-ñāṇadassana-visuddhi*), ha determinado la 'verdad acerca de la vía (que conduce a la extinción del sufrimiento)'."

(VI) Purificación Mediante el Conocimiento y Visión del Progreso de la Vía (*paṭipadā-ñāṇadassana-visuddhi*), es la Introspección perfeccionada en los ocho tipos de conocimiento, junto con el noveno conocimiento, el 'Conocimiento de Adaptación a la Verdad'.

Estos ocho tipos de conocimiento significan lo siguiente, estando libres de impurezas, siguiendo el proceso correcto y considerado como introspección, propiamente:

(1) Conocimiento consistente en la Contemplación del Surgimiento y Cese (*udayabbayānupassanā-ñāṇa*).

(2) En Contemplación de Disolución (*bhaṅgānupassanā-ñāṇa*).

(3) En Conciencia de Terror (o lo Atemorizante) (*bhayatūpaṭṭhāna-ñāṇa*).

(4) En Contemplación de la Miseria (*ādīnavānupassanā-ñāṇa*).

(5) En Contemplación del Disgusto (*nibbidānupassanā-ñāṇa*).

(6) En el Deseo de Liberación (*muccitu-kamyatā-ñāṇa*).

(7) En Contemplación Reflexiva (*paṭisaṅkhānupassanā-ñāṇa*).

(8) En Ecuanimidad Respecto a Todas las Formaciones de la Existencia (*saṅkhārupekkhā-ñāṇa*), la cual es seguida de:

(9) Adaptación a la Verdad (*saccānulomika-ñāṇa*).

(1) Consiste en la observación meditativa de las tres características de la existencia (transitoriedad, sufrimiento e impersonalidad) en los propios procesos corporales y mentales. Mientras la mente continúe alterada por efecto de las diez imperfecciones (ver: V), las tres características no se tornarán completamente claras en relación con su verdadera naturaleza. Sólo cuando la mente se encuentra libre de estas imperfecciones, las características pueden ser observadas claramente.

(2) Cuando a través de tal práctica repetitiva el conocimiento y la atención plena se hayan tornado hábiles y las formaciones corporales y mentales se tornan aparentes rápidamente, entonces en esta etapa la fase de disolución de estas formaciones se tornará prominente.

"La conciencia con (por ejemplo) materialidad como su objeto surge y se disuelve. Habiendo reflexionado en ese objeto, contempla la disolución de la conciencia (reflexiva)." Contempla por medio de las Siete Contemplaciones (ver: *anupassanā*) (Paṭis I, 57, citado en Vism XXI, 11).

Las ocho bendiciones de este conocimiento son: se abandona la creencia en una existencia eterna (*bhava-diṭṭhi*), se abandona el apego a la vida, se aplica constante y correctamente la mente (en la tarea meditativa), se logra un modo de subsistencia purificado, se supera la ansiedad, se da la ausencia de temor, se adquiere paciencia y amabilidad, se conquista el descontento y el deleite sensual (Vism XXI, 28).

(3) 'Conocimiento consistente en la Conciencia de Terror (o lo Atemorizante)' es el ver el terror en las condiciones, así como la continuidad de la existencia. Para aquella persona que considera las formaciones como inconstantes las condiciones de la existencia (es decir, las formaciones kármicas productoras de renovada existencia) aparecen como terror y como conducentes hacia la muerte. Aquella persona que considera las formaciones como impersonales, las formaciones kármicas, así como la continuidad de la existencia, aparecen como terror, como una villa vacía, como un espejismo, etcétera.

(4) Contemplación de la Miseria (o Peligro) es otro aspecto de la Conciencia de Terror: "El origen (de la existencia) es terror... la continuidad de la existencia es terror... 'El surgimiento es sufrimiento', tal entendimiento en la

Conciencia de Terror es el Conocimiento de la Miseria. 'El no surgimiento es dicha', éste es el conocimiento del estado de paz". (Paṭis I, 59); es decir, el no más del surgir es seguridad, es felicidad, es Nibbāna.

(5) Contemplación de Aversión [o Desencanto] significa: aversión [desencanto] hacia todas las formaciones como terroríficas. Por lo que el nombre 'Conciencia del Terror' se ha utilizado. Debido a que ha esclarecido la miseria de todas estas formaciones, por lo tanto, ha recibido el nombre de 'Contemplación de la Miseria' (*ādīnavānupassanā*). Ya que ha surgido de la aversión [del desencanto] hacia esas formaciones, es conocida como 'contemplación de la aversión [del desencanto]' (*nibbidānupassanā*).

(6) Conocimiento Consistente en el Deseo de Liberación significa: el deseo de libertad y escape respecto a todas las formaciones de la existencia. Ya que el sentir aversión [desencanto] hacia todas las formaciones, tornándose cansado de ellas, no siendo capaz de encontrar deleite ya más en ellas, la mente no se apega ni a una sola de estas formaciones.

(7) 'Contemplación Reflexiva' es el discernimiento meditativo repetitivo de las formaciones de la existencia, atribuyéndoseles las tres características de la existencia, con el deseo de encontrar liberación respecto a toda forma de existencia.

(8) Ecuanimidad Respecto a Todas las Formaciones: "Cuando el meditador (mediante contemplación reflexiva) ha discernido las formaciones aplicando a ellas las tres características y viéndolas como vacías, abandona ambos el terror y el deleite, y se torna indiferente y ecuánime con respecto a toda formación; no las toma como un 'yo' o 'mías', es como un hombre que se ha divorciado de su esposa". (Vism XXI, 61).

Ahora, mientras continúa contemplando las tres características de la existencia, y percibiendo la tranquilidad del Nibbāna como paz, este conocimiento ecuánime se torna en la triple puerta hacia la liberación. Tal como se dice en Paṭis II, p. 48.

"Tres 'portales hacia la liberación' (*vimokkha-mukkha*, ver: *vimokkha* I) conducen al escape del mundo, propiamente: que la mente esté contemplando todas las formaciones como limitadas, y se apresura hacia delante, hacia el elemento incondicionado (*animitta-dhātu*). Que la mente es conmovida con respecto a todas las formaciones de la existencia, y se apresura hacia delante, hacia el elemento sin deseo (*appaṇihita-dhātu*). Que la mente ve todas las cosas como algo ajeno, y se apresura hacia delante, hacia el elemento vacío (*suññatā-dhātu*)".

En esta etapa, y mediante el Triple Portal, sucede la diversificación del logro de la vía, de acuerdo con los siete tipos de Personas Nobles (*ariya-puggala*, q.v.); a este respecto ver: Vism XXI, 74 ff.

El sexto, séptimo y octavo conocimientos, de acuerdo con Vism XXI, forman en realidad un único conocimiento en las etapas inicial, media y final de desarrollo. Este conocimiento también se conoce como 'Introspección Conducente a la Ascensión Hacia la Vía' (*vuṭṭhāna-gāminī-vipassanā*, q.v.).

(9) Adaptación a la Verdad (o En Conformidad con la Verdad) se llama el conocimiento que, mientras se contempla la transitoriedad, etcétera, se adapta a sí mismo a los ocho tipos de conocimiento introspectivo precedentes, así como a la inmediatamente sucesiva vía supramundana y a los treinta y siete Requisitos de la Iluminación (*bodhipakkhiyā-dhammā,* q.v.). Es idéntico al Conocimiento de Adaptación (*anuloma-ñāṇa*).

"Quienquiera que haya cultivado, desarrollado y frecuentemente practicado 'la ecuanimidad respecto a toda formación', en esa persona surge una poderosa fe conocida como determinación (*adhimokkha-saddhā*) y su energía es mejor ejercitada, su atención plena está mejor establecida, su mente mejor concentrada, y una más poderosa 'ecuanimidad respecto a toda formación' que surge. 'Ahora la vía se revelará', pensando así, el meditador contempla con su 'conocimiento ecuánime' toda formación como transitoria, etcétera, y después de eso el conocimiento se hunde en el subconsciente continuo de la existencia (ver: *bhavaṅga-sota*). Inmediatamente después surge la advertencia en la puerta de la mente (ver: *viññāṇa-kicca*). Y de la misma forma que el 'Conocimiento de Ecuanimidad', el Conocimiento de Adaptación también toma como su objeto las formaciones, considerándolas como algo transitorio, miserable e impersonal. A partir de ese momento, mientras hay continuación del ininterrumpido continuo de conciencia (*citta-santati*), surge el primer momento impulsivo (*javana*, q.v.), llamado 'preparación' (*parikamma*), tomando como objeto la misma formación. Inmediatamente después, con la misma formación como objeto, surge el segundo momento impulsivo, conocido como 'acceso' (*upacāra*). Y nuevamente, inmediatamente después de eso, surge el momento impulsivo llamado 'adaptación' (*anuloma*)".

(VII) Purificación del Conocimiento y Visión (*ñāṇadassana-visuddhi*) es el conocimiento asociado con cualquiera de las conciencias de la vía supramundana (ver: *ariyapuggala*).

"Inmediatamente después de este Conocimiento de Adaptación surge el 'Conocimiento de Madurez' (*gotrabhū-ñāṇa*; ver: *gotrabhū*), tomando como objeto lo incondicionado, el aquietamiento de la existencia, la ausencia del devenir, el cese, Nibbāna, mientras que al mismo tiempo trasciende el rango (*gotta* = *gotra*, linaje), designación y plano de la persona mundana (*puthujjana*, q.v.), y entra el rango, designación y plano de los nobles (*ariya*), siendo el primer tornarse hacia el Nibbāna como objeto, el primer pensamiento en ello, la primera concentración en ello y la condición para la vía... [así] formando la culminación de la introspección, y ya nunca volviendo a regresar otra vez.

"Como la continuación inmediata seguida del Conocimiento de Madurez (*gotrabhū-ñāṇa*), surge la primera conciencia de la vía ('Entrada en la corriente'), destruyendo para siempre tres de los diez encadenamientos de la existencia (*saṃyojana*, q.v.) y cerrando la puerta hacia los mundos inferiores. Inmediatamente después de este conocimiento de la vía, surge, como su resultado, dos o tres estados de conciencia producidos por la vía, la conciencia del fruto (*phala-citta*). Inmediatamente después del sumergirse de esta conciencia en el continuo vital de conciencia (*bhavaṅga*, q.v.), el conocimiento retrospectivo (*paccavekkhaṇa-ñāṇa*; q.v.) surge, teniendo la Conciencia de la Vía como su objeto" (Vism XXI). Respecto a las tres vías superiores ver: *ariya puggala*.

Cada una de las cuatro clases de conciencia de la vía ejecuta, en uno y al mismo tiempo, cuatro funciones, propiamente: la función del entendimiento completo del sufrimiento (*pariññā*, q.v.), la función de superar (*pahāna*, q.v.) el origen del sufrimiento, la función de comprender (*sacchikiriyā*) la extinción del sufrimiento, la función de desarrollar (*bhāvanā*, q.v.) la santa vía supramundana del Noble Óctuple Sendero (*magga*, q.v.).

Ver: *El camino de la purificación*, Buddhaghosa, tr. de Ñāṇamoli (BPS) (Ananda Semage, Colombo 11) y el *Camino a la Liberación*, Upatissa (M.D. Gunasena & Co., Colombo).

vitakka: 'pensamiento', 'pensamiento conceptual', ['aplicación inicial del pensamiento (o mente)'] es uno de los concomitantes mentales 'secundarios' (no es constante) (ver: tab. II), y puede ser kármicamente sano, malsano o neutro. "Hay tres pensamientos kármicamente malsanos (*akusala*): pensamiento sensual (*kāma-vitakka*), pensamiento de mala voluntad (*byāpāda-vitakka*) y pensamiento cruel (*vihimsā-vitakka*). Hay tres pensamientos kármicamente sanos (*kusala*): pensamiento de renuncia (*nekkhamma-vitakka*), pensamiento de no aversión (*avyāpāda-vitakka*), pensamiento de no crueldad (*avihiṃsā-vitakka*)." Los últimos tres constituyen lo que se conoce como 'Pensamiento Correcto', [o 'Intención Correcta'], el segundo eslabón en el Noble Óctuple Sendero (ver: *magga* 2). En relación con la 'Remoción de Pensamientos Distractores' (*vitakka-santhāna*) ver: MN 20 (tr. Wheel 21).

vitakka-vicāra: 'pensamiento conceptual y pensamiento discursivo' (o 'pensamiento aplicado –en el primero– y sostenido –en el segundo–) son funciones verbales (*vacī-saṅkhāra; ver: saṅkhāra*) de la mente, el llamado 'lenguaje interno' (fr. '*parole intérieure*'). Son constituyentes de la primera absorción (ver: *jhāna*), pero están ausentes en las absorciones superiores.

(1) "Pensamiento conceptual (*vitakka*) es el asir un pensamiento, dándole

atención. Su característica consiste en fijar la conciencia en el objeto.

(2) "Pensamiento discursivo (*vicāra*), es el divagar y moverse de un lado para otro de la mente... Se manifiesta como la continua actividad de la mente." (Vism IV.)

(1) Se compara con el tañer una campana, (2) con su reverberación; (1) es como tomar un recipiente, (2) es como frotarlo (ver: Vism IV).

vīthi (citta-vīthi): 'proceso de conciencia', ver: *viññāṇakicca*.

vivaṭṭa: 'ausencia del ciclo de la existencia' (*vaṭṭa*, q.v.), el aquietarse de la existencia, es un nombre para Nibbāna.

vivaṭṭa-kappa: ver: *kappa*.

vivaṭṭānupassanā: 'contemplación de rechazo [de lo mundano] (*vivaṭṭā-nupassanā*), es uno de los dieciocho tipos principales de visión introspectiva (*vipassanā*, q.v.).

viveka: 'desapego', reclusión. De acuerdo con el Niddesa, es de tres tipos: (1) Reclusión corporal (*kāya-viveka*), es decir, permaneciendo en soledad, apartado de objetos sensoriales atrayentes; (2) Reclusión mental (*citta-viveka*), es decir, el desapego interno con respecto a cosas de naturaleza sensorial; (3) Reclusión respecto a los sustratos de la existencia (*upadhi-viveka*).

En la descripción de la primera absorción, las palabras "apartado de los placeres sensoriales (*vivicc' eva kāmehi*) se refieren, de acuerdo con Vism IV, a la 'reclusión corporal'; las palabras "apartado de las cosas kármicamente malsanas" (*vivicca akusalehi dhammehi*) se refieren al 'desapego mental'; las palabras 'nacido del desapego' (*vivekaja*) se refieren a la ausencia de los cinco impedimentos.

viveka-sukha: 'la felicidad del desapego' o la 'felicidad del mantenerse apartado' (ver: entrada precedente). "Aquel que esté apegado a la sociedad y al bullicio mundano no podrá gozar de los frutos de la felicidad de la renuncia, el desapego, la paz y la iluminación." (AN 7:86)

viviendas: o viviendas adecuadas para monjes; ver: *senāsana*. Satisfecho con cualquier vivienda; ver: *dhutaṅga*.

vodāna: 'limpieza' [purificación], puede referirse a (1) la moral (*sīla*), o (2) a la concentración (*samādhi*), o (3) a la sabiduría (*paññā*).

(1) "Purificación de la Moral toma lugar de dos formas: mediante el entendimiento de la miseria de la desviación de la moral (*sīla-vippatti*; ver: *vipatti*) y mediante el entendimiento de las bendiciones de la perfección moral (*sīla-sampatti*)" (Ver: Vism I).

(2) Purificación de la Concentración, es la concentración conectada con el progreso (*visesa-bhāgiya-samādhi*; ver: *hāna-bhāgiya*). Por ejemplo, si en uno que ha entrado en la primera absorción surgen percepciones y reflexiones sensoriales, en ese caso hay concentración conectada con el deterioro... Sin embargo, si surgen percepciones y reflexiones libres de pensamiento conceptual y discursivo (segunda *jhāna*; q.v.), en ese caso se dice que hay concentración conectada con progreso.

(3) Purificación con referencia a la sabiduría, es idéntico a la 'Introspección Conducente a la Ascensión Hacia la Vía' (*vuṭṭhāna-gāminī-vipassanā*, q.v.), la cual surge en la etapa de 'Purificación del Conocimiento y Visión del Progreso de la Vía' (ver: *visuddhi* VI), y es seguida inmediatamente por el Momento de Madurez y la entrada en las vías supramundanas.

vohāra-desanā: 'exposición convencional', se distingue de una explicación cierta en el sentido más elevado (*paramattha-desanā*, q.v.). También es llamada *sammuti-sacca* (en Skr. *samvṛti*).

> Nota de la fuente: Los términos *vohāra-sacca*, *paramattha-sacca*, *sammuti-sacca*, etcétera, pertenecen como tales a los textos de los Comentarios; sin embargo, su propósito es claramente mostrado en los antiguos textos de los *suttas*, p. ejem., DN 9: *loka- sāmaññā*, *loka-vohāra*; adicionalmente (DN 33): *sammuti-ñāṇa*, etcétera.

vokāra: 'grupo (de existencia)', sinónimo de *khandha* en el Abhidhamma; ver: *pañca-vokāra-bhava*.

> Nota de la fuente: *pañca-vokāra*, *catu-vokāra* y *eka-vokāra* (*bhava*) aparecen como términos técnicos sólo en el Abhidhamma (Vibh, Yam, Paṭṭh) y los Comentarios, p. ejem., Vism., pero su sustancia es una parte integral de los *suttas*.

volición: *cetanā* (q.v.).

voluntad [volición]: *cetanā* (q.v.).

votthapana-citta: 'conciencia determinante', es el elemento mental (que funciona independientemente del karma; ver: tab. I, 70), el cual efectúa, en el proceso de percepción sensorial, la función de determinar el objeto sensorial. Es una de las catorce funciones de la conciencia (*viññāṇa-kicca*, q.v.).

vuṭṭhāna-gāminī-vipassanā: 'introspección conducente a la ascensión hacia la vía'. También se le llama 'limpieza' (*vodāna*, q.v.), y de acuerdo con Paṭis II, 64, es un nombre para los tres tipos de conocimiento introspectivo, a saber: conocimiento consistente en el Deseo de Liberación (*muccitukamyatā-ñāṇa*; ver: *visuddhi* VI, 6), Conocimiento de Contemplación Reflexiva (*paṭisaṅkhānupassanā-ñāṇa*; *ibid.*, VI, 7) y Conocimiento consistente en Ecuanimidad Respecto a Todas las Formaciones de la Existencia (*saṅkhārupekkhā-ñāṇa*; ver: *visuddhi* VI, 8).

Surge en la etapa de la 'Purificación del Conocimiento y Visión del Progreso de la Vía' (*visuddhi* VI), y es seguido inmediatamente por el Momento de Madurez y la entrada en las Vías Supramundanas.

"El 'Ascenso' (*vuṭṭhāna*) es la Vía Supramundana (ver: *ariya-puggala*), ya que se levanta por encima del objeto que forma el fundamento externo (de la introspección; es decir, los cinco agregados de la existencia externos o *khandha*, q.v.), junto con sus impurezas. Debido a que conduce hacia arriba, hacia la vía supramundana, esta introspección es llamada 'Introspección Ascendente'. El que pase subsecuentemente a la vía: ése es el significado implícito" (Vism XXI. 8).

vyāpāda: 'mala voluntad' [enojo, aversión, odio], es un sinónimo de *dosa* (ver: *mūla*); es uno de los cinco impedimentos (*nīvaraṇa*, q.v.) y uno de los diez encadenamientos (*saṃyojana*, q.v.).

Y

yakkha: en la creencia popular, un tipo de fantasma, duende u ogro.

Yāma-deva: es un tipo de ser celestial de la esfera sensorial; ver: *deva*.

yamaka-pāṭihāriya: 'Milagro Doble'. "Allí el Perfecto puso en acción el milagro doble, el cual no puede ser logrado por ningún discípulo: de la parte superior de su cuerpo surgían flamas, y de la parte inferior un torrente de agua, etcétera." (Paṭis I, 125 ff.)

yathā-bhūta-ñāṇa-dassana: 'el conocimiento y visión en acuerdo con la realidad', es uno de los dieciocho tipos principales de introspección (*vipassanā*, q.v.).

yathākammūpaga-ñāṇa: 'conocimiento del renacimiento de acuerdo con las propias acciones'; ver: *abhiññā*.

yathāsanthatik'aṅga: 'la práctica de estar satisfecho con cualquier lugar de residencia', es una de las prácticas ascéticas de purificación; ver: *dhutaṅga* (1).

yo: *attā* (q.v.).

yoga: 'yugo, ataduras', es otro nombre para las cuatro corrupciones (*āsava*, q.v.).

yogāvacara (= yogi): uno 'devoto del entrenamiento mental', en el Vism es el nombre común para el discípulo que cultiva la concentración.

yoni: 'modos de generación'. Hay cuatro: generación por medio del huevo, por medio de la matriz materna, por medio de la humedad y renacimiento espontáneo (*opapātika*, q.v.) en el cielo, infierno, etcétera.

yoniso manasikāra: 'atención completa' o 'consideración sabia' ['atención propiamente dirigida]; ver: *manasikāra*.

yuganaddha: ver: *samatha-vipassanā* (último párrafo).

Apéndice

Intento de ajustar cronológicamente los términos que no se encuentran, o que no se encuentran en esta forma o significado, en las partes más antiguas del Sutta Piṭaka.

akusala-sādhāraṇa-cetasika
ānantarika-kamma
ārammaṇa
avacara
āvajjana
avyākata
āyūhana
bhava
bhāva
bhavaṅga-sota, -citta
carita
cāritta- y vāritta-sīla
cetasika
citta-lahutā
citta-vīthi
cuti-citta
dhātu-vavatthāna
dhutaṅga
gotrabhū
hasituppāda-citta
iddhi
indriya-samatta
javana
kalāpa
kāma
kamma
kammaññatā
kammaṭṭhāna
kaṭattā-kamma
kāya-lahutā
khaṇa
kilesa
kiriya- (kiriyā-, kriyā-) citta
lahutā, mudutā, kammaññatā
manodvārāvajjana
mudutā
ñāṇa
natthi-paccaya
n'eva-sekha-n'āsekha
Nibbāna
nimitta
nissaraṇa-pahāna
nissaya, nissita
niyāma
niyata-micchādiṭṭhi
paccaya
pādaka-jhāna
pāguññatā
pahāna
palibodha
pañca-dvārāvajjana
paramattha
pāramī, pāramitā
paricchinnākāsa
pariyatti, paṭipatti, paṭivedha
paṭipannaka
paṭipatti
paṭisandhi
paṭisandhika
paṭivedha
pattidāna
rūpa
samādhi
sama-sīsī
samatha-yānika
sammasana
sammuti
sampaṭicchana-citta
samuṭṭhāna
santāna, santati
santīraṇa-citta
sīla
sukkha-vipassaka
tadārammaṇa-citta
tathatā
tatramajjhattatā
Theravāda
ujukatā
upacaya
upādā-rūpa
vāritta-sīla
vasī
vatthu
vimokkha
viññatti
vipassanā
vipassanūpakilessa
vivaṭṭa
vivaṭṭānupassanā
vohāra-sacca
vokāra
votthapana-citta
vuṭṭhāna-gāminī-vipassanā
yamaka-pāṭihāriya
yogāvacara, yogi

TABLA I. GRUPO DE LA CONCIENCIA (VIÑÑĀṆA-KKHANDHA)

La Conciencia, desde un punto de vista kármico o moral, puede ser clasificada en ochenta y nueve clases, como sigue:

		Kármicamente sanas (*kusala*)
Esfera Sensorial	(1)	Agradable, con conocimiento, no inducida. (Imp.*)
	(2)	Agradable, con conocimiento, inducida. (Imp.)
	(3)	Agradable, sin conocimiento, no inducida. (Imp.)
	(4)	Agradable, sin conocimiento, inducida. (Imp.)
	(5)	Indiferente, con conocimiento, no inducida. (Imp.)
	(6)	Indiferente, con conocimiento, inducida. (Imp.)
	(7)	Indiferente, sin conocimiento, no inducida. (Imp.)
	(8)	Indiferente, sin conocimiento, inducida (Imp.)
Esfera Material Sutil (Absorciones)	(9)	1ª. Jhāna (Imp.)
	(10)	2ª. Jhāna (Imp.)
	(11)	3ª. Jhāna (Imp.)
	(12)	4ª. Jhāna (Imp.)
	(13)	5ª. Jhāna (Imp.)
Esfera Inmaterial (Absorciones)	(14)	"Espacio Ilimitado" (Imp.)
	(15)	"Conciencia Ilimitada" (Imp.)
	(16)	"Nada" (Imp.)
	(17)	"Ni-percepción-ni-no-percepción" (Imp.)
Supra-mundanas	(18)	Vía (momento de-) de "entrada en la corriente" (Imp.)
	(19)	Vía (momento de-) de "un solo retorno" (Imp.)
	(20)	Vía (momento de-) de "no retorno" (Imp.)
	(21)	Vía (momento de-) de "*arahantía*" (Imp.)
Total: 21 tipos		

	Kármicamente malsanas (*akusala*)
Esfera Sensorial	*Con Raíz de Deseo* (*lobha*) (22) Agradable, con noción errónea, no inducida. (Imp.) (23) Agradable, con noción errónea, inducida. (Imp.) (24) Agradable, con noción errónea, no inducida. (Imp.) (25) Agradable, sin noción errónea, inducida. (Imp.) (26) Indiferente, con noción errónea, no inducida. (Imp.) (27) Indiferente, con noción errónea, inducida. (Imp.) (28) Indiferente, sin noción errónea, no inducida. (Imp.) (29) Indiferente, sin noción errónea, inducida. (Imp.) *Con Raíz de Odio* (*dosa*) (30) Desagradable, con aversión, no inducida. (Imp.) (31) Desagradable, con aversión, inducida. (Imp.) *Con Raíz de Ofuscación* (*moha*) (32) Indiferente, con duda escéptica. (Imp.) (33) Indiferente, con agitación. (Imp.)
Esfera Material Sutil (Absorciones)	————————
Esfera Inmaterial (Absorciones)	————————
Supramundana	————————
Total: 12 tipos	

	Kármicamente neutras (*avyākata*) (a) Resultantes kármicos (*vipāka*)	
Esfera Sensorial	*Resultante de* karma *sano* (*con objetos deseables*):	
	1. Sin Causa de Raíz	
	(34-38)	Ojo-, oído-, nariz-, lengua-, conciencia corporal (agradable). (Adv.*)
	(39)	Elemento mental (*mano-dhātu*) (Rec.*)
	(40)	Agradable, elemento-de conciencia mental (*manoviññāṇa-dhātu*). (Inv.* Reg.*)
	(41)	Indiferente, elemento-de conciencia mental (*mano-viññāṇa-dhātu*). (Inv. Reg.)
		2. Con Causa de Raíz
	(42-49)	= (1-8) (Reg. R.B.M.*)
		Resultado de karma malsano (*con objetos indeseables*): *sin causa de raíz solamente*
	(50-54)	Ojo-, oído-, nariz-, lengua-, (dolorosa) conciencia corporal.
	(55)	Elemento mental (*mano-dhātu*) (Rec.)
	(56)	Elemento de conciencia mental (*manoviññāṇa-dhātu*). (Inv. Reg. R.S.M.)
Esfera de Materia Sutil (Absorciones)	(57) (58) (59) (60) (61)	= (9-13) (R.B.M.)
Esfera Inmaterial (Absorciones)	(62) (63) (64) (65)	= (14-17) (R.B.M.)
Supramundana	(66)	Fruición (momento de-) de "entrada en la corriente" (Imp.)
	(67)	Fruición (momento de-) de "un solo retorno" (Imp.)
	(68)	Fruición (momento de-) de "no retorno" (Imp.)
	(69)	Fruición (momento de-) de "*arahantía*" (Imp.)
Total: 36 tipos		

	Kármicamente neutras (*avyākata*) (b) Funciones independientes (*kriyā*)		
Esfera Sensorial	*Sin Causa de Raíz*		
	(70)	Elemento mental. (Adv: 5d.)	
	(71)	Elemento de conciencia indiferente (Adv.)	
	(72)	Elemento de conciencia agradable (Imp.)	
	Con Causa de Raíz		
	(73-80)	= (1-8) (Imp.)	Sólo en el *Arahant*
Esfera Material Sutil (Absorciones)	(81-85)	= (9-13) (Imp.)	
Esfera Inmaterial (absorciones)	(86-89)	= (14-17) (Imp.)	
Supramundana	———————————		
Total: 20 tipos			

TABLA II. GRUPO DE FORMACIONES (*SAṄKHĀRA-KKHANDHA*)

A este grupo pertenecen cincuenta formaciones mentales, de las cuales once son elementos psicológicos generales, veinticinco cualidades sanas y catorce cualidades kármicamente malsanas.

Once Formaciones Generales†

(a) Cinco **Primarias** (presentes en todas las conciencias):

Contacto mental (*phassa*)
Volición (*cetanā*)
Vitalidad (*jīvita*)
Concentración (*samādhi*)
Advertencia [atención] (*manasikāra*)

[El término "subconsciente", que se emplea para traducir el término *bhavaṅga*, está tomado de la psicología occidental normativa. No sólo no transmite el significado en términos de característica, función, causa próxima y manifestación, sino que es un término extraño y debe ser revisado. "Continuo

* Imp. = impulsión (*javana*), Adv. = advertencia (*āvajjana*), Rec. = recepción (*sampaṭicchana*), Reg. = registro (*tadārammaṇa*), Inv. = investigadora (*santīraṇa*), R.B.M. = renacimiento (*paṭisandhi*), bhavaṅga (continuo vital), (*bhavaṅga*), muerte (*cuti*).

vital", "flujo pasivo de conciencia", "conciencia basal" o "estado fundacional de conciencia" son mejores aproximaciones. Opté por no traducir el término en las abreviaturas y dejarlo como 'bhavaṅga' (abreviado como 'B'), en aras de despejar toda ambigüedad (NT).]

(b) Seis **Secundarias** (no presentes en todas las conciencias):

Pensamiento conceptual [aplicación inicial] (*vitakka*)	Energía (*viriya*)
Pensamiento discursivo [aplicación sostenida] (*vicāra*)	Interés [interés gozoso] (*pīti*)
Determinación [decisión] (*adhimokkha*)	Intención (*chanda*)

Veinticinco Formaciones Sanas

(a) **Primarias** (presentes en todas las conciencias sanas y sus correspondientes conciencias neutras):
Fe (*saddhā*)
Atención plena (*sati*)
Vergüenza moral (*hiri*)
Temor moral (*ottappa*)
Ausencia de deseo (*alobha*)
Ausencia de aversión (*adosa*)
Ecuanimidad [neutralidad mental] (*tatramajjhattatā*)
Tranquilidad de cuerpo mental (*kāya-passaddhi*)
Tranquilidad de conciencia (*citta-passaddhi*)
Ligereza [agilidad] de cuerpo mental (*kāya-lahutā*)
Ligereza [agilidad] de conciencia (*citta-lahutā*)
Maleabilidad [flexibilidad] de cuerpo mental (*kāya-mudutā*)
Maleabilidad [flexibilidad] de conciencia (*citta-mudutā*)
Adaptabilidad [manejabilidad] de cuerpo mental (*kāya-kammaññatā*)
Adaptabilidad [manejabilidad] de conciencia (*citta-kammaññatā*)
Habilidad [aptitud] de cuerpo mental (*kāya-pāguññatā*)
Habilidad [aptitud] de conciencia (*citta-pāguññatā*)
Rectitud de cuerpo mental (*kāya-ujukatā*)
Rectitud de conciencia (*citta-ujukatā*)

(b) **Secundarias** (no presentes en todas las conciencias sanas):

3 Abstinencias:†
Abstinencia de acciones corporales incorrectas
Abstinencia de lenguaje incorrecto
Abstinencia de modo de vida incorrecto

2 Estados Ilimitados†
Compasión (*karuṇā*) -
Alegría apreciativa (*muditā*) -
No ofuscación (*amoha* = *paññā*, sabiduría)

Catorce Formaciones Malsanas

(a) **Cuatro Primarias** (presentes en todas las conciencias malsanas):

Ofuscación (*moha*)	Carencia de temor moral (*anottappa*)
Carencia de vergüenza moral (*ahirika*)	Agitación (*uddhacca*)

(b) **Diez Secundarias** (no presentes en todas las conciencias malsanas):

Cuatro Aversivas:	(Las restantes):
Aversión (*dosa*)	Deseo [avidez] (*lobha*)
Envidia (*issā*)	Noción errónea (*diṭṭhi*)
Avaricia (*macchariya*)	Engreimiento (*māna*)
Preocupación [remordimiento] (*kukkucca*)	Torpeza (*thīna*)†
	Letargo (*middha*)†
	Duda (*vicikicchā*)†

TABLA III. COMBINACIÓN DE LOS DOS GRUPOS

Kármicamente sanas

(1)	& (2) 11 General + 25 Sanas	= 36
(3)	& (4) arriba 36 sin Conocimiento §	= 35
(5)	& (6) arriba 36 sin Interés	= 35
(7)	& (8) arriba 36 sin Interés, sin Conocimiento	= 34
(9)	y arriba 36 sin 3 Abstinencias	= 33
(10)	las últimas 33 sin Pensamiento conceptual	= 32
(11)	las últimas 32 sin Pensamiento discursivo	= 31
(12)	las últimas 31 sin Interés	= 30

† Las tres abstinencias y los dos estados ilimitados (los brahmavih*āras karuṇā* y *muditā*, y la no ofuscación), así como la envidia, la avaricia, la preocupación, el engreimiento, el letargo y torpeza mentales, son llamados inconstantes [inciertos, no establecidos] (*aniyata*), debido a que sólo están ocasionalmente asociados con los estados de conciencia, y solamente uno a la vez.

(13) las últimas 30 sin 2 Estados ilimitados = 28

(14) a (17) las últimas 28 Formaciones

(18) a (21) = (9) a (13) pero sin 2 Estados ilimitados + 3 Abstenciones

Kármicamente malsanas

(22)	11 Generales + 4 Primarias Malsanas + Deseo + Noción Errónea	= 17
(23)	= (Núm. 22) + Torpeza 3 † & Letargo†	= 19
(24)	= (Núm. 22) sin Noción errónea + Engreimiento	= 17
(25)	= (Núm. 23) sin Noción errónea + Engreimiento	= 19
(26)	= (Núm. 22) sin Interés	= 16
(27)	= (Núm. 23) sin Interés	= 18
(28)	= (Núm. 24) sin Interés	= 16
(29)	= (Núm. 25) sin Interés	= 18
(30)	= (Núm. 22) sin Interés, sin Deseo, sin Noción errónea + 4 Aversivas	= 18
(31)	= precedente + Torpeza † y Letargo†	= 20
(32)	8 Generales (carentes de Interés, Determinación, Intención) + 4 primarias Malsanas + Duda	= 13
(33)	= precedentes, pero con Determinación en lugar de Duda	= 13

Kármicamente neutras

(a) Resultantes kármicas

(34)	a (38) Cinco Generales Primarias; Concentración Débil	
(50)	a (54) Cinco Generales Primarias; Concentración Débil	
(39)	& (55) = precedentes 5 + Pensamiento conceptual + Discursivo	= 8
(41)	& (56) Pensamiento + Determinación; Concentración débil	
(40)	9 Generales (carentes de: Energía e Intención; Concentración débil)	
(42)	a (49) = (1) a (8), pero sin 2 Estados ilimitados, sin 3 Abstinencias	
(57)	a (69) = (9) a (21)	

(b) Funciones kármicamente independientes

(70)	= (39)	
(71)	= 9 Generales (carentes de: Interés e Intención; Concentración débil)	= 9

(72) = 10 Generales (carentes de Intención) = 10

(73) a (80) = (1) a (8) sin 3 Abstinencias

(81) a (89) = (9) a (17)

Obras del autor

Inglés

The Word of the Buddha. 14a. ed., Kandy, 1967, BPS. Edición resumida para estudiantes, Colombo, 1948, YMBA.

Guide through the Abhidhamma Piṭaka. 3a. ed., 1971, BPS.

Fundamentals of Buddhism. Cuatro lecciones. 2a. ed., 1956, Bauddha Sāhitya Sabhā (Lake House Bookshop, Colombo).

Path to Deliverance. 2a. ed., 1959, Bauddha Sāhitya Sabhā (Lake House Bookshop, Colombo).

Karma *and Rebirth.* (Wheel 9) Kandy, 1959, BPS. Reeditada como Wheel 394-396.

Influence of Buddhism on a People. (Bodhi Leaves A2), Kandy, 1959, BPS.

Alemán

Das Wort des Buddha. 1906 f., Verlag Christiani, Konstanz.

Aṅguttara Nikāya (traducción). Cinco vols. 1907 f. 2a. ed. revisada, 1969, Verlag M. DuMont Schauberg, Colonia.

Milindapañha (traducción). Dos vols., 606 pp., 1918 f.

Dhammapada. Texto en pāli, traducción métrica y comentario (en Ms.).

Puggala-Paññatti (traducción). 1910.

Abhidhammattha-Saṅgaha (traducción) (en Ms.).

Visuddhi-Magga (traducción). Konstanz, 1952, Verlag Christiani.

Führer durch das Abhidhamma-Piṭaka (en Ms.). Systematische Pāli-Grammatik. 911.

Pāli-Anthologie und Wörterbuch (antología y glosario). Dos vols. 1928.

Grundlehren des Buddhismus (en Ms.).

Pfad zur Erlösung. Konstanz, 1956, Verlag Christiani.

Buddhistisches Wörterbuch (diccionario budista). Konstanz, Verlag Christiani.

Des Buddha Weg zur Weisheit und Kommentar. Palitext, wortliche metrische Übersetzung und Kommentar zu der eltesten buddhistischen Spruchsammlung. Jhana Verlag, Oy-Mittelberg, 1992.

Dhammapada, wortliche metrische Übersetzung der ältesten buddhistischen Spruchsammlung, Jhana Verlag, Oy-Mittelberg, 1995.

Handbuch der buddhistischen Philosophie (Abhidhammatthasangaha).

Übersetzt und erläutert von Nyantiloka Mahathera, Jhana Verlag, Oy-Mittelberg, 1995, 157 pp.

FRANCÉS

Vocabulaire Pāli-Francaise des Termes Bouddhiques. Traducción francesa del *Buddhist Dictionary*, S. Karpeles. París, 1961, Adyar.

La Parole du Buddha. Traducción francesa de *The Word of the Buddha*. París, Adrien-Maisonneuve.

PĀLI

Sacca-Saṅgaha. Texto en pāli de *The Word of the Buddha*, en escritura Sinhala. 1914 (agotado).

Buddha-Vacanaṃ. Texto en pāli de *The Word of the Buddha*, en escritura romana. BPS.

SINGALÉS

Buddha Vacanaya. Traducción singalesa de *The Word of the Buddha*. Rajagiriya (Sri Lanka), 1964, Ananda Semage.

Para una bibliografía completa y actualizada ver: *The Life of Nyanatiloka Thera: The Biography of a Western Buddhist Pioneer*, Nyanatiloka Thera, Hellmuth Hecker y Bhikkhu Nyanatusita, BPS, Kandy, 2008.

SOBRE PARIYATTI

Pariyatti se dedica a proporcionar un acceso asequible a las auténticas enseñanzas del Buda sobre la teoría del Dhamma (*pariyatti*) y la práctica (*paṭipatti*) de la meditación Vipassana. A 501 (c) (3) organización benéfica sin ánimo de lucro desde 2002. Pariyatti se sostiene gracias a las contribuciones de personas que aprecian y quieren compartir el incalculable valor de las de las enseñanzas del Dhamma. Te invitamos a visitar www.pariyatti.org para conocer nuestros programas, servicios y formas de apoyar las publicaciones y otros proyectos.

Editoriales de Pariyatti

Vipassana Research Publications (centradas en la práctica de Vipassana tal y como la enseñó S.N. Goenka en la tradición de Sayagyi U Ba Khin)

BPS Pariyatti Editions (títulos seleccionados de la Buddhist Publication Society, coeditados por Pariyatti)

MPA Pariyatti Editions (títulos seleccionados de la Myanmar Pitaka Association, coeditados por Pariyatti)

Pariyatti Digital Editions (títulos de audio y vídeo, incluidos los discursos)

Pariyatti Press (títulos clásicos reimpresos y escritos inspiradores de autores contemporáneos)

Pariyatti enriquece el mundo mediante:

- Difusión de las palabras del Buda
- Aportando sustento para el viaje del buscador,
- Iluminando el sendero del meditador.

Manufactured by Amazon.ca
Acheson, AB

14794546R00164